Kersten Lahl, Johannes Varwick

Sicherheitspolitik verstehen

Handlungsfelder, Kontroversen und Lösungsansätze

W0174756

WOCHEN
SCHAU
VERLAG

Bibliografische Information der Deutschen Nationalbibliothek

Die Deutsche Nationalbibliothek verzeichnet diese Publikation in der Deutschen Nationalbibliografie; detaillierte bibliografische Daten sind im Internet unter http://dnb.d-nb.de abrufbar.

©   WOCHENSCHAU Verlag,
     Dr. Kurt Debus GmbH
     Frankfurt/M., 2., aktualisierte und erweiterte Auflage 2021

www.wochenschau-verlag.de

Umschlaggestaltung: Ohl Design
Gedruckt auf chlorfrei gebleichtem Papier
Gesamtherstellung: Wochenschau Verlag
ISBN 978-3-7344-1204-2 (Buch)
E-Book ISBN 978-3-7344-1205-9 (PDF)
E-Book ISBN 978-3-7344-1206-6 (EPUB)
DOI https://doi.org/10.46499/1799

Inhalt

Vorwort zur 2. Auflage

Wir freuen uns, bereits zwei Jahre nach Erscheinen der ersten Auflage eine Neuauflage unseres Buches vorlegen zu können und damit dem Bedarf unserer Leserschaft zu entsprechen. Auch wenn sich die großen strategischen Linien in der internationalen Sicherheitspolitik zwischenzeitlich nicht fundamental verändert haben, führen die Corona-Pandemie, die Dynamik des waffentechnologischen Wandels und auch die absehbaren Auswirkungen der US-Wahl 2020 auf den geopolitischen Kontext zu einer neuen sicherheitspolitischen Lagebewertung, dies zumindest in Teilbereichen. Wir haben uns daher – neben einer durchgängigen Überarbeitung des Manuskripts und einer Aktualisierung von Zahlen und Daten – zu drei größeren Erweiterungen entschlossen: Erstens dem natürlich bereits in der ersten Auflage behandelten Thema Klimawandel mit seinen sicherheitspolitischen Implikationen und seiner gewachsenen öffentlichen Aufmerksamkeit nunmehr ein eigenes Kapitel zu widmen; zweitens die absehbaren sicherheitspolitischen Folgen der Corona-Pandemie herauszuarbeiten; und drittens unter dem Titel ‚Künstliche Intelligenz und autonome Waffensysteme‘ ein neues Kapitel hinzuzufügen, das eine höchst strittige öffentliche Auseinandersetzung widerspiegelt.

Das Ziel des Buches (siehe Vorwort zur ersten Auflage) ist unverändert, einen fachlich soliden und zugleich gut lesbaren Beitrag zum aufgeklärten sicherheitspolitischen Diskurs in unserer Gesellschaft zu leisten. Dabei kommt es uns nach wie vor darauf an, unterschiedliche Perspektiven und Denkansätze ausgewogen zu beleuchten. Denn: Erfolgreiche Sicherheitspolitik bedarf in der Demokratie einer möglichst breiten gesellschaftlichen Zustimmung, und diese setzt wiederum eine Kenntnis grundlegender Zusammenhänge und deren faire, offene Diskussion voraus.

Wie bereits in der ersten Auflage lassen sich unsere zentralen Aussagen in sieben Thesen zusammenfassen – und diese Thesen werden dann in den einzelnen Kapiteln des Buches ausführlich hergeleitet und begründet:

1. Sicherheitspolitik in einer Welt voller Komplexität und Dynamik bedarf eines umfassenden und vernetzten Ansatzes, der die relevanten Instrumente und Akteure eng und in lagegerecht ausgeglichener Balance verknüpft. Militärische Mittel sind und bleiben dabei unverzichtbar, reichen jedoch nicht hin und stehen nur noch in Ausnahmefällen im Vordergrund.

2. Prävention ist in aller Regel die effizienteste und wirkungsvollste Form der Sicherheitsvorsorge. Mit Blick auf die großen globalen Herausforderungen verlangt sie einen engen internationalen Schulterschluss und die dezidierte Bereitschaft, langfristig zu denken und zu handeln. In erster Linie stützt sie sich auf zivile Mittel und auf strategische Ziele hoher Nachhaltigkeit.

3. Sicherheitspolitisches Handeln besitzt stets mehrere Perspektiven, nicht nur die eigene. Es löst bei anderen Akteuren Prozesse aus, deren Richtung und Ergebnis vorab nur bedingt einzuschätzen sind. Die Gefahr des ‚Sicherheitsdilemmas‘, das aus dem Streben nach Sicherheitsvorsorge resultiert und letztlich die Unsicherheit zu erhöhen droht, muss systematisch mitbedacht werden.

4. Die internationale Aufmerksamkeit dafür, wie Deutschland sicherheitspolitisch agiert, wächst. Militärische Zurückhaltung bleibt dabei grundsätzlich ein richtiger Ansatz, der aber nicht dogmatisch verfolgt werden darf. Solidarität und Lastenteilung sind hohe Güter, an denen auch der Einsatz deutscher Streitkräfte im Dienste internationaler Sicherheit gemessen wird.

5. Die Verantwortung Deutschlands für die internationale Sicherheit zeigt sich primär in einer stabilisierenden Rolle in Europa. Dort kann Deutschland am effektivsten seinen Einfluss zur Wirkung bringen – vor allem zivil, aber auch militärisch. Das schließt aber ein aktives militärisches Mitwirken auch am außereuropäischen und globalen Krisenmanagement, sofern notwendig und leistbar, keineswegs aus.

6. Die Zukunft deutscher und europäischer Sicherheitsvorsorge liegt im multilateralen Verbund, vor allem im Rahmen von VN, Nato und EU. Keine der großen Herausforderungen lässt sich allein mit nationalen Mitteln auf Dauer bewältigen. Fragen nationaler Interessen und Strategien sind damit aber keinesfalls obsolet. Vielmehr bilden

sie die Voraussetzung für jedes sinnvolle, verantwortliche Mitwirken im übergreifenden Rahmen.

7. Sicherheitspolitik kennt keine Erfolgsgarantien oder allumfassenden Patentrezepte. Sie zielt immer ins Ungewisse. In dieser Lage kommt es darauf an, die Rahmenbedingungen und Entscheidungsprozesse für gezieltes und rasches Handeln in Krisenlagen zu verbessern. Dies erfordert in der deutschen Sicherheitspolitik vor allem Fortschritte in der Dialogkultur, der vernetzten Kompetenz und der Strategiefähigkeit.

Wir danken Frau Sopio Koiava M.A., Herrn Stefan Klaus M.A. und Herrn Johannes Lieber für die wertvolle Unterstützung bei der Recherche.

Kesten Lahl/Johannes Varwick
Meckenheim/Berlin, im Januar 2021

Vorwort zur 1. Auflage

Sicherheitspolitik hat wieder Konjunktur. In einer offenbar ‚in Unordnung' und ‚aus den Fugen' geratenen Welt sehen sich Deutschland und Europa einem breiten Spektrum diffuser Risiken mit hoher Krisenfrequenz gegenüber. Der Blick ringsum beunruhigt: Chaos und Gewalt vor der südlichen Haustür Europas, das geopolitische Erwachen Russlands, nukleare Aufrüstung in Asien, erodierende Stabilität im transatlantischen Miteinander und eine Sinnkrise in Europa selbst. Hinzu kommen übergreifende globale Phänomene wie unkontrollierte Migrationsbewegungen, Staatszerfall, internationaler Terrorismus oder noch nicht abzusehende Konsequenzen des technologischen Wandels bis hin zu Risiken im Cyber-Raum. Insgesamt lässt sich nüchtern konstatieren: Krisen kennzeichnen heute den Normalfall im internationalen Alltag – und Europa bleibt davon keineswegs unberührt.

Angesichts dieses Befundes mit seiner so komplexen wie dynamischen Entwicklung wirken Politik und Öffentlichkeit überfordert. Unmittelbare Schadensbegrenzung steht meist im Vordergrund. Umgekehrt mangelt es an durchdachten, nachhaltigen und zukunftsweisenden Strategien. Kurz: Die Kontrolle über die Entwicklung der sicherheitspolitischen Lage scheint weitgehend verloren und eine aktive Gestaltung der Zukunft zunehmend schwierig zu sein. Und mit dieser unerfreulichen Wahrnehmung droht auch das Vertrauen der Bürgerinnen und Bürger in die Fähigkeit der Politik, die Krisen zu beherrschen, verloren zu gehen. Dies gilt insbesondere dann, wenn die öffentliche Diskussion über sicherheitspolitische Themen sich vorwiegend im Gegensatz zwischen ‚verunsichernder Angstmache' und ‚verharmlosender Beschwichtigung' bewegt und darüber hinaus populistischen Strömungen das Feld überlassen wird.

Umso wichtiger ist ein breiter, aufgeklärter Diskurs über aktuelle sicherheitspolitische Fragen. Nur wenn Hintergründe, Zusammenhänge, Perspektiven und Risiken offen benannt und erörtert werden, lässt sich eine hinreichende Akzeptanz für oft unbequeme politische Entscheidungen erreichen. Dazu gehören ein klares Lagebild sowie eine ebenso treffende wie nüchterne Einschätzung der Problemfelder, Interessen, Instrumente und Strategien. Zugleich ist auch die Erkenntnis wichtig, dass Sicherheitspolitik immer ins Ungewisse zielt und obendrein eine Frage des jeweiligen Blickwinkels darstellt. Erst auf diesen Grundlagen kann der notwendige und streitbare Austausch der Argumente erfolgen, den wir als unerlässlich für demokratische Willensbildung erachten. In der deutschen öffentlichen Debatte sind diese Voraussetzungen bisher nicht hinreichend gegeben – obwohl doch die Sorge um Sicherheit und Freiheit zu den Kernaufgaben staatlicher Verantwortung gehört und zudem unbestritten alle gleichermaßen angeht.

Das vorliegende Buch möchte hier eine Lücke schließen. Es soll insbesondere das Dilemma zwischen weitgehend undurchschaubaren und damit elitär anmutenden Entscheidungsprozessen einerseits und einem gesellschaftlichen Verständnis notwendigen Handelns andererseits auflösen. Es will ohne dogmatische Verengung, aber auch ohne Scheu vor unbequemen Argumenten die enorme Komplexität heutiger Sicherheitspolitik für die Leserinnen und Leser reduzieren, strategische Zusammenhänge sichtbar machen und auf diesem Wege die Dialogfähigkeit in der öffentlichen Meinungsbildung stärken. Es richtet sich damit an eine breite interessierte Leserschaft, ganz besonders aber an Multiplikatoren in Lehre und Öffentlichkeit.

Zunächst werden die generellen Anforderungen an eine moderne, präventiv angelegte Sicherheitspolitik beschrieben: umfassend und vernetzt gestaltet sowie strategisch und in sinnvoller Balance ausgerichtet (‚Konzeptionelle Grundideen moderner Sicherheitsvorsorge‘) sowie Grundfragen der sicherheitspolitischen Lage analysiert (‚Der sicherheitspolitische Kontext heute‘). Daran schließt sich eine übergreifende Analyse der wesentlichen Risiken an, wobei auch Interdependenzen und Kombinationen betrachtet werden (‚Treiber der Unsicherheit‘). Darauf aufbauend folgen die Betrachtung ausgewählter sicherheitspolitischer Themen wie Diplomatie und Sanktionen, militärische Macht, Krisenmanagement, Rüstungsexporte und Ertüchtigung, Entwicklungspolitik und Prävention (‚Strategische Handlungsfelder‘) sowie ein Blick auf zentrale ‚Spieler‘ der Sicherheitspolitik, internationale Organisationen und wichtige Staaten (‚Ausgewählte Akteure der Sicherheitspolitik‘). In einem Fazit wird schließlich der Handlungsbedarf für Deutschland ausgelotet. Mit Ausnahme des Schlussteils schließt jedes der 31 Kapitel mit drei weiterführenden Diskussionsfragen, die zur gezielten Vertiefung anregen. Das kommentierte Literaturverzeichnis enthält eine kurze Einschätzung der Literatur- und Quellenlage sowie eine Empfehlung von 20 ausgewählten weiterführenden Titeln. Es soll denjenigen helfen, die vertieft in die Materie einsteigen möchten.

Bei diversen Vorträgen und Veranstaltungen zu sicherheitspolitischen Fragen vor ganz unterschiedlichem Publikum ist uns immer wieder ein allgemeiner Aspekt aufgefallen: Der Bedarf an Orientierungswissen ist enorm und der klare Blick auf Zusammenhänge ebenso wie auf langfristige Entwicklungen unerlässlich, um sich nicht in den Details des sicherheitspolitischen Alltags zu verlieren.

Die enorme Komplexität der Materie wiederum erschwert ein ganzheitliches Verständnis. Wir verfolgen daher einen mitunter schwierigen Spagat zwischen wissenschaftlicher Tiefe einerseits und praxisorientierter Verdichtung mit generalistischem Blick andererseits – was auch Mut zur (wohlüberlegten) Lücke erfordert. Das Buch basiert auf jahrzehntelanger Befassung mit sicherheitspolitischen Fragen aus unterschiedlichen Blickwinkeln und Erfahrungshorizonten: einerseits aus militärischer und militärpolitischer (Kersten Lahl) sowie andererseits aus wissenschaftlicher und politikberatender (Johannes Varwick) Perspektive – die hier in einem bewusst gemeinsamen Ansatz vereint sind. Unser Ziel ist ein verständlich geschriebener und komprimiert aufbereiteter Überblick, der zu einer offenen und zugleich seriösen Auseinandersetzung mit wichtigen sicherheitspolitischen Themen und deren weiterer Vertiefung anregt.

Wir danken Saskia Eggeling M.A., Vera Eirich, Dipl.-Pol. Relja Richert, Pavel Richter, Dr. Christian Stock und Dr. Jana Windwehr für wertvolle Kommentare und Unterstützung bei der Entstehung des Buchs.

Kersten Lahl/Johannes Varwick,
Meckenheim/Berlin, im Juli 2018

1. Konzeptionelle Grundideen moderner Sicherheitsvorsorge

1.1 Sicherheit – Was ist (nicht) leistbar und wünschenswert?

Das Streben nach Sicherheit zählt zu den elementaren menschlichen Antrieben. Es prägt das soziale und auch zwischenstaatliche Miteinander und spielt damit eine zentrale Rolle auch in der internationalen Politik. Sicherheitspolitik umfasst in diesem Sinne die Gesamtheit der politischen Ziele, Strategien und Instrumente, die Unsicherheit abbauen bzw. Sicherheit schaffen sollen. Alle – gleich ob Individuen oder Staaten – wünschen sich freie Gestaltungschancen, aber jeder möchte sie zugleich in Sicherheit ausleben. Und doch handelt es sich um einen Begriff, der bei genauerer Betrachtung merkwürdig diffus ist. Denn was im konkreten Fall ‚Sicherheit' bedeutet, wie sie realisiert werden kann und ob sie immer auf einen auch wünschenswerten Zustand ohne unliebsame Nebenwirkungen zielt, das bleibt oft im Unklaren.

Um das Wesen der Sicherheit aus der Perspektive des ‚politischen Westens' (Winkler 2015) zu verstehen, bedarf es der parallelen Betrachtung zumindest zweier anderer Begriffe: den der ‚Freiheit' und den der ‚Unsicherheit'. Freiheit und Sicherheit werden keineswegs grundlos als zwei Seiten der gleichen Medaille beschrieben. Ohne Sicherheit gibt es keine Freiheit – und umgekehrt macht Sicherheit ohne Freiheit wenig Sinn. Von daher stehen beide Ziele in einer unauflösbaren Abhängigkeit zueinander. Keines ist für sich allein denkbar und erstrebenswert, und keines lässt sich folgenlos auf das andere maximieren. Damit verbieten sich auch ideologisch motivierte Ansätze, die eine Alternative zwischen beiden dogmatisch konstruieren.

Thomas Hobbes (1651) hat im 17. Jhd. den Zusammenhang zwischen Freiheit und Sicherheit treffend analysiert und damit wichtige Weichenstellungen für moderne staatstheoretische Überlegungen angestoßen (s. auch Kap. 1.4). Nach seiner Argumentation lebe – verkürzt ausgedrückt – der Mensch im Naturzustand in einer Welt ohne Gesetz und ohne Staat. Die Folgen dieser eigentlich unbeschränkten Freiheit seien zwangsläufig Chaos und Gewalt – also ein Krieg aller gegen alle, der unter den anarchischen Bedingungen dem vitalen Selbsterhaltungsinteresse jedes einzelnen Individuums entspreche. Als Folge dieses zerstörerischen Zustandes bleibe den Menschen daher kaum anderes übrig, als einen gegenseitigen Vertrag zu schließen, der allgemeingültige Regeln für ein friedliches Miteinander vorschreibt und dem sich alle unterwerfen.

Freilich bedürfe es nach Hobbes' Überzeugung zusätzlich einer starken und anerkannten Instanz, die kraftvoll für die tatsächliche Einhaltung der Regeln sorgt und abweichendes Verhalten sanktioniert – der Träger des Gewaltmonopols, der die nötige Sicherheit aller Vertragsteilnehmer garantiert. Diese Rolle übernimmt nach dieser Theorie der berühmte Leviathan, das Sinnbild für den mit höchster Autorität ausgestatteten Staat, der jeglichen Rechtsbruch fürchterlich zu bestrafen droht und damit präventiv die geforderte Gesetzestreue aller erzwingt. Dieser staatsphilosophische Ansatz von Hobbes entspricht – seiner Zeit geschuldet – der Idee eines totalitären Obrigkeits- und Überwachungsstaates, in dem der einzelne Bürger seine Sicherheit mit einem durchgreifenden Verlust freiheitlicher Werte erkauft. Letztere Konsequenz würde man zumindest in den westlichen Staaten unserer Zeit als unannehmbar bewerten. Dennoch lässt sich die Idee ansatzweise auch auf heutige internationale Politik beziehen, wenn man etwa an das ‚zwingende' Völkerrecht (s. Kap. 2.3), an Verteidigungsbündnisse mit gegenseitigen Verpflichtungen oder an die Theorie der Abschreckung denkt. Auch in Staaten mit sogenannten ‚gelenkten Demokratien' erinnert manches an das Modell von Hobbes. Und manchmal mag man sich mit Blick auf die Ohnmacht der VN (s. Kap. 5.1) tatsächlich einen internationalen Leviathan wünschen, der auf globaler Ebene für Frieden und Gewaltlosigkeit sorgt.

Begründung und Problematik des Hobbes'schen Leviathan verdeutlichen das erwähnte Spannungsverhältnis zwischen den Zielen Freiheit und Sicherheit sowie die Notwendigkeit schwieriger und oft auch schmerzhafter Kompromisse zu seiner Auflösung. In der realen Politik geht es daher stets um eine lagebezogen sinnvolle Balance, die eingehend auf manifeste wie latente Folgen abgeklopft wird und natürlich auch Ergebnis bestimmter Wertepräferenzen ist. Das zeigt sich zum Beispiel in der Debatte um die Vorratsspeicherung persönlicher Daten oder um verschärfte Grenzkontrollen im Kampf gegen Schlepper und organisierte Kriminalität. Freiheit zu opfern, um sie zu retten, das gilt grundsätzlich als untaugliche Strategie. Es gehört damit zu den besonders anspruchsvollen und auch heftig umstrittenen Aufgaben, sowohl eine freie Entfaltung des einzelnen Bürgers als auch zugleich staatliche Sicherheit zu erreichen und zu wahren. Ideallösungen gibt es dabei in aller Regel nicht.

Damit zur zweiten Dichotomie: Sicherheit und Unsicherheit. Was ist denn eigentlich ‚Sicherheit'? Lässt sich der entsprechende Zustand eindeutig definieren? Wissen wir, wann er erreicht ist und wann nicht? Kennen wir stets alle inneren und äußeren Einflussfaktoren oder Zusammenhänge? Bei genauer Betrachtung dieser Fragen wird klar: Das Streben nach Sicherheit ist in der Praxis nach oben offen, weshalb ein bestimmter Zustand der Unsicherheit stets eine mehr oder weniger dominierende Rolle spielt. Es ist jedenfalls schwierig, ein Maximum an Sicherheit sinnvoll festzulegen – und wenn man es versucht, dann landet man womöglich bei einem Zustand, der eher einer erzwungenen ‚Friedhofsruhe‘ als einer modernen, lebenswerten Gesellschaft ähnelt. Absolute Sicherheit gibt es also nur in der Theorie – und selbst da nur auf Kosten anderer zentraler Werte.

In der internationalen Politik bleibt daher kaum anderes übrig, als mit einem bestimmten Maß an Unsicherheit und Ungewissheit zu leben und auf dieser schwankenden Grundlage die Zukunft zu gestalten. Man müsste daher wohl treffender von ‚Unsicherheitspolitik‘ sprechen. Sicherheitsvorsorge folgt jedenfalls nicht einem mathematischen Regelwerk. Das Streben nach Sicherheit bedeutet keineswegs, dass die gewählten Konzepte und Strategien das gewünschte Ziel auch erreichen. Es gibt a priori keine Garantien. Der tatsächliche Erfolg sicherheitspolitischer Maßnahmen lässt sich bestenfalls grob abschätzen. Das gilt mitunter selbst für eine ex-post-Betrachtung, da die einzelnen Einflüsse im komplexen System der Wirkfaktoren selbst dann kaum zu bestimmen sind, wenn wir das Ergebnis kennen. Ist zum Beispiel das glückliche Ende des Kalten Krieges vorwiegend auf diplomatische Entspannungsbemühungen oder auf glaubwürdige Abschreckung oder vielleicht sogar auf ganz andere Faktoren zurückzuführen? Das Feld unterschiedlicher historischer Interpretationen ist zu Recht weit.

Das staatliche Streben nach Sicherheit vor äußeren (wie auch inneren) Gefahren tendiert mit Blick auf das unterstellte Sicherheitsbedürfnis der Bürger oftmals dazu, sich im Zweifel auf die vermeintlich eher ‚sichere‘ Seite zu begeben, also erkannte Risiken so klein wie möglich zu halten und lieber zu viel als zu wenig vorzusorgen. Das rechtfertigt insbesondere die vergleichsweise enorm hohen Etats für Verteidigung. So bleibt die wenig bequeme Erkenntnis: Sicherheitsanstrengungen bedeuten einen finanziellen und materiellen Aufwand an Mitteln, die dann an anderer Stelle fehlen können. Daher besteht die große Herausforderung darin, einerseits alles für eine als angemessen erachtete Sicherheit zu tun, aber andererseits auch möglichst nicht mehr als genau das.

Die oft erbittert geführte Auseinandersetzung darüber, was unbedingt angezeigt ist und was eher zurückstehen darf, bestimmt regelmäßig den politischen Alltag, wie sich aktuell etwa an der kontroversen Debatte um das sogenannte Zwei-Prozent-Ziel der Nato zeigt. Bei diesem Streit geht es im Kern um die Frage, ob ein drastisches Mehr an Verteidigungsausgaben wirklich erforderlich ist oder im Gegenteil wegen des finanziellen Verdrängungseffekts insgesamt auch kontraproduktive Effekte entfaltet. Eindeutige Antworten gibt es kaum.

Zusammengefasst bedeuten diese Überlegungen aber: Weil Sicherheit extrem teuer ist, möchte niemand mehr als erforderlich dafür ausgeben. Denn ein Übermaß an Investitionen in die Sicherheit bringt keine weitere Rendite, eröffnet jedoch Lücken mit Blick auf andere staatliche Ziele. So viel wie nötig und so wenig wie möglich, so heißt in der Theorie die Zauberformel.

Die Problematik um ‚das rechte Maß‘ an Sicherheitsvorsorge reicht noch tiefer: Ein Zuviel an Investitionen bedeutet in manchen Fällen nicht nur eine – vermeidbare oder unvermeidbare – Vergeudung von Ressourcen, sondern mitunter gar eine Verstärkung von Risiken und damit der Unsicherheit. Ein forciertes Streben nach immer mehr Sicherheit kann sich also in sein Gegenteil verkehren – so merkwürdig das auch klingen mag. Dies gilt vor allem dann, wenn der Ruf nach Sicherheit zugunsten ganz anderer Interessen oder Ideologien populistisch missbraucht wird. Sicherheitsgefühle spielen heutzutage eine wichtige Rolle in polarisierten Gesellschaften. Mit ihnen lassen sich Wähler und Stimmen gewinnen. Aber schaffen etwa das gezielte Schüren von Angst vor Migranten im eigenen Land und eine bewusst betriebene Ausgrenzung wirklich die behauptete Sicherheit im Alltag? Nein, das droht vielmehr die Risiken für alle zu erhöhen.

Es gibt auch in der internationalen Politik zahlreiche Beispiele, die ähnliche Zusammenhänge nahelegen. Klassischerweise ist das Streben nach mehr Sicherheit durch Aufrüstung der Beginn einer Rüstungsspirale zwischen Staaten. Das gilt ungebrochen bis heute, wie die Diskussion um die Installation von Abwehreinrichtungen gegen ballistische Raketen in Europa gezeigt hat. Eine andere Dynamik, aber ein ähnliches Ergebnis demonstriert der ‚war on terror‘, den die USA nach dem Trauma von ‚9/11‘ zu einem der Schwerpunkte ihrer innen- wie außenpolitischen Programmatik gemacht haben. Eine durchgreifende Reaktion – und zwar vor allem gemeinsam mit der Völkergemeinschaft – auf das Grundübel grenzüberschreitenden Terrors war und bleibt ohne jeden Zweifel legitim und erforderlich. Die konkrete Art und Weise des amerikanischen Vorgehens allerdings führt nach jetzt fast zwei Jahrzehnten an empirischen Befunden zu der berechtigten Frage, ob sich das Konzept in seiner rigiden und einseitig auf militärische Dominanz ausgerichteten Form nicht als eher kontraproduktiv erwiesen hat. Kann man denn wirklich behaupten, der Kampf gegen den Terrorismus – so wie er im Namen der Sicherheit geführt wurde – habe die Welt und mit ihr die USA sicherer vor Gewalt und Terror gemacht?

Die Frage nach dem Was, Wieviel und Wozu der staatlichen Sicherheitsanstrengungen wird begleitet von einem deutlichen Wandel des Sicherheitsbegriffes spätestens mit Beginn des 21. Jhd.s. Klassischerweise bezog sich Sicherheitspolitik auf die Aufgabe, die Souveränität und territoriale Integrität des eigenen Staates zu wahren. Ohne an dieser Stelle die in der Wissenschaft intensiv geführte Debatte über die Definition von Sicherheit und Sicherheitspolitik aufzuarbeiten (statt vieler: Enskat/Masala 2014, von Bredow 2015, Collins 2016, Schneiker 2017): Es gehört inzwischen zum politikwissenschaftlichen Allgemeingut, dass sich der Sicherheitsbegriff in mindestens vierfacher Hinsicht gewandelt hat:

- Erstens führen ökonomische Verflechtung, militärtechnischer Fortschritt und allgemeiner Wertewandel dazu, dass die klassische, auf souveräne Selbstbestimmung und nationalstaatliches Territorium bezogene Definition von Sicherheit durch einen räumlich und inhaltlich sehr viel weiter gefassten Begriff abgelöst wird. Dabei lassen sich zwei Diskussionsstränge unterscheiden. Zum einen geht es nicht mehr nur um die Sicherheit von Staaten, sondern auch um den Schutz von Individuen, Gruppen und Gesellschaften als deren wesentliche Bausteine, maßgeblich unter den Begriffen ‚menschliche Sicherheit‘ und ‚Schutzverantwortung‘ (‚responsibility to protect‘ oder kurz R2P). Und zum anderen ist der Ort, von dem Gefahren für Bürger und Staat ausgehen, schwerer zu bestimmen – was den Sicherheitsbegriff zunehmend entterritorialisiert, ihm also eine starke funktionale Bedeutung verleiht. In der Folge verliert auch die bisher scharfe Trennung zwischen innerer und äußerer Sicherheit an Gewicht (s. Kap. 2.4). Wer kann etwa im konkreten Fall schon sagen, ob ein Terroranschlag, Aktivitäten organisierter Kriminalität oder eine Cyber-Attacke von innen oder von außen verursacht sind?
- Zweitens wird die klassische Definition von Sicherheit als rein defensivem Schutz vor äußerer Bedrohung relativiert. Das negative, auf Reaktion gerichtete Sicherheitsverständnis wird damit durch ein positives komplettiert, bei dem über die Formulierung gemeinsamer Sicherheitsinteressen Mechanismen geschaffen werden, die konfliktträchtige Bedingungen aktiv abbauen und damit präventiv zu friedlicheren internationalen Beziehungen führen sollen.
- Drittens wird Sicherheit nicht mehr vordringlich und nahezu eindimensional als militärische Aufgabe wahrgenommen. Vielmehr geht man heute von einem sicherheitspolitischen Gesamtkonzept aus, bei dem sich Außen-, Verteidigungs-, Wirtschafts-, Finanz-, Umwelt-, Entwicklungs-, Gesundheits- und Innenpolitik wechselseitig ergänzen und optimieren (s. Kap. 1.2 und 1.3). Dieser Aspekt wird zusätzlich verstärkt durch die fortschreitende Globalisierung aller Lebensbereiche, die zu einem deutlich komplexeren

Gefüge internationaler Beziehungen beiträgt und bisher entfernte Risiken aller Art sozusagen unmittelbar vor unsere Haustür bringt oder uns anderweitig bewusst macht. Je offener und vernetzter unsere Gesellschaft, desto verwundbarer droht sie dabei zu werden.

- Viertens haben geopolitisch motivierte Auseinandersetzungen relativ an Bedeutung verloren. Nicht mehr nur zwischenstaatliche Kriege, sondern in zunehmendem Maße innerstaatliche, also gesellschaftsinduzierte Konflikte mit grenzüberschreitendem Potenzial sind eine primäre Quelle für Risiken und Bedrohungen aller Art. Die Ebene der Gewaltanwendung hat sich zudem mit Blick auf den zunehmenden Einfluss nichtstaatlicher Akteure verschoben und erweitert – was unter anderem auch dazu führt, dass die bisher anerkannten Regeln der Kriegsführung und Konfliktbewältigung nicht mehr oder nur noch bedingt greifen.

Unabhängig von diesen modernen Entwicklungen lässt sich unter dem Strich bereits an dieser Stelle ein allgemeines Fazit ziehen: Sicherheitspolitik folgt keinen naturgesetzlichen Regeln und auch keiner alternativlosen Logik. In der Praxis ähnelt sie eher einem verzweifelten Stochern im Nebel, allzu oft auch nach dem konzeptfreien Prinzip von ‚Versuch und Irrtum'. Nie lässt sich seriös beurteilen, was und wie viel wo nötig ist – und schon gar nicht, ob die geplanten Anstrengungen hinreichen. Wie bereits Clausewitz (1832) sinngemäß festgestellt hat, geht es um Entscheidungen ins Ungewisse, und weil das so ist, bleiben auch Überraschungen und Friktionen selten aus. Um in dieser schwierigen Lage zu bestehen, bedarf es daher vor allem folgender Voraussetzungen: zunächst eine ebenso ehrliche wie dynamische Lageanalyse; dann eine klare eigene Zielsetzung und Strategie; darauf aufbauend die konsequente Investition in die dafür nötigen Mittel; und schließlich ein hohes Maß an Flexibilität, Selbstkritik und Entscheidungsstärke für den Fall unvorhergesehener Entwicklungen. Aber selbst wenn diese Bedingungen vollständig geschaffen sind: Es gibt in aller Regel weder allumfassende Patentrezepte noch sogenannte ‚100-Prozent-Lösungen'. In einem so dynamischen und hochkomplexen Umfeld wie heute und wohl viel mehr noch morgen müssen sich die verantwortlichen Entscheidungsträger mit bescheideneren Ansätzen zufriedengeben.

Diskussionsfragen:
- Wo liegen in der heutigen Praxis einige zentrale Zielkonflikte zwischen Freiheit und Sicherheit?
- In welche Richtung wird sich der internationale Sicherheitsbegriff vermutlich weiter verändern?

- Lässt sich Sicherheit messen – für sich und in Abwägung mit anderen öffentlichen Gütern?

1.2 Sicherheitspolitik heute – umfassend und vernetzt

In der modernen Welt ist Sicherheitspolitik wie kaum ein anderer Politikbereich von stetem Wandel betroffen. In einem fortwährenden Prozess werden Sicherheiten und Unsicherheiten wahrgenommen und gewichtet, Bedrohungen eingeschätzt, Gefahren identifiziert oder ignoriert, Gegenkonzepte entworfen und im Falle erkannter Erfolglosigkeit auch wieder verworfen. So entwickelt sich eine ‚Sicherheitskultur' weiter, die nach Daase (2010: 9) als „die Summe der Überzeugungen, Werte und Praktiken von Institutionen und Individuen, die darüber entscheiden, was als eine Gefahr anzusehen ist und mit welchen Mitteln dieser Gefahr begegnet werden soll", beschrieben wird. Daase erläutert diesen Wandel anhand von vier Dimensionen des erweiterten Sicherheitsbegriffs, die nach unserer Auffassung in ihrer Gesamtheit gut geeignet sind, den Denkansatz einer erweiterten Sicherheitspolitik im europäischen und westlichen Rahmen anschaulich zu strukturieren. Das breite Spektrum wird dabei mittels folgender vier Fragen analysiert:

- Die erste Frage betrifft die ‚Referenzdimension': Wessen Sicherheit soll gewährleistet werden (Staat, Gesellschaft, Individuum)?

Im vergangenen halben Jhd. hat sich hier ein schrittweiser Wandel vom Staat über die Gesellschaft bis hin zum Individuum vollzogen. Während in den 1960er Jahren noch der traditionelle Schutz des Staates an oberster Stelle stand, rückte in den 1970er Jahren mehr und mehr die Sicherheit der Gesellschaft in den Mittelpunkt, bis schließlich in den 1990er Jahren – geprägt vom Siegeszug des Liberalismus und dem Ende des Kalten Krieges – das Individuum zum Referenzobjekt wurde. Das bedeutete einen grundlegenden Paradigmenwechsel, indem menschliche Sicherheit nun nicht mehr ‚nur' auf den Schutz vor Gewalt und Kriegen, sondern auch auf ein Leben aller in Würde und Freiheit abzielte. Freilich geraten damit zugleich neue Aspekte wie Kriminalität, Armut oder Migration in den Fokus. Neben Frieden zwischen Staaten geht es damit auch um den Schutz des Individuums vor den Folgen von Kriegen, Naturkatastrophen, Terroranschlägen, Ressourcenknappheit, Klimawandel und vielem mehr. Als Konsequenz dieses Ansatzes muss zugleich der Adressatenkreis sicherheitspolitischer Akteure mit all ihren Schutzverpflichtungen deutlich erweitert werden – bis hin etwa zu internationalen und nicht-staatlichen Organisationen.

• Die zweite Frage betrifft die ‚Sachdimension': Welcher Problembereich der Politik ist angesprochen (militärisch, ökonomisch, ökologisch, humanitär)? Mit der Ausweitung des Sicherheitsbegriffs auf das Individuum geraten zwangsläufig neue Politikfelder mit Gefahrenpotenzial ins Blickfeld. Auch hier lässt sich ein analoger Wandel feststellen: Traditionell richtete sich Sicherheitspolitik primär auf den militärischen Bereich, der den Schutz vor Bedrohungen durch andere Staaten garantieren sollte. Zu den kältesten Zeiten des Ost-West-Konflikts ging es ja immerhin um die Verhinderung eines Dritten Weltkrieges. In den 1970er Jahren, im Zuge der ersten Ölpreiskrise, trat dann auch die wirtschaftliche Verwundbarkeit von Staat und Bevölkerung zutage, was die Sicherheitsinteressen um den Zugang zu Energie und anderen lebenswichtigen Ressourcen erweiterte. Zudem wurde immer stärker offenkundig, wie sehr die Zerstörung der Umwelt eine Bedrohung auf globaler Ebene darstellt. Der ökologische Faktor geriet damit ins Blickfeld auch der Sicherheitspolitik. Und schließlich – nachdem der bis zum Ende des Ost-West-Konflikts verengte Blickwinkel sich erweitern konnte und die Weltöffentlichkeit die Folgen von Staatszerfall, Fragilität, Bürgerkrieg und Genozid wie etwa in Ruanda und auf dem Balkan medial wahrnahm – wuchs auch die Forderung nach ‚menschlicher Sicherheit' und Schutz der Menschenrechte im Rahmen der internationalen Gemeinschaft. Die Ideen der ‚responsibility to protect' (R2P) sowie der ‚humanitären Intervention' – wie etwa die im Kosovo – entstanden und führten zugleich zu heftigen, bis heute anhaltenden Kontroversen über ihre Legalität und Legitimität (s. Kap. 4.3).

• Die dritte Frage betrifft die ‚Raumdimension': Für welches geographische Gebiet wird Sicherheit angestrebt (national, regional, international, global)? Eine rein nationale Perspektive, die sich lediglich auf das eigene Territorium im Innern richtet, stellt zwar einen Ausgangspunkt staatlicher Schutzverantwortung dar, reicht aber schon lange nicht mehr hin. Für die westlichen Staaten war dieser Ansatz spätestens mit Gründung der Nato 1949 und deren gegenseitigen Beistandsverpflichtungen hinfällig. Mit dem Zerfall der Sowjetunion und damit dem Ende der bipolaren Welt mit allen seinen erwünschten wie unerwünschten Folgen trat ein neuer Aspekt regionaler Sicherheit zunehmend in den Vordergrund. Seine Kernidee, ausgelöst durch aufflammende regional begrenzte, aber umso erbitterter geführte Konflikte und eine sichtbare Ohnmacht der VN, richtete sich darauf, den betreffenden Regionen eine besondere Eigenverantwortung für den Frieden zu übertragen und sie darauf zu verpflichten. Regionalorganisationen wie etwa die Afrikanische Union oder die Arabische Liga, aber insbesondere auch die EU, gewannen auf diesem Feld an Bedeutung. Mit geeigneten Regelwerken wurde zusätzlich ein internationales Geflecht angestrebt, von dem alle beteiligten Staaten profitieren sollten. Die räumliche Neuorientierung des Sicherheitskonzepts zeigte sich ergänzend auch bei den sogenannten ‚out-of-area-Einsätzen' der Nato und auch der Bundeswehr – bis hin zu der Bemerkung des damaligen Verteidigungsministers Peter Struck, Deutschlands Sicherheit werde auch am Hindukusch verteidigt (2004). Die letzte Erweiterung der Raumdimension schließlich fordert eine ‚globale Sicherheit', bezieht sich also nicht nur auf das Staatensystem oder internationale Staatengemeinschaften, sondern auf die Menschheit als Ganzes. Idealziel ist in diesem Sinne eine Weltgesellschaft freier Individuen mit dem Recht auf menschenwürdige Lebensverhältnisse. Noch ungeklärt bleibt allerdings, wer für eine so definierte globale Sicherheit letztlich verantwortlich sein soll.

- Die vierte Frage betrifft die ‚Gefahrendimension': Was ist das zugrunde liegende Gefahrenverständnis (Bedrohung, Verwundbarkeit, Risiko)?

Diese vierte Dimension beschreibt, welche Gefahrenperzeption sicherheitspolitischen Ansätzen jeweils zugrunde liegt und wie dabei Unsicherheit konzeptualisiert wird. In der Nachkriegszeit und den Gründerjahren der Nato wurden Gefahren – wie zuvor auch – als konkrete Bedrohungen wahrgenommen. Die ‚threat assessments' bezogen sich eindeutig auf die Sowjetunion und deren als potenziell aggressiv beurteilte Absichten. In den 1970er Jahren wuchs jedoch die Erkenntnis, dass Gefahren nicht zwangsläufig nur von feindlichen Akteuren ausgehen. Unsicherheit wurde nun sehr viel allgemeiner als „Verwundbarkeit gegenüber externen Effekten" (Daase 2010: 16) definiert, was zugleich zur Forderung nach Resilienz mit dem Ziel eines Abbaus eigener Schwächen führte. Mit dem Zerfall des Sowjetreichs gab es plötzlich keinen konkreten Gegner mehr – das Bonmot, Deutschland sei ‚von Freunden umzingelt' machte die Runde –, und in der Folge spricht man seither eher von Risiken und Herausforderungen, die freilich eher diffus anmuten. Die Frage, wann ein Risiko wie etwa Terrorismus, Umweltzerstörung, unerwarteter Ereignisse wie die Ausbreitung einer Pandemie oder Organisierte Kriminalität zur konkreten Gefahr wird, bleibt meist offen. Gleichwohl ändern sich die Anforderungen an Sicherheitspolitik damit grundlegend. Die Forderung zielt – neben flexiblen Strukturen und Fähigkeiten – unter anderem auf Prävention, Früherkennung und proaktives Handeln, also auf die Identifikation und den Abbau von Risiken, bevor sie zu konkreten Bedrohungen werden (s. Kap. 4.6).

Diese Debatte wird in der Politikwissenschaft auch kritisch unter dem Aspekt der ‚Versicherheitlichung' (Securitization) geführt. Die erweiterte Wahrnehmung dessen, was als Gefahr angesehen wird, führe zu letztlich unerfüllbaren Sicherheitsbedürfnissen und mithin zu einer massiven Überforderung derjenigen, die Sicherheit gewährleisten sollen. Der Begriff ‚Securitization' stammt ursprünglich aus dem Finanzsektor und meint Verbriefung. In der Politikwissenschaft steht ‚Versicherheitlichung' für den Prozess, wie Sicherheitsthemen entstehen und an Bedeutung gewinnen. Die sogenannte ‚Kopenhagener Schule' konzipiert Sicherheit und auch Versicherheitlichung dabei aus einer sozialkonstruktivistischen Perspektive (s. Kap. 1.4), wodurch eine Bedrohung der Sicherheit immer subjektiv festgestellt bzw. sozial konstruiert wird. Für sie ist Sicherheit mithin kein objektiver Zustand, sondern das Ergebnis eines sozialen Prozesses. In diesem Sinne kann fast jedes Thema als Sicherheitsproblem konstruiert werden, abhängig von den Akteuren mit ihren jeweiligen Interessen und Methoden. Versicherheitlichung ist dann der Prozess, in dem aus einem ‚normalen' politischen Thema ein Sicherheitsthema wird. Schon durch einen Versuch der Versicherheitlichung könne ein Sachverhalt besondere (vor allem mediale) Aufmerksamkeit erlangen. Für solche im Fokus der Öffentlichkeit stehenden Problembereiche können dann mehr Aufmerksamkeit und Ressourcen mobilisiert und unter Umständen Freiheitseinbußen begründet werden, die ohne eine Einordnung als ‚sicherheitsrelevant' kaum zu vermitteln wären.

Eine weitere diskutierte Frage ist, welche Bedeutung ‚öffentliche Güter' (sogenannte ‚global commons') für die Sicherheitspolitik haben bzw. haben sollen. Global Commons sind Räume oder Ressourcen, die jenseits der direkten und ausschließlichen Kontrolle einzelner Nationalstaaten liegen, die aber für globale Entwicklung und internationale Ordnung strategisch wichtig sind – wie z. B. offene internationale See- und Handelswege, der Welt- und Cyberraum oder ein stabiles Weltklima. Auch Stabilität, Ordnung oder Sicherheit auf internationaler Ebene lassen sich als öffentliche Güter verstehen. Die auch sicherheitspolitisch relevante Frage ist, wer sich für die Bereitstellung dieser Global Commons und dem freien Zugang zu ihnen verantwortlich fühlt, und wer zu ihrem Schutz bereit und in der Lage ist.

In den vergangenen Jahren hat sich u.a. die Nato dieses Themas angenommen – was man als klares Indiz für seine wachsende Bedeutung verstehen darf. Sie hat eine Reihe von Studien dazu verfasst oder in Auftrag gegeben, und auch die realistische Schule der Politikwissenschaft setzt sich damit zunehmend auseinander (Jasper 2012). Der Grund dafür liegt nicht nur in der Relevanz öffentlicher Güter, sondern auch in der Wahrnehmung eines Bedrohungswandels. Einzelne Akteure können mit relativ geringen Mitteln (wie etwa im Falle von Piraterie) oder aber mit hoch entwickelten Waffen (wie etwa Cyber-Attacken oder Drohnen) ganze Räume oder lebenswichtige Funktionen lahmlegen. Fällt etwa die Straße von Malakka als Transportroute aus, entstünden in kürzester Zeit Schäden in Milliardenhöhe und wäre eine Versorgung selbst europäischer Länder beeinträchtigt. Vermutlich war das der Hintergrund einer umstrittenen Äußerung des damaligen Bundespräsidenten Horst Köhler: Er erklärte am 22. Mai 2010 auf dem Rückflug von einem Besuch bei den in Afghanistan stationierten Bundeswehrsoldaten in einem Interview mit dem Deutschlandfunk: „Meine Einschätzung ist aber, dass wir insgesamt auf dem Wege sind, doch auch in der Breite der Gesellschaft zu verstehen, dass ein Land unserer Größe mit dieser Außenhandelsorientierung und damit auch Außenhandelsabhängigkeit auch wissen muss, dass im Zweifel, im Notfall auch militärischer Einsatz notwendig ist, um unsere Interessen zu wahren, zum Beispiel freie Handelswege, zum Beispiel ganze regionale Instabilitäten zu verhindern." Köhler ist dabei wohl auch missverstanden worden. Aber die Ableitung, ‚commons' als Gut zu betrachten, zu dem ein freier Zugang erhalten werden soll und dies notfalls auch militärisch zu geschehen habe, führte jedenfalls zu einer heftigen Kontroverse (Scheinmann/Cohen 2012).

Fassen wir an dieser Stelle kurz zusammen: Das Verständnis um Wesen, Ziele und Wirkung der Sicherheitspolitik hat sich seit der Zäsur 1989/1990 deutlich verändert – und zwar nicht nur evolutionär fortgeschrieben, sondern geradezu sprunghaft erweitert. Man kann fast von einem Paradigmenwechsel sprechen. Hauptindizien für diese neue Denkweise sind u. a. die Erkenntnis ökonomischer und ökologischer Globalisierungsfolgen, die Verschmelzung von innerer und äußerer Sicherheit, die Relativierung der bis dato beherrschenden Rolle militärischer Macht, die Aufwertung individuell-menschlicher und humanitärer Aspekte sowie generell eine Ergänzung der noch im Kalten Krieg dominierenden realistischen Politiktheorien durch neue kritische Ansätze. Es sei hier dahingestellt, ob alle Initiativen zur Neuausrichtung der Sicherheitspolitik immer einer stringenten Lageanalyse entsprachen oder ob auch verdeckte Partikularinteressen wie das Streben nach einer Art Besitzstandswahrung – etwa nach dem Motto ‚wenn die alten Wirkfelder weggefallen sind, dann müssen wir uns neue suchen' – den Ausschlag gaben.

Im Ergebnis wird Sicherheitspolitik heute als umfassender Ansatz verstanden, in dem die zuvor nur lose miteinander verbundenen Elemente zu einer um unterschiedlichste Politikfelder und Akteure erweiterten Struktur zusammengefügt und die Zusammenhänge zugleich vertieft werden. Der Begriff ‚umfassend' ist dabei auch in sich selbst vielschichtig zu verstehen:

- Erstens funktional, also in einem engen, verwirrenden Systemgeflecht hoher innerer Komplexität und Dynamik. Dabei ergänzen bisher nur am Rande bedeutsame Instrumente und Akteure einer ‚soft power' zunehmend die vorher dominierende ‚hard power' und überlagern diese oft sogar. Die Vorstellung, alle großen heutigen Konflikte ließen sich ausschließlich oder zumindest primär mit militärischen Mitteln lösen, ist längst empirisch widerlegt. Dies zeigen so unterschiedliche Herausforderungen wie fragile Staaten, Klimawandel, Migration oder Pandemien eindrucksvoll.

- Zweitens geographisch, indem sich die Erkenntnis durchsetzt, dass es keine sicheren Nischen in der Welt gibt. Vielmehr entfachen auch scheinbar weit entfernte Ursachen ihre Wirkung nahezu überall. Wer in einer Welt lebt, die global ist und bleibt, der muss auf allen Ebenen auch global denken und handeln können.

- Drittens zeitlich, indem die Dynamik des internationalen Wandels ständig zunimmt und es daher umso mehr darauf ankommt, kritische Entwicklungen so gut wie möglich zu antizipieren und ihnen präventiv zu begegnen. Je schwieriger das ist, desto wichtiger wird die Fähigkeit des strategischen Denkens und Handelns weit in die Zukunft hinein.

Das klingt zwar alles auf den ersten Blick recht einleuchtend. Mit der Erkenntnis, Sicherheitspolitik umfassend zu begreifen, ist es aber leider nicht getan. Denn die Kehrseite der Medaille ernüchtert: Der Grad an Komplexität moderner Sicherheitspolitik hat sich enorm erhöht und droht die Verantwortlichen in der Realität zu überfordern. Und mehr noch: Die Versuchung ist groß, unter Sicherheitspolitik sozusagen alles und damit nichts zu verstehen. Solange aber alles gleichzeitig, gleichrangig und nebeneinander wirkt, sind einer gewissen Beliebigkeit oder auch einer verdeckt dogmatischen Interessenpolitik keine Grenzen gesetzt. Die Konsequenz kann daher nur lauten: die Tatsache einer hohen Komplexität nüchtern anerkennen, aber sie zugleich durch geeignete Maßnahmen auf ein sinnvolles, für praktische Arbeit beherrschbares Niveau reduzieren. Das freilich ist in der Praxis noch lange nicht befriedigend gelungen. Zwei der wichtigsten weitgehend ungelösten Herausforderungen betreffen dabei die ‚Vernetzung' und die ‚Strategiefähigkeit'.

Bezüglich der Forderung nach einer ‚Vernetzten Sicherheit' oder eines ‚comprehensive approach' gibt es grundsätzlich keine Diskussion. In der Politik wird der Begriff geradezu inflationär und ‚alternativlos', aber auch oft als leere Phrase benutzt. Er eignet sich ja auch trefflich für Ablenkungsmanöver aller Art, auch und gerade weil an der Notwendigkeit des Ansatzes kein Zweifel besteht. Um reale Wirkung zu entfalten, darf Vernetzung aber nicht nur eine Worthülse bleiben, sondern muss mit konkreten Inhalten gefüllt werden, über deren Zweckmäßigkeit man dann auch streiten kann. Das beginnt bei gegenseitigem Verstehen, einer gemeinsamen Sprache und einer offenen Bereitschaft zu Dialog und Kooperation. Es geht weiter mit der einvernehmlichen Erarbeitung und Festlegung gemeinsamer Ziele und Konzepte im Sinne eines übergeordneten, von allen Seiten mitgetragenen Gesamtplans. Und es endet mit dem ehrlichen Willen und der praktizierten Fähigkeit, letzteren eng abgestimmt umzusetzen.

Die erforderliche Vernetzung in der deutschen Sicherheitspolitik betrifft mehrere Dimensionen zugleich: zum einen die internationale Einbindung, dies vor allem auf europäischer, transatlantischer und globaler Ebene, zum anderen die Verzahnung innerhalb der Bundesregierung, die im horizontalen Sinn ein übergreifendes Handeln verlangt, also weg von aufbauorganisatorischem Ressortdenken und hin zu ablauforganisatorischen Prozessen. Und schließlich die vertikale Vernetzung zwischen Bund, Ländern, Kommunen und anderen relevanten Organisationen staatlicher oder privater Art.

Im Ergebnis ergibt sich ein recht unüberschaubares Geflecht an Akteuren, Instrumenten und Interessen, das zu entwirren und im Einzelfall zweckmäßig zu ordnen keineswegs leichtfällt. Es bleibt zunächst offen (und wird in den folgenden Kapiteln punktuell näher beleuchtet), ob und inwieweit die deutsche und europäische Sicherheitspolitik das schafft. So besteht etwa die Gefahr, dass ein ‚Silodenken‘ der einzelnen Ressorts (Auswärtiges Amt, BMVg, BMZ, BMI, BMWi – um die hier wichtigsten zu nennen) und auch des Bundeskanzleramtes eine vertrauensvolle und effektive Vernetzung unterläuft. Alle handeln zunächst einmal in eigener Verantwortung und aus ihren jeweiligen spezifischen Interessenlagen, Hauskulturen und fachlichen Hintergründen heraus. Das ist in der Logik des Grundgesetzes bewusst so angelegt und problemangemessen, es resultieren daraus aber in der sicherheitspolitischen Praxis auch Fallstricke.

An dieser Stelle sollen darüber hinaus drei weitere Probleme aufgeführt werden, die nicht selten als ungewollte Nebenwirkung der Forderung nach mehr Vernetzung auftreten:

- Erstens verleitet der Ansatz einer erweiterten, vernetzten Sicherheitspolitik manche Akteure dazu, nicht nur fremde Perspektiven zu registrieren, sondern darüber hinaus auch deren Aufgaben übernehmen zu wollen. Vernetzung bedeutet aber keineswegs, dass jeder alles können muss. Sie verlangt nicht den Allrounder und Allesversteher. Mit ihr ist nicht der Anspruch verbunden, sich beliebig ergänzen oder auch ersetzen zu können. Sondern Vernetzung zielt – nicht mehr und nicht weniger – auf die Notwendigkeit, dass alle Akteure ihr jeweiliges Potenzial sinnvoll nach Zeit, Raum und Kräften abgestimmt auf ein übergeordnetes Konzept ausrichten. Sie gelingt nur, wenn die Schnittstellen zwischen allen Handelnden sorgfältig definiert und vorbehaltlos akzeptiert sind. Das Weißbuch der Bundesregierung aus dem Jahr 2016 weist gerade in diesem Bereich eine wesentliche Schwäche auf: Es analysiert sehr treffend die aktuellen sicherheitspolitischen Risiken, versäumt aber, den einzelnen Ressorts und Trägern in einem nur schemenhaft erkennbaren sicherheitspolitischen Gesamtkonzept klare Rollen im konzertierten Miteinander zuzuordnen. Das Dokument suggeriert damit unter anderem den Eindruck, die Bundeswehr müsse letztlich auf alle übergreifenden Risiken schlagkräftig antworten – was sie überfordert und zugleich ihre gezielte Weiterentwicklung mangels hinreichender Ressourcen unterläuft.

- Zweitens bietet der Gedanke einer vernetzten Sicherheitspolitik mit seiner gewollt hohen Komplexität so manchem Akteur die willkommene Gelegenheit, sich entweder der Verantwortung zu entziehen oder umgekehrt unverdiente Meriten zu erwerben. Im letzteren Fall ist das weniger problematisch. Wenn sich eine sicherheitspolitische Strategie in der Praxis bewährt, darf sich jeder zu Recht mit dem Erfolg schmücken, denn jeder ist Teil des Ganzen. Wie hoch und wie entscheidend der jeweilige Anteil war, spielt keine wichtige Rolle. Im Falle eines Scheiterns hingegen ist das anders. Dann zeigt sich oft die Versuchung, Ursachen des Misserfolgs – zu Recht oder zu Unrecht – anderen Akteuren zuzuweisen. Das berüchtigte ‚fingerpointing‘ findet dann eine willkommene und risikolose Grundlage. Im Afghanistan-Einsatz mit seinen unerfüllten Erwartungen konnte man das lange Zeit und vor allem in kritischen Phasen beobachten: Die militärische Seite verwies dankbar auf tatsächliche oder angebliche Defizite der Entwicklungspolitik oder der Polizeiausbildung – und umgekehrt. Und die einzelnen Alliierten, die sich vor Ort engagierten, durften unwidersprochen den Schwarzen Peter auf die jeweils anderen Nationen mit ihren nationalen Vorbehalten (sogenannte ‚caveats‘) und partikularen Zielen schieben. Als Folge unterblieb in der Regel das für eine durchgreifende Anpassung notwendige Maß an Selbstkritik.

- Drittens kann damit ein Konzept der Vernetzung nur funktionieren, wenn entscheidende Grundlagen der Führung und Verantwortung klar geregelt sind und auch streng befolgt werden. Ohne eine von allen Beteiligten anerkannte Instanz mit klarer Autorität und hinreichenden Vollmachten führt Vernetzung in der Praxis eher ins Chaos als zum Erfolg. In welcher Form diese Instanz wirkt und entscheidet, also mit einer eher hierarchischen oder eher kooperativen, losen Struktur, ist zunächst unerheblich. Es kommt dabei auf die Ebene, die gestellte Aufgabe und das Umfeld an. Aber fest steht auch in der Praxis: Je mehr Freiheitsgrade bestehen und je unverbindlicher die einzelnen Elemente im System der vernetzten Sicherheit agieren, desto weniger ist gemeinsamer Erfolg erreichbar. In der Gemeinsamen Sicherheits- und Verteidigungspolitik (GSVP) der Europäischen Union etwa ist diese Tatsache seit Jahren allen Partnern schmerzlich bewusst – und doch gibt es bis heute zwar einige Ansätze zur Überwindung der europäischen Schwäche, aber noch lange keinen Durchbruch.

Zusammenfassend ist es in der Theorie unstrittig, dass moderne Sicherheitspolitik umfassend gedacht und vernetzt gestaltet werden muss. In der Praxis zeigen sich jedoch vor allem mit Blick auf die geforderte Vernetzung deutliche Defizite. Sie schrittweise zu überwinden, ist ein zentrales Erfordernis. Die Anstrengungen in diese Richtung werden gestützt von der Tatsache, dass Vernetzung nie nur eine schlichte Addition der eingesetzten Mittel und Fähigkeiten bedeutet, sondern letztlich auf das Verwirklichen sinnvoller Synergien ausgerichtet sein muss. Oder kurz und bündig: Das Ganze ist in der Sicherheitspolitik weit mehr als die Summe seiner Teile.

Diskussionsfragen:
- Überfordert eine ‚umfassende Sicherheitspolitik' die Akteure in der Praxis?
- Welche Gefahren sind in der Praxis mit dem ‚vernetzten Ansatz' verbunden?
- Wie lässt sich die Komplexität in der heutigen Sicherheitspolitik beherrschen?

1.3   Die Suche nach der strategisch richtigen Balance

Es wurde bereits an mehreren Stellen deutlich, wie sehr es in einer modernen Sicherheitspolitik auf umfassendes und abgestimmtes Handeln aller Akteure ankommt. Auch wurde auf diesbezügliche Defizite in der politischen Alltagspraxis sowie auf implizite Gefahren in der Anwendung des ‚Vernetzten Ansatzes' verwiesen. Zum Abschluss dieses Teils zu den Grundideen moderner Sicherheitsvorsorge soll nun auf eine querschnittartige Grundbedingung der Sicherheitspolitik hingewiesen werden: die einer angemessenen Balance.

Die Suche nach Balance im hier verwendeten Sinn bedeutet das Konstruieren und Nutzen eines sinnvoll ausgewogenen Netzwerkes – also eines bestmöglich flexiblen Systems, das der jeweiligen Aufgabe entsprechend aus einer Vielzahl unterschiedlicher Elemente, wechselseitiger Beziehungen und verbindender Knoten besteht. Ziel ist dabei, alle Einzelbeiträge durch ‚optimales' Verknüpfen auf einen gemeinsam angestrebten Gesamterfolg auszurichten – also Kräfte zu bündeln, Komplementaritäten zu nutzen, Ressourcen zuzuweisen, Interdependenzen arbeitsteilig zu regeln und auf diesem Wege Synergien zu erzeugen. Diese Idee entspricht der bereits erwähnten holistischen These, das Ganze sei mehr als die Summe seiner Teile.

Es versteht sich von selbst, dass Synergiegewinne in der Sicherheitspolitik nur dann zu erwarten und zu erzielen sind, wenn die Einzelinteressen der verschiedenen Netzwerkteilnehmer einvernehmlich abgestimmt und übergreifende Verantwortlichkeiten akzeptiert sind. Das ist keineswegs immer einfach, prallen doch oft höchst unterschiedliche Arbeitskulturen und -techniken aufeinander. Entwicklungs- und verteidigungspolitische Denkmuster etwa folgen, wie bereits festgestellt, durchaus verschiedenen und mitunter konkurrierenden Grundansichten. Für die Sicherheitsvorsorge ist aber nicht nur bedeutend, alle einschlägigen Akteure zu erfassen und erfolgreich miteinander zu verknüpfen, sondern auch eine Art Gleichgewicht im Gesamtsystem zu erzeugen. Es geht also um eine lagegerecht zweckmäßige Zuordnung von Zuständigkeiten, Verantwortung und nicht zuletzt Mitteln.

Was bedeutet aber ‚Balance‘ in der Sicherheitspolitik? Wie stellt man fest, welcher Mix an Instrumenten und vor allem welche Verteilung von Ressourcen (in Form von Geld, Personal oder auch ‚Macht‘) den Sicherheitsinteressen ‚optimal‘ entspricht? Rein abstrakt könnte man sich mit ökonomischen Ansätzen, etwa mit Blick auf Allokationseffizienz, Grenzkosten und Grenznutzen behelfen. Ein Denkmodell ließe sich – sehr vereinfacht – in etwa wie folgt beschreiben: Wenn man einen Euro zusätzlich investieren möchte und es dabei keinen Nutzenunterschied macht, wo genau er eingebracht wird, dann herrscht Gleichgewicht. Aber das ist eine rein theoretische Überlegung, die in der komplexen Realität nur bedingt weiterhilft. Weder kann man sicherheitspolitischen Nutzen messbar bestimmen oder gar vorhersagen, noch gibt es ‚die eine‘ Ideallösung für alle diese Herausforderungen.

Trotz dieser konzeptionellen Schwierigkeiten lässt sich die Forderung nach einer hinreichenden Balance in der Sicherheitspolitik nicht so einfach übergehen. Es lohnt sich und kann sogar entscheidend werden, immer wieder aufs Neue das Gleichgewicht im Mittelansatz kritisch zu prüfen und ggf. mithilfe geeigneter Stellschrauben nachzujustieren. Drei auf die Rolle des Militärs in der heutigen Sicherheitspolitik bezogene Beispiele sollen das näher beleuchten:

- Beispiel 1: die deutschen Verteidigungsausgaben. Im Bundeshaushalt 2020 waren für das Ressort des Bundesministeriums der Verteidigung 45 Mrd. und damit fast 40 Prozent mehr als 2014 veranschlagt. Das entspricht einem

Anteil von rd. 13 Prozent am Gesamthaushalt, was dem BMVg eine absolute und historisch gewachsene Spitzenreiterposition im Kreis aller sieben Ressorts verschafft, die dem Bundessicherheitsrat (BSR) angehören. Auch wenn hier Vergleiche mit Blick auf föderale Strukturen und nicht-staatliche Akteure etwas hinken: Die in der Reihung folgenden Bundesministerien des Inneren (BMI) und für wirtschaftliche Zusammenarbeit und Entwicklung (BMZ) verfügen mit rd. 16 bzw. 12 Mrd. EUR über deutlich geringere Ressourcen zur Erfüllung ihrer Aufgaben. Zugleich ist eine weitere Kennzahl von aktueller – vor allem bündnispolitischer – Bedeutung: Die deutschen Verteidigungsausgaben betrugen 2017 rd. 1.2 Prozent des Bruttoinlandsprodukts (BIP) und werden nach aktuellem Stand für 2021 auf rd. 1.5 Prozent aufwachsen, was enorme Anstrengungen bedeutet.

Diese Zahlen sind Ergebnis grundlegender politischer Entscheidungen und in der Regel Ausdruck einer historisch gewachsenen Staatsphilosophie. Zugleich sind sie in Deutschland auch immer noch Ausdruck des Endes des Ost-West-Konflikts, als Stück für Stück die sogenannte ‚Friedensdividende' eingefordert und realisiert sowie parallel dazu die Rolle ziviler Krisenprävention vorsichtig, aber konstant aufgewertet wurde (s. dazu auch das folgende Beispiel 3). Zum Vergleich: In den 1970er und 1980er Jahren erreichte das Verteidigungsbudget eine herausragende Position im Gesamthaushalt der Bundesrepublik Deutschland. Seit den 1990er Jahren gilt das nicht mehr – weder im geschichtlichen noch im internationalen Vergleich –, und auch alle jüngeren Beschwörungen einer ‚Trendwende' ändern in ihrer konkreten Substanz bisher daran wenig.

Interessant aus der Perspektive einer vernetzten Sicherheitspolitik im transatlantischen Rahmen ist jedoch auch eine andere Rechnung: Alle sicherheitspolitisch relevanten Ausgaben des Bundes zusammengerechnet (wenn man dabei zugegebenermaßen die Ausgaben der Länder sowie der Europäischen Union für die Sicherheitsvorsorge ausklammert) lagen 2017 nach unseren – sehr groben – Berechnungen bei rd. 54 Mrd. EUR. Dabei sind die Ausgaben aller BSR-Ressorts in den Bereichen, die Sicherheitsaufgaben im erweiterten Sinne dienen, erfasst, so z.B. im BMI (Bundespolizei, Bundesamt für Verfassungsschutz, Integration und Migration, Technisches Hilfswerk, Bundesamt für Bevölkerungsschutz und Katastrophenhilfe, Bundesamt für Sicherheit in der Informationstechnik); im BMZ (bilaterale staatliche Entwicklungszusammenarbeit u.a.); im BMWi (Energieforschung); im AA (Sicherung von Frieden und Stabilität) oder im Bundeskanzleramt (Bundesnachrichtendienst). Diese Zahl signalisiert zweierlei: Erstens macht auch in dieser Betrachtung der deutsche Militärhaushalt rd. zwei Drittel aller sicherheitsrelevanten Ausgaben des Bundes aus. Deutsche Sicherheitspolitik wird also trotz aller anderslautenden Thesen hinsichtlich der Bereitstellung finanzieller Mittel immer noch von militärischen Aspekten dominiert. Und zweitens entspricht die genannte Summe von 54 Mrd. EUR rd. 1.65 Prozent des BIP und liegt selbst bei dieser umfassenden Betrachtung weit unter der von der Nato allein für Verteidigung angestrebten Zielmarke von zwei Prozent – ganz abgesehen von den ‚drei Prozent für Sicherheitsausgaben im erweiterten Sinn', die von einigen Kommentatoren (Münchner Sicherheitskonferenz 2020) vage vorgeschlagen wurden.

Was aber bedeutete es, würde das Zwei-Prozent-Ziel tatsächlich realisiert? Ceteris paribus und unter Ausklammerung diverser Rückkopplungseffekte liefe das auf einen Verteidigungsetat von (Stand 2019) über 75 Mrd. EUR hinaus. Kann das überhaupt gelingen und vor allem: wäre es sinnvoll? Was würde eine so drastische Steigerung, die ja irgendwie finanziert werden müsste, für die generelle staatliche Leistungserbringung und insbesondere auch für das engere Ziel Sicherheitsvorsorge bedeuten? Eine Finanzierung über die Einnahmenseite scheidet vermutlich aus; drastische Steuererhöhungen oder Neuverschuldungen gelten politisch als weder erstrebenswert noch durchsetzbar, und Letztere würden überdies die Lage für Folgegenerationen nicht gerade stabiler machen. So bliebe letztlich nur eine Umverteilung im Gesamthaushalt – wobei beträchtliche Abstriche auch bei den zivilen Mitteln etwa der Krisenprävention vermutlich eine zwangsläufige Folge wären. Wie das konkret aussehen könnte, zeigt derzeit das Beispiel der USA, wo von der Trump-Administration ab 2017 u.a. die Mittel für Diplomatie und Entwicklungshilfe drastisch gekürzt wurden, auch um die massive Erhöhung des Verteidigungshaushalts zu finanzieren. Dies wiederum drohte die Gesamtbalance im Konzert der miteinander vernetzten und aufeinander angewiesenen Mittel der Sicherheitsvorsorge zu gefährden – sei es in der allgemeinen Prävention oder im konkreten Krisenmanagement. Hinzu kommt die Erfahrung, dass jede nationale Steigerung militärischer Anstrengungen die Gefahr einer internationalen Reaktion beinhaltet und damit einen Rüstungswettlauf beschleunigen könnte.

Unter dem Strich bleibt damit die etwas paradox anmutende Erkenntnis: Ein Aufwuchs an Verteidigungsausgaben kann entgegen guter Absichten das angestrebte Ziel der Sicherheit auch unterlaufen, falls wichtige Faktoren im Sinne einer nationalen und internationalen Balance außer Acht gelassen werden. Es wäre ein Trugschluss zu glauben, die Bedingungen für Sicherheit ließen sich allein mit einer deutlichen Erhöhung oder Überbetonung der Militärbudgets und damit auf Kosten anderer Werkzeuge im gemeinsamen Fundus verbessern (Lahl 2017).

• Beispiel 2: das internationale Krisenmanagement in Afghanistan. Die Region am Hindukusch hat sich fremden Streitkräften fast traditionell mit Erfolg widersetzt. Die Briten im 19. bzw. im 20. Jhd. und später die Sowjetunion in den 1980er Jahren bekamen das zu spüren. Nach den Ereignissen von 9/11, als das Terrornetzwerk Al Qaida von afghanischem Boden aus einen beispiellosen Anschlag gesteuert hat, wurde nun eine neue Seite dieser geschichtlichen Erfahrungen aufgeschlagen. Die mit einem VN-Mandat ausgestatteten Nato-Kräfte haben es – trotz eines enormen militärischen Aufwands mithilfe modernster Technologie und Waffenüberlegenheit – auch in fast zwei Dekaden nicht geschafft, Frieden und Stabilität herzustellen. Zwar wurde die Truppenpräsenz seit Ende 2014, als allein rd. 130.000 US-Soldaten im Rahmen der multinationalen ‚International Security Assistance Force' (ISAF) vor Ort standen, nun in der Nachfolgemission ‚Resolute Support Mission' (RSM) mit neuer Aufgabe deutlich gesenkt. Dennoch stehen das insgesamt geleistete militärische Engagement und die damit verbundenen Erwartungen in keinerlei Verhältnis zu dem bisher erreichten Ergebnis. Unter dem Strich zeichnet sich vielmehr ein eher negativer Trend der Sicherheitslage vor Ort ab – ein Trend, der innerafghanisch Hand in Hand geht mit mangelnder Qualität der Regierungsführung und einer desolaten wirtschaftlichen Lage.

Die enttäuschende bisherige Entwicklung und der wenig hoffnungsfrohe Ausblick in die absehbare Zukunft werfen zwangsläufig die Frage auf, ob der enorme Einsatz an Kräften und Mitteln das für einen Erfolg erforderliche Maß an Ausgewogenheit, Koordination und Zielkongruenz besitzt. Mit anderen Worten stehen zwei Kernaspekte zur Diskussion: Sind zum einen die selbst gesetzten Ziele eindeutig und realistisch, und stimmen zum anderen die bereitgestellten Ressourcen in Höhe und in ihrer Balance? In beiden Bereichen sind erhebliche Zweifel angebracht, auch wenn es bisher kaum offizielle Evaluierungen gibt, die politikübergreifend einem offenen und vorurteilsfreien Controlling genügen würden.

Seit Beginn des Afghanistankrieges 2001 verloren bis Januar 2020 insgesamt 3.587 Soldatinnen und Soldaten der internationalen Allianz ihr Leben – darunter 59 Bundeswehrsoldaten –, die finanziellen Aufwendungen dürften bei über 1000 Mrd. US-Dollar liegen. Deutschland hat im Zeitraum der ISAF rd. 9 Mrd. EUR alleine an einsatzbedingten Zusatzausgaben aus dem deutschen Verteidigungshaushalt aufgewendet. Im gleichen Zeitraum beliefen sich demgegenüber die deutschen Entwicklungshilfemittel für Afghanistan auf 2,8 Mrd. EUR. Bereits 2010 hatte der VN-Sondergesandte Kai Eide vor einer „Militarisierung unserer Gesamtstrategie in Afghanistan" (zitiert nach Ruttig 2010: 29) gewarnt. Die damalige Truppenverstärkung („surge‘), insbesondere der USA, warf in der Tat das Problem auf, dass die zivile Komponente des internationalen Engagements mehr und mehr in den Hintergrund rückte und vielfach nur als eine Art Ergänzung der militärischen Aufstandsbekämpfung wahrgenommen wurde – Letzteres im Übrigen gerade auch von der afghanischen Bevölkerung, von der ein großer Teil ohnehin traditionell allen fremden Waffenträgern skeptisch gegenübersteht. Bis zur Etikettierung westlicher Soldaten als „Besatzer‘ ist es da nicht mehr weit, was letztlich die Hoffnungen auf eine friedensstiftende Rolle nachhaltig untergräbt und zudem allen entwicklungspolitischen Anstrengungen einen Teil ihrer Akzeptanz und damit Wirkung nimmt (s. Kap. 4.3).

Es lässt sich mit einiger Berechtigung die These begründen, dass sich mit einem einseitigen Fokus auf militärischer Überlegenheit ein durchgreifender Fortschritt am Hindukusch auf Dauer nicht realisieren lässt – wohl sogar eher im Gegenteil. Folgt man dieser Einschätzung, dann zwingt sie dazu, die strategischen Ziele der Afghanistan-Mission und vor allem die Art bzw. Zusammensetzung der eigenen Mittel selbstkritisch zu überdenken. Wenn sich die Sicherheitslage auch nach so vielen Jahren überlegenen militärischen Engagements nicht bessert, dann könnte dies ein Indiz dafür sein, dass die Gesamtbalance mit Blick auch auf die zivilen Anstrengungen nicht stimmt. Dann liegt es nahe, neue Wege zu suchen.

- Beispiel 3: die Schere zwischen Auftrag und Mitteln für die Bundeswehr. Wie das Weißbuch 2016 in seinem Fazit (137 f.) andeutet, leben die deutschen Streitkräfte seit Jahren von der Substanz, leiden also an einer Unterfinanzierung bei gleichzeitig erhöhtem Gestaltungsanspruch. Die Mängelliste ist groß und wird von Militärexperten nicht ernsthaft in Zweifel gezogen – ebenso wenig wie z. B. vom Wehrbeauftragten des Deutschen Bundestages in seinem Bericht 2018. Sehr pointiert lässt sich von einem desolaten Zustand der Truppe sprechen. Dieser Befund macht Sorge – national wie wohl auch international – und verlangt dringend eine Trendwende und ausgewogene Balance mit Blick auf die Aufgaben. Dabei galt die Bundeswehr noch in den 1980er Jahren als die mit Abstand stärkste konventionelle Streitmacht des Westens in Europa. Sie bildete das unverzichtbare Rückgrat der Nato-Verteidigung. Sie hat mit ihrer Stärke und Professionalität wesentlich dazu beigetragen, dass Abschreckung funktionierte und damit Europa von einem Dritten Weltkrieg verschont blieb. Was ist also zwischenzeitlich geschehen, dass sich das Bild innerhalb weniger Dekaden derart verändert hat?

Der geschichtliche Hintergrund handelt von einer sich öffnenden Schere zwischen Auftrag und Mitteln, die in drei Schritten immer problematischer wurde. Auf den ersten Blick klingt das paradox, da nach dem Ende des Ost-West-Konflikts zugleich auch das ‚Ende der Geschichte' (Fukuyama 1992) erreicht schien, zumindest in (West-)Europa. Krieg schien undenkbar geworden, und damit auch jede militärische Vorsorge unnötig. Deutschland war ‚von Freunden umzingelt' und zugleich im Wesentlichen mit der Realisierung seiner neu gewonnenen Einheit befasst. Eine Friedensdividende wurde von weiten Teilen der Gesellschaft eingefordert und auch Schritt für Schritt realisiert. Viele Verbände der Bundeswehr wurden aufgelöst und Personal massiv reduziert, einsatzwichtiges Material verschrottet oder verkauft und die Bevorratung an Ersatzteilen und Munition aus Kostengründen drastisch heruntergefahren. Die Wehrpflichtdauer wurde auf ein Niveau reduziert, das militärisch kaum noch Sinn machte, und zugleich glaubte man, auf Reservisten mehr und mehr verzichten zu können.

Das erste Erwachen trat mit der Erkenntnis ein, dass nach dem Fortfall der Ost-West-Konfrontation so mancher regionale Konflikt nahezu zwangsläufig zum ‚Ausbruch' kam. Dies auch in Europa, wie etwa die blutigen Bürgerkriege seit Beginn der 1990er Jahre auf dem Balkan zeigten. Parallel dazu geriet Deutschland immer stärker unter internen und externen Druck, als leistungsstarke Wirtschaftsmacht einen auch militärischen Beitrag bei der internationalen Krisenbewältigung zu leisten, also auch auf diesem Feld eine Mitverantwortung zu übernehmen und damit einen Teil der jahrzehntelang erlebten Solidarität zurückzugeben.

Damit geriet die Bundeswehr aber in eine Lage, die sie an den Rand ihrer Möglichkeiten und zum Teil auch darüber hinaus führte. Sie war bis dahin immer ausschließlich auf Landesverteidigung im engeren Sinne ausgerichtet – mit kurzen Wegen, auf eigenem Territorium und damit unter direktem Zugriff auf alle dort vorhandenen infrastrukturellen und personellen Ressourcen. Ihr strategischer Horizont, der eigentlich eher als taktischer oder bestenfalls operativer bezeichnet werden musste, endete bis dahin an der innerdeutschen Grenze. Die neue Auftragslage – zunächst in Somalia, dann auf dem Balkan und schließlich in Afghanistan, um nur einige der Schwerpunkte zu nennen – verlangte nun aber völlig anderes, wie z. B. eine strategische Verlegefähigkeit, ein robustes Führungs- und Informationssystem über weite Entfernungen, umfangreiche Feldlagerkapazitäten, mobile medizinische Versorgung modernster Ausstattung und vieles andere mehr. Neue Ausbildungserfordernisse oder personelle Fähigkeitsprofile kamen hinzu. Eine Anschubfinanzierung für diese neuen Aufgaben – wie sie etwa die Weizsäcker-Kommission im Jahr 2000 gefordert hatte – erhielt die Bundeswehr nicht. Die nötige Umsteuerung war nur leistbar, indem die Ressourcen der Truppe konsequent auf die jeweiligen Einsatzmissionen konzentriert wurden – zulasten der meisten anderen Aufgaben und letztlich auch der Kohäsion und Substanz. Landes- und Bündnisverteidigung galt jedenfalls auch offiziell als nicht mehr strukturbestimmend. Im Klartext hieß das, sie wurde vernachlässigt.

Im dritten Schritt änderte sich das Bild ab 2014 wieder. Mit dem Paradigmenwechsel in der strategischen Einschätzung mit Blick auf Russland gerät erneut die klassische Verteidigungsfähigkeit in Europa in den Fokus. Das Aufgabenspektrum der Bundeswehr hat sich damit aber nicht etwa wieder auf den ursprünglichen Zustand reduziert, sondern ist de facto erneut erweitert worden. Sowohl das Weißbuch 2016 als auch die Konzeption der Bundeswehr 2018 sprechen dabei von ‚Gleichrangigkeit‘ der Aufgaben der Bundeswehr. Das allerdings geht nun wohl endgültig über die Leistungsgrenzen der Truppe hinaus. Das Ergebnis spiegelt sich in ihrem jetzigen Zustand wider – und es spricht wenig dafür, dass es sich mit ein paar Mrd. EUR mehr entscheidend ändert, trotz aller richtiger Hinweise auf eine ‚finanzielle Trendwende‘ im Verteidigungshaushalt. Dazu sind die Defizite inzwischen viel zu grundlegend. Als Lösungsansatz bleibt daher kaum anderes übrig, als die der Truppe gestellten Aufgaben selbstkritisch zu analysieren, dabei eine konsequente Prioritätenfolge zu entscheiden und zugleich zwangsläufige Lücken in Kauf zu nehmen. Es handelt sich also im Kern darum, die über die vielen Jahre aus den Fugen geratene dynamische Balance zwischen Auftrag und verfügbaren Mitteln wieder zu festigen.

Diskussionsfragen:
- Wie lässt sich eine ausgewogene Balance in einer vernetzten Sicherheitspolitik bestimmen und realisieren?
- Folgt die deutsche Sicherheitspolitik dem Gebot einer Balance? Wo liegen Schwächen, wo Stärken?
- Unter welchen Bedingungen ist eine deutliche Steigerung des deutschen Verteidigungsbudgets sinnvoll?

1.4 Was kann Theorie leisten?

Das Einhegen und Überwinden der Konkurrenzordnung der Staatenwelt, deren Hauptakteure keine höhere Gewalt über sich anerkennen, hat die Geschichte der internationalen Beziehungen sowohl in praktischer als auch in wissenschaftlicher Hinsicht seit Jahrhunderten geprägt. Der Gedanke von Thomas Hobbes, dass es in einer anarchischen Umwelt eines Leviathans bedürfe, um für Ordnung

zu sorgen, wurde bereits erläutert. Unter Anarchie wird die für Kooperations-
chancen folgenreiche Struktur der Herrschaftslosigkeit bzw. das Fehlen einer
den Staaten übergeordneten, zentralen Autorität mit Handlungskompetenz verstanden. Denn Staaten können internationale Vereinbarungen eingehen und
einhalten – und sie tun das auch ausgiebig –, sie können aber von niemandem
dazu gezwungen werden. Zwischenstaatliche Kooperation ist mithin auf Freiwilligkeit und Einsicht angewiesen. Richtig einordnen lässt sich der Befund der
Anarchie aber erst durch den Begriff der Interdependenz. Dieser bezeichnet ein
nicht minder folgenreiches Verhältnis bzw. Milieu zwischen den Akteuren, bei
dem die Handlungen eines beliebigen Akteurs im Sinne einer wechselseitigen
Abhängigkeit Auswirkungen auf die anderen Akteure implizieren.

Sicherheitspolitik stand am Anfang der konzeptionellen Auseinandersetzung mit Fragen der internationalen Politik. Auch wenn die akademische Disziplin der Lehre von den internationalen Beziehungen (IB) vergleichsweise jung
ist, kann sie auf einige Vorläufer, häufig im Grenzgebiet zur Politischen Theorie,
zurückgreifen; exemplarisch seien hier der griechische Historiker Thukydides
oder auch Immanuel Kant angeführt. Zu einem eigenständigen Fach entwickelten sich die IB jedoch erst nach dem Ersten Weltkrieg; 1919 wurde in Wales der
erste entsprechende Lehrstuhl eingerichtet. Zentraler Gründungsimpuls war die
Frage, mit welchen Instrumenten, Mitteln und Strategien sowie auf welche Weise ‚Krieg‘ als Mittel der Politik ausgeschlossen bzw. begrenzt werden könnte.

Die Grundfrage, wie und womit Staaten veranlasst werden können, ihre
Konflikte mit friedlichen Mitteln zu lösen, ist so alt wie das neuzeitliche Staatensystem und hat zahlreiche Philosophen von Niccolò Machiavelli (1469–1527)
über Immanuel Kant (1724–1804) bis Jürgen Habermas (geb. 1929) beschäftigt
und zu ganz unterschiedlichen Antworten geführt. Theoriefragen werden innerhalb der Sozialwissenschaften intensiv diskutiert (Meyers 2015), sind jedoch oftmals vom praktischen politischen Diskurs abgekoppelt. Das gilt auch für den
Bereich Sicherheitspolitik. Was kann angesichts dessen die wissenschaftliche –
also theoretische – Beschäftigung mit internationaler Sicherheitspolitik leisten?
Karl Popper (1935) hat einmal davon gesprochen, dass Theorie das Netz sei, das
wir auswerfen, um die Welt einzufangen, sie zu rationalisieren und zu erklären.
Das löst noch keine Probleme, aber ist womöglich Voraussetzung dafür, die ‚richtigen‘ Probleme zu erkennen und Handlungsoptionen zu entwickeln.

Eine Theorie ist zunächst „ein widerspruchsfreier Satz von Aussagen, mit
dem ein Phänomen erklärt werden soll. Sie identifiziert die spezifischen Ursachen, die jene Beobachtungen hervorrufen, die erklärt werden sollen. Sie zeigt
auf, auf welche Weise verschiedene Ursachen zusammenwirken, um das beob-

achtete Ergebnis zu erzeugen. Theorien beschreiben, identifizieren Ursache und Wirkung, machen Vorhersagen und bieten Lösungskonzepte an" (Tuschhoff 2015: 19). Anders formuliert: Die intellektuelle Bewältigung der Vielfalt politischer Prozesse und Strukturen ist nicht möglich ohne vorgefasste oder systematisch ausgewählte gedankliche Filter sowie Ordnungs- und Erklärungsschemata, welche die Fülle des Wahrgenommenen überschaubar machen. Im wissenschaftlichen Erkenntnisprozess sind Theorien also jene gedanklichen Konstrukte, die es ermöglichen, die vorgefundene Komplexität zu reduzieren, zu ordnen und schließlich zu erklären.

Hinsichtlich der angemessenen Wege zur Kriegsverhinderung und Friedenssicherung sind seit jeher zwei Herangehensweisen feststellbar, die sich als Dissens zwischen den ‚children of light' und den ‚children of darkness' umschreiben lassen. Aus der europäischen Aufklärung stammt eine Vorstellung, die auf das Gute, die Vernunft und die Lernfähigkeit des Menschen setzt. Demokratisierung sei aufgrund des nachweisbaren Zusammenhangs zwischen der inneren Verfassung eines Staates und seinem Außenverhalten zudem der beste Weg zur Konfliktvermeidung. Der Gegenentwurf sieht die Welt hingegen durch das Schlechte beherrscht und anarchisch strukturiert. Nur eigene Stärke und das Prinzip der Selbsthilfe könnten Konflikte verhindern; nicht das erhabene Ziel ‚Frieden', sondern das bescheidenere Ziel ‚Sicherheit' sei daher anzustreben. Einer multilateralen Welt, in der Verhandlungen, Überzeugung, Konsenssuche und diplomatische Lösungen dominieren, steht eine unilaterale Welt gegenüber, in der auf internationale Regeln letztendlich kein Verlass ist und in der im Extremfall Zwang vor Überzeugung geht. Drastischer formuliert: ‚Wer den Frieden will, der bereite den Frieden vor' steht konzeptionell gegen ‚Wer den Frieden will, der rüste für den Krieg'.

‚Die eine Theorie' der internationalen Beziehungen gibt es jenseits der beschriebenen grundlegenden Blickwinkel und Zugänge nicht. Vielmehr haben sich im Laufe der Zeit einige große Stränge herausgebildet, die im Sinne eines Theorienpluralismus nebeneinander bestehen und zum Teil komplementär, zum Teil konkurrierend Deutungshoheit beanspruchen.

- Die Anhänger der sogenannten ‚realistischen Schule' sind der Auffassung, dass das Streben nach Macht sowie das Eigeninteresse der Staaten die wichtigsten Kategorien zum Verständnis internationaler Politik darstellen, weil die souveränen Nationalstaaten keiner übergeordneten Instanz mit Sanktionskompetenz unterworfen sind und auch nicht sein können. Das Fehlen einer übergeordneten Instanz im internationalen System, die eine verbindliche Einhaltung gemeinsamer Entscheidungen und Grundprinzipien gewährleisten würde, führt dazu, dass Staaten durch die Anhäufung von Macht ihre Existenz als souveräne Handlungseinheit zu sichern versuchen. Durch dieses unauflösliche ‚Sicherheitsdilemma' in einem anarchischen internationalen Selbsthilfesystem kommt es fast zwangsläufig zu Kriegen und nullsummenspielartigen Auseinandersetzungen – oder aber zu einem permanent bedrohten Gleichgewicht der Kräfte. Die Realisten sehen deshalb in der rein intergouvernementalen Zusammenarbeit der Nationalstaaten die einzige Möglichkeit, eine halbwegs stabilisierende Balance zu erhalten und damit Kriege zu verhindern und Zusammenarbeit zu fördern. Realisten empfehlen traditionelle Mittel zur Gewährleistung von Sicherheit wie nationale Streitkräfte, Bündnisse und das gemeinsame Vorgehen der mächtigen und reichen Staaten gegen potentielle Unruhestifter auf Ad-hoc-Basis.

• Wissenschaftler in der Tradition der ‚liberalen Schule' sehen das anders und blicken insbesondere auf die Konfiguration gesellschaftlicher Präferenzen, die staatliches Verhalten ausmachen. Sie heben nicht so sehr auf den vermeintlich anarchischen Grundzustand des internationalen Systems ab, bei dem keine über dem Staat stehende Autorität existiert, sondern fokussieren Kooperationsformen, die die internationale Anarchie regulieren sollen. Sie sind zudem der Auffassung, dass internationale Zusammenarbeit für alle Beteiligten Vorteile bringt bzw. bringen kann und die Beziehungen zwischen Individuen, verschiedenartigen Organisationen und Staaten allmählich zu einer Art universeller Gemeinschaft führen, die aus sich heraus friedensstiftend wirkt. Charakteristisch für viele Situationen der internationalen Politik sind demnach nicht Nullsummen-Spiele, sondern Variable-Summenspiele. Dabei fallen den Akteuren Gewinne zu, die durch unilaterales Handeln nicht erzielt werden können. Über verbindliche Regelwerke könnte demnach eine ‚zivilisierte Weltgemeinschaft' entstehen, die aufgrund eines gemeinsamen Lernprozesses ihre Konflikte nicht mehr mit Gewalt löst.

• Mit der Ausweitung internationaler Regelsysteme und auf ihnen aufbauender Organisationen wie der EU hat zudem die in liberaler Tradition stehende, aber realistische Elemente aufgreifende, sogenannte ‚institutionalistische Schule' an Einfluss gewonnen. Institutionalisten halten im Unterschied zu Realisten stabile internationale Kooperation eher für möglich und schreiben darüber hinaus internationalen Institutionen, die einen bestimmten Politikbereich normativ verregeln, einen größeren Einfluss auf die Interessen und das Verhalten der Staaten zu. Für die Relevanz des Institutionalismus sind jedoch zwei Grundvoraussetzungen notwendig: Die Akteure müssen erstens gemeinsame Interessen besitzen, mithin einen erfahrbaren Vorteil durch

Kooperation haben oder erwarten dürfen. Zweitens müssen Variationen im Institutionalisierungsgrad substantielle Effekte auf das Verhalten der Staaten ausüben, denn ansonsten würde es keinen Sinn machen, institutionelle Veränderungen hervorzuheben, um das Verhalten von Staaten zu analysieren. Die Grundthese des Institutionalismus lautet demnach, dass Variationen im Grad der Institutionalisierung internationaler Politik signifikante Auswirkungen auf das Verhalten von Regierungen haben. Staatliche Aktionen sind also zu einem beträchtlichen Grad Ausdruck und Folge der bestehenden institutionellen Ordnung. Dies verlangt nicht, die realistischen Machtprämissen außer Acht zu lassen. Kooperation und Integration werden nicht im idealistischen Sinne als ‚vernünftiger' und damit relativ einfach zu realisierender Prozess verstanden, sondern als schwierig zu initiieren und zu erhalten bewertet.

•   Schließlich hat seit Anfang der 1990er Jahre eine wissenschaftliche Strömung die Debatte über das Verhalten von Staaten und die Rolle von internationalen Organisationen um eine Reihe von Annahmen und Sichtweisen bereichert, die als ‚Konstruktivismus' bezeichnet wird. Der Konstruktivismus beruht im Kern auf der Erkenntnis, dass Wirklichkeit immer Erfahrungswirklichkeit ist, welche die begriffliche Wahrnehmung keineswegs nur abbildet, sondern gestaltet – Wirklichkeit wird also konstruiert. Folglich konzentriert sich diese Richtung vornehmlich auf die Ideen, die normativen Grundlagen und kulturellen Hintergründe politischen Handelns. Realität wird nicht als objektive Realität aufgefasst, sondern überwiegend als das Ergebnis von sozialen Konstruktionsprozessen. Damit werden Strukturmerkmale wie die im Realismus unterstellte Anarchie des internationalen Systems oder die Interessen von Staaten nicht als objektive Gegebenheiten gesehen, sondern es erfolgt vielmehr der Hinweis, dass diese von den Akteuren selbst hervorgebracht werden und damit veränderbar sind. Mit neuen Ideen, Werten, Regeln und Normen können nachhaltige politische Veränderungen erreicht werden. Konkret haben sich Konstruktivisten bspw. mit den Mechanismen internationaler Normdurchsetzung, neuen Perspektiven auf internationale Organisationen oder auch konstruktivistischer Außenpolitikanalyse bzw. Rechtfertigungsstrategien von Außenpolitik beschäftigt.

Die in viele spezielle Richtungen verästelten Denkschulen der IB-Theorie sind nicht als einander ausschließende, sondern sich in vielen Fragen ergänzende Zugänge zur internationalen Politik zu verstehen. So hat in den vergangenen Jahren verstärkt eine Diskussion über sinnvolle Ansätze zur Arbeitsteilung zwischen den verschiedenen Ansätzen stattgefunden. Unterschiedliche ontologische (wie sind die Dinge/ist die Realität beschaffen?) und epistemologische (wie gelangen wir an Wissen?) Prämissen bleiben aber bestehen.

Für die Analyse der Sicherheitspolitik hat das gewichtige Folgen. Die unterschiedlichen theoretischen Zugänge beeinflussen selbstverständlich das Entstehen und die Wahrnehmung der bereits angesprochenen ‚Sicherheitskultur‘. Die Antwort auf die Frage, was die ‚richtigen‘ Probleme sind, kann dann letztlich nicht einheitlich ausfallen. Denn in den vergangenen zwei Jahrzehnten hat sich nicht nur die weltpolitische Realität grundlegend gewandelt, sondern mit ihr auch die Disziplin Internationale Beziehungen. Neue Themenfelder, Akteure und Problemkonstellationen beeinflussen die Gegenstände, aber auch die Theorien und methodischen Konzepte der Disziplin erheblich.

An diesen Punkten setzen auch wissenschaftliche Ansätze an, die normative und weltbildartige Fragen aufgreifen und zugleich politische Relevanz beanspruchen. Hier sind einerseits die aus der IB-Theorie entwachsenen Sicherheitsstudien (‚security studies‘) zu nennen. Diese versuchen, theoriegeleitet sicherheitspolitische Herausforderungen anhand von bestimmten theoretischen ‚Weltbildern‘ zu konzeptualisieren. Facetten davon sind auch Ansätze wie die ‚Strategischen Studien‘ (die insbesondere auf die Rolle von Streitkräften abzielen), die ‚Friedensforschung‘ (die Bedingungen und Wege analysiert, Gewalt zu verringern) sowie sicherheitspolitische Zukunftsanalysen (‚strategic foresight‘) auf der Basis von Szenariotechniken (Brozus 2018). War dies seit den 1990er Jahren zunächst auf die angloamerikanische Wissenschaftswelt begrenzt (Buzan/Hansen 2010, Williams 2013, Collins 2016), so hat sich auch die deutsche Politikwissenschaft zunehmend das Forschungsfeld der Sicherheitsstudien erschlossen (von Bredow 2010, Enskat/Masala 2014, Schneiker 2017). Andererseits ist die sogenannte ‚Englische Schule‘ zu nennen, die – aufbauend auf den Arbeiten von Martin Wight und Hedley Bull – eher praxisorientiert nach den Bedingungen internationaler Ordnungsbildung fragt (Krause 2015).

Halten wir fest: Unsicherheit abzubauen gehört zu den großen Herausforderungen der internationalen Politik und ist damit auch ein zentrales Thema in der IB-Theorie. Mit Frank Schimmelfennig (2015: 36–38) sei darauf hingewiesen, dass sich insbesondere die Anarchieproblematik in den vergangenen Jahrzehnten verschoben hat. Als staatliche Souveränität noch intakt(er) und die staatlichen Grenzen noch weitgehend undurchlässig erschienen, habe das Problem der Einhegung ungezügelter staatlicher Souveränität im Mittelpunkt theoretischer und praktischer Reflexion der internationalen Politik gestanden. Diese Problematik sei zwar nicht gänzlich verschwunden – und womöglich ist sie derzeit dabei, wieder relevanter zu werden –, aber im Mittelpunkt der gegenwärtigen Diskussionen stehe eher der Umstand, dass staatliche Souveränität geschwächt wurde. „Nicht die Einhegung ungezügelter staatlicher Souveränität erscheint als das Generalproblem internationaler Politik, sondern die Entwertung staatlicher Souveränität und ihre Kompensation durch internationale Politik. Nicht zwischenstaatliche oder Großmachtkriege, sondern Bürgerkriege in zerfallenden Staaten und der internationale Terrorismus, der ohne eine klar zurechenbare staatliche Basis operiert, sind die vorherrschenden Sicherheitsprobleme" (Schimmelfennig 2015: 37).

Politische Entscheidungsträger können gewiss ohne Theorie auskommen – und auch die Beschäftigung mit Sicherheitspolitik ist in diesem Sinne auch theoriefrei möglich. Otto von Bismarck wird der Satz zugeschrieben: „Politik ist weniger Wissenschaft als Kunst, die lässt sich nicht lehren, man muss dafür begabt sein" (Pflanze 2001: 94). Das mag man so sehen. Aber es lässt sich auch einwenden: Politische Praxis dreht sich ohne wissenschaftliche Impulse im Kreis. Theorien können im Sinne von Karl Popper ein Netz sein, mit dem Erkenntnis und damit Fortschritt gewonnen wird. Begriffe wie ,menschliche Sicherheit' oder ,Abschreckung', Probleme wie ,zwischenstaatliche Konflikte' oder ,Kampf um Ressourcen' sowie strategische Antworten wie ,Krisenmanagement' oder ,Entwicklungspolitik' werden so greifbarer und sortierter, als wenn sie ohne Rechenschaft über die ihnen – implizit oder explizit – zugrundeliegenden theoretischen Annahmen analysiert werden. Außerdem ermöglicht es die Theorie, aus den Betrachtungen vieler Einzelfälle generalisierende Ableitungen zu schaffen, die wiederum durchaus politikwirksam sein können, wie wir bereits am Beispiel des demokratischen Separatfriedens gesehen haben.

Herausfordernd bleibt der Umstand, dass Wissenschaft und Politik in unterschiedlichen Welten mit je eigener Logik und eigenen Erfolgskriterien leben. So verwundert es nicht, dass die Liste der Vorwürfe an die jeweils andere Welt lang ist: Wissenschaftlern wird seitens der praktischen Politik die Neigung zum Entwerfen realitätsferner Utopien bei Fragestellungen zugeschrieben, in denen die politische Welt umsetzbare Handlungsempfehlungen – und zwar verzugslos und möglichst mit Erfolgsgarantie – nachfragt. Die akademische politikwissenschaftliche Welt charakterisiert dagegen häufig Entwürfe und Entscheidungen der politischen Praxis als Flickschusterei, geboren aus politischer Kurzzeitopportunität und ohne Rücksicht auf Langzeitwirkungen oder Nebeneffekte; politische Handlungen gelten als aktionistisch und damit im Kern verfehlt, bestenfalls erratisch. Die ,Bringschuld' der Wissenschaft besteht gewiss darin, ihre Ideen und Konzepte auf eine verständliche, nachvollziehbare Weise zu formulieren – ohne sich allzu sehr der Logik der Politik zu verschreiben und durch einseitige

Abhängigkeit Kritikvermögen und Kreativität zu verlieren. Die ,Holschuld' der Politik ist umgekehrt darin zu sehen, dass sie den Diskurs mit der Wissenschaft sucht – auch um ihre Richtungsentscheidungen selbstkritisch zu hinterfragen und auf diesem Weg neue erfolgversprechende Ideen zu entwickeln.

Diskussionsfragen:
* Welche Stärken und welche Schwächen haben die unterschiedlichen Theorieschulen mit Blick auf Sicherheitspolitik?
* Kann es eine einheitliche Antwort auf die Frage geben, was die ,richtigen' Probleme sind und inwiefern kann Theorie dabei helfen?
* Lässt sich das Spannungsverhältnis zwischen Wissenschaft und Politik auflösen?

2. Der sicherheitspolitische Kontext heute

2.1 Verändertes Kriegs- und Konfliktbild

Im jeweiligen historischen Kontext ändern sich Kriegs- und Konfliktbilder und damit auch ihre politische Relevanz regelmäßig. Viele der diesbezüglichen Aspekte wurden bereits in den Kapiteln zu den Grundideen moderner Sicherheitsvorsorge erläutert. An dieser Stelle soll die Frage, was ,Krieg' ist, noch einmal konzeptionell betrachtet und durch einige empirische Befunde ergänzt werden.

Der stete Wandel lässt sich zunächst an der Einordnung des Krieges im Völkerrecht ablesen (Hobe 2008: 44 ff.): von der scholastischen Lehre vom ,gerechten Krieg' (Thomas von Aquin im 13. Jhd.) über das ,ius ad bellum' (also das Recht zum Kriege) und zugleich später das ,ius in bello' (also das Recht im Kriege) im klassischen Völkerrecht mit dem tragenden Grundsatz der Beachtung staatlicher Souveränität einerseits und der Pflicht zur Einhaltung der Kriegsregeln andererseits bis hin zum generellen Kriegsverbot nach dem Ersten Weltkrieg. Von da an war – mit den Ausnahmen der individuellen oder kollektiven Selbstverteidigung sowie der Beteiligung an Sanktionen gegen einen Aggressor – der Krieg geächtet. Seit dem Zweiten Weltkrieg schließlich gehen Völkerrecht und VN noch einen Schritt weiter, indem sie eine allgemeine Friedenspflicht der Staaten normieren, die sich auch auf innerstaatliche Strukturen zum Zweck der Eindämmung unfriedlicher Kräfte bezieht. Ob und inwieweit diese Prinzipien auch in Zeiten der Globalisierung hinreichen oder vielmehr den fundamentalen Funktionswandel moderner Staatlichkeit infolge neuer transnationaler Akteure, Nichtregierungsorganisationen oder anderer Einflüsse stärker berücksichtigen müssen und können, ist vorläufig noch offen.

An dieser Stelle lohnt ein Blick auf einige empirische Befunde zu modernen Ausprägungsformen des Krieges. Denn – um es vorwegzunehmen – die Gebote und Verbote im internationalen Recht haben bewaffnete Konflikte aller Art nur bedingt einzudämmen oder zu vermeiden vermocht. Eher lässt sich folgern, das Recht laufe der realen Entwicklung hinterher und versuche Negatives zumindest für die Zukunft zu begrenzen. Im Verlauf dieses Teils des Buches, das sich mit aktuellen Treibern von Unsicherheit befasst, werden zahlreiche Aspekte näher behandelt. Zentral dabei ist, dass auch der zunehmend diffuse Begriff ,Krieg' im Wandel ist, zum einen hinsichtlich seiner staatlichen und internationalen Verortung, zum anderen mit Blick auf die Frage, ob Sicherheitsrisiken in Zeiten der Globalisierung ausschließlich (bewaffneter bzw.) militärischer Natur sind.

Seit Gründung der VN im Sommer 1945 haben in der Welt mehr als 200 Kriege stattgefunden (wenngleich die konkrete Zahl je nach Definition und Forschungsansatz variiert). Trotz aller Hoffnungen, die soziale Institution ‚Krieg' abzuschaffen oder zumindest dauerhaft zu reduzieren, bleibt die gewaltsame Konfliktaustragung offenbar Begleiter gesellschaftlicher Entwicklungsprozesse und ein „zentraler Bestandteil des politischen Wirkens auch im 21. Jahrhundert" (Hoch 2001: 17). Allerdings entwickelten und entwickeln sich aufgrund der oftmals beschriebenen Wandlungs- und Anpassungsfähigkeit des Krieges immer neue Kriegsformen. Schon Clausewitz sprach 1832 vom Krieg – den er seiner Zeit entsprechend als Akt der Gewalt, um dem Gegner den eigenen Willen aufzuzwingen betrachtete – als einem ‚wahren Chamäleon'.

Zu den wichtigsten Forschungsinstituten, die sich heute diesen Themen widmen, gehören die folgenden drei:

• Das ‚Stockholm International Peace Research Institute' (SIPRI), welches das ‚Uppsala Conflict Data Program' – ein Projekt zur Sammlung von Daten bezüglich militärischer Konflikte seit 1946 – nutzt. Sein seit 1969 jährlich vorgelegtes ‚SIPRI-Jahrbuch' stellt Originaldaten aus den Bereichen globale Militärausgaben und bewaffnete Konflikte zusammen und liefert Analysen zur Rüstungskontrolle und internationalen Sicherheit.

• Die ‚Arbeitsgemeinschaft Kriegsursachenforschung' (AKUF). Seit 1986 bereitet sie Daten zum weltweiten Kriegsgeschehen seit 1946 auf.

• Das ‚Heidelberger Institut für Internationale Konfliktforschung' (HIIK). Seit 1992 veröffentlicht das Institut mit seinem ‚Konfliktbarometer' eine Analyse des globalen Konfliktgeschehens.

Die empirischen Befunde der drei Forschungsinstitute unterscheiden sich aufgrund unterschiedlicher Definitionen im Detail. Gemeinsam beleuchten sie aber den Trend, dass die meisten Kriege nicht mehr zwischen, sondern innerhalb von Staaten stattfinden. Der klassische Staatenkrieg scheint – dies allerdings als sehr überspitzte und diskussionsbedürftige These – mithin zu einem historischen Auslaufmodell zu werden, oder anders gesagt: Die Staaten sind bei den „neuen Kriegen" (Münkler 2012) nicht mehr Monopolisten des Krieges.

Über diese Erkenntnis hinaus lässt sich rein quantitativ feststellen: Seit den frühen 1960er Jahren stieg die Zahl der weltweit geführten Kriege über drei Jahrzehnte nahezu kontinuierlich an, wobei der vorläufige Höhepunkt zu Beginn der 1990er Jahre lag – paradoxerweise zu einem großen Teil wohl durch das Ende des Ost-West-Konflikts bedingt. Aber selbst ein darauf folgender zwischenzeitlicher Rückgang der Kriegshäufigkeit hat nicht zur Bestätigung der optimistischen Annahme geführt, dass sich die Zahl der Kriege dauerhaft reduzieren ließe. Immerhin aber sind insbesondere in der sogenannten ‚OECD-Welt' (der derzeit 35 Mitgliedstaaten der ‚Organisation für wirtschaftliche Zusammenarbeit und Entwicklung') Kriege selten geworden. Zugleich hat sich die Annahme erhärtet, dass Demokratien untereinander keine Kriege führen – was mithin einen signifikanten Zusammenhang zwischen den Konfliktlösungsmodi im Inneren und dem Verhalten nach außen, zumindest gegenüber Ländern mit grundsätzlich gleichem Wertesystem, herstellt (Theorie des demokratischen Separatfriedens).

Wie stellt sich die Lage in der Gegenwart dar? Im Jahr 2019 wurden nach Angaben der AKUF weltweit 27 bewaffnete Konflikte ausgetragen, am meisten betroffen Afrika mit zehn Kriegen und bewaffneten Konflikten, gefolgt vom Vorderen und Mittleren Orient (8) und Asien (7). In Lateinamerika und in Europa war jeweils ein Krieg zu verzeichnen. Andere Institute, wie etwa das SIPRI oder auch das ‚International Institute for Strategic Studies' (IISS), kommen aufgrund anderer Kriterien zu etwas anderen Zahlen. So zählt SIPRI für 2019 insgesamt 3 große bewaffnete Auseinandersetzungen (‚Major armed conflicts'), die definiert sind als ein militärischer Konflikt zwischen einer Regierung und mindestens einer organisierten bewaffneten Gruppe, bei dem jährlich mehr als 10.000 Tote zu beklagen sind. Konkret handelt es sich um Afghanistan, Jemen und Syrien. Hinzu kommen 15 hochintensive kriegerische Auseinandersetzungen (‚high-intensity armed conflicts') mit 1000-9999 Toten im Jahr. Unter der genannten Schwelle registriert SIPRI 14 bewaffnete Konflikte. Das HIIK wiederum zählt 20 Kriege (‚full-scale wars') sowie 16 begrenzte Kriege (‚limited wars') für das Jahr 2017. Insgesamt wurden nach dieser Zählweise 385 Konflikte gewaltsam, aber unterhalb der Kriegsschwelle ausgetragen.

Diese zum Teil unterschiedlichen Zahlen verwirren natürlich – auch wenn sie letztlich alle den gleichen Trend widerspiegeln. Die jeweiligen Forschungsschwerpunkte der Institute führen zwangsläufig zu unterschiedlichen Messkriterien, die neben ihrem quantitativen Ansatz zum Teil auch qualitative Faktoren umfassen. Konflikt ist eben nicht gleich Konflikt, Gewalt nicht gleich Gewalt. Außerdem darf nicht vergessen werden, dass auch Drohungen ohne konkreten Gewaltausbruch extrem gefährlich sind, wie etwa das Risiko gegenseitiger nuklearer Vernichtung im Ost-West-Konflikt oder gegenwärtig auf der koreanischen Halbinsel.

Unabhängig von diesen Einschränkungen erscheint für unsere Zwecke die Definition der AKUF hilfreich. Nach ihr handelt es sich bei einem Krieg um einen gewaltsamen Massenkonflikt, der alle folgenden Merkmale aufweist:

- An den Kämpfen sind zwei oder mehr bewaffnete Streitkräfte beteiligt, bei denen es sich mindestens auf einer Seite um reguläre Einheiten (Militär, paramilitärische Verbände, Polizei) der Regierung handelt;

- auf beiden Seiten muss ein Mindestmaß an zentral gelenkter Organisation der kriegführenden Parteien und des Kampfes gegeben sein, selbst wenn dies nicht mehr bedeutet als etwa planmäßige Überfälle (Guerillaoperationen, Partisanenkrieg usw.);
- und die bewaffneten Auseinandersetzungen ereignen sich mit einer gewissen Kontinuität und nicht nur als gelegentliche, spontane Zusammenstöße, d.h. beide Seiten operieren nach einer planmäßigen Strategie, gleichgültig wo die Kämpfe stattfinden und wie lange sie dauern.

Die AKUF unterscheidet idealtypisch insgesamt fünf Kriegstypen, wobei in der Praxis auch Mischformen feststellbar sind:

- Antiregime-Kriege mit dem Ziel, den Sturz der Regierenden oder eine Veränderung des politischen Systems bzw. der Gesellschaftsordnung zu erreichen;
- Autonomie- und Sezessionskriege, bei denen um größere regionale Autonomie innerhalb des Staatsverbandes bzw. um Sezession vom Staatsverband gekämpft wird;
- Dekolonisationskriege, in denen es um Befreiung von Kolonialherrschaft geht;
- zwischenstaatliche Kriege sowie
- sonstige innerstaatliche Kriege.

Der klassische zwischenstaatliche Krieg, dessen Verhinderung zentrales Motiv bei der Gründung der VN war, ist allerdings wie bereits beschrieben (vorübergehend) zur Randerscheinung geworden (s.u.). An seine Stelle trat und tritt mehr und mehr ein neuer Kriegstyp, der sich wiederum ganz verschiedenartig darstellt und sowohl öffentliche und private, inner- oder zwischengesellschaftliche, internationale und nationale als auch regionale und lokale Kriegsparteien als Akteure umfasst. Dieser Kriegstypus verbindet Momente des klassischen Krieges, des Bürgerkrieges, des organisierten Verbrechens und der planvollen, weitreichenden Verletzung der Menschenrechte. Er ist zugleich gekennzeichnet durch eine tendenzielle Privatisierung der Gewaltanwendung und ökonomische Profitinteressen. Lokale ‚warlords‘ und privatwirtschaftliche Söldnerfirmen betätigen sich als Kriegsunternehmer und treiben damit eine „(Re-)Vergesellschaftung organisierter militärischer Gewalt voran" (Meyers 2015: 264). Krieg wird damit in diesen Fällen von einem Instrument der Durchsetzung staatlichen politischen Willens zu etwas ganz Andersartigem. Die präzise Trennung zwischen Staatenkrieg und Bürgerkrieg löst sich zudem ebenfalls auf. Beispiele wie die jugoslawischen Zerfallskriege in den 1990er Jahren sowie aktuell die Kriege am Schwarzen Meer, im Kaukasus sowie im Vorderen Orient oder in Afrika verbinden Elemente des zwischenstaatlichen und des innergesellschaftlichen Krieges (Münkler 2018).

Die Konfliktursachen sind ebenfalls vielfältiger geworden. Unabhängigkeitsbestrebungen ethnischer Gruppen bzw. die gewaltsame Ausübung des Selbstbestimmungsrechts, Fundamentalismus bzw. ideologischer und religiöser Extremismus, Terrorismus, klassische Macht- und Regionalkonflikte, Umweltzerstörung, Verknappung lebenswichtiger Ressourcen bzw. das Erreichen der Belastbarkeitsgrenzen des globalen Ökosystems und anderes mehr gehören zu den wichtigsten Konfliktpotenzialen der Zukunft, die in offene Gewaltanwendung münden können. Zudem erweist sich das Ausmaß an weltweiter Ungleichheit, das mit dem Begriff der ‚globalen Apartheid' belegt wurde, als zunehmend konfliktträchtig. Schwache – und nicht nur starke – Staaten scheinen zum Problem für internationale Stabilität zu werden, denn sie bieten den idealen Nährboden für die Entwicklung substaatlicher oder privater Gewaltakteure, die sich entweder innerhalb auswirken oder aber Gewalttätigkeit nach außen exportieren. Zu den intensiv diskutierten Veränderungen gehören auch die bereits beschriebenen Themen Hybride und Cyber-Kriegsführung (s. Kap. 3.7). Technologische, in Richtung autonome Robotik weisende Entwicklungen (etwa Drohnen und andere unbemannte Waffensysteme hohen Automatisierungsgrades) werden zudem künftig zu einer abermals veränderten Kriegsführung beitragen (siehe Kap. 3.11).

Es wurde bereits ausgeführt, dass die meisten Kriege ab 1945 nicht mehr zwischen, sondern innerhalb von Staaten stattfanden. Im Zeitraum 1945 bis 2017 lassen sich nach Angaben des ‚Heidelberger Instituts für Internationale Konfliktforschung' weniger als sechs Prozent der weltweit geführten Kriege in die Kategorie des zwischenstaatlichen Krieges einordnen. Damit ist jedoch weder gesagt, dass es in dieser Zeit keinerlei zwischenstaatliche Kriege mehr gegeben hat, noch dass dieser Trend auf absehbare Zeit so bleiben wird und mithin die sicherheitspolitische Herausforderung der Stabilisierung der ‚zwischenstaatlichen Welt' reduziert sei. Zudem erhöht sich nach weitverbreiteter Einschätzung durch die derzeitige „Renaissance klassischer Machtpolitik, die auch den Einsatz militärischer Mittel zur Verfolgung nationaler Interessen vorsieht und mit erheblichen Rüstungsanstrengungen einhergeht" (Bundesregierung 2016: 38), die Gefahr gewaltsamer zwischenstaatlicher Konflikte.

Laut SIPRI gab es im Jahr 2019 von den 32 offenen Konflikten nur einen Konflikt zwischenstaatlicher Art (Grenzauseinandersetzungen zwischen Indien und Pakistan) sowie zwei weitere Konflikte zwischen staatlichen Armeen und militärischen Gruppierungen (zwischen Israel und palästinensischen sowie zwischen der Türkei und kurdischen Gruppen). In jüngster Zeit ist aber auch eine Internationalisierung innerstaatlicher Konflikte zu beobachten. So waren 2019 ausländische Truppen an allen drei großen bewaffneten („major armed conflicts') und an fast allen hochintensiven („high-intensity armed confilcts') innerstaatlichen Auseinandersetzungen jeweils auch ausländische Truppen beteiligt. Dieser Befund ist auch eine Folge der Tatsache, wie rasch insbesondere in Zeiten der Globalisierung eine zunächst rein interne Auseinandersetzung grenz- oder gar regionsübergreifenden Charakter erhalten kann.

Die bereits erwähnte ‚Arbeitsgemeinschaft Kriegsursachenforschung' definiert zwischenstaatliche Kriege als Kriege, in denen sich Streitkräfte der etablierten Regierungen mindestens zweier staatlich verfasster Territorien gegenüberstehen, und zwar ohne Rücksicht auf ihren völkerrechtlichen Status. Staatenkriege zeichnen sich mithin dadurch aus, dass die Akteure Staaten sind bzw. die von Regierungen zentral organisierten, ausgerüsteten und befehligten Armeen. Daraus resultiert eine Symmetrie der Kriegsführung, d.h. Streitkräfte unterschiedlicher Staaten (Kombattanten) treffen aufeinander. Eine Kriegserklärung signalisiert den formellen Beginn und ein Friedensschluss das Ende der Auseinandersetzungen. Erst „als sich der Staat als Kriegsmonopolist durchgesetzt hatte, konnten Kombattanten und Nichtkombattanten, konnten Erwerbsleben und Kriegsführung, konnten letztlich auch Krieg und Frieden begrifflich als zwei klar voneinander unterscheidbare, sich gegenseitig ausschließende politische Sphären voneinander getrennt werden" (Meyers 2014: 65). Diese Art von Krieg war ab dem 17. Jhd. mit dem – den Dreißigjährigen Krieg (1618–1648) beendenden – ‚Westfälischen Frieden' und der ‚Erfindung' moderner Staatlichkeit deren gewaltsame Schattenseite. Wurde der neuzeitliche Staat mit dem Friedensschluss in Münster und Osnabrück Inhaber des Gewaltmonopols und stabilisierte damit innergesellschaftliche Ordnungen, so galt das nicht im Verkehr der Staaten untereinander. Hier nahmen sich Staaten weiterhin regelmäßig das Recht zur Durchsetzung ihrer Territorial- oder Machtansprüche (sei es wirtschaftlicher, expansiver oder weltanschaulicher Art) in Form kriegerischer Gewalt. Hinzu kommt: In einem anarchischen internationalen System ‚müssen' Staaten geradezu durch die Anhäufung von Macht ihre Existenz als souveräne Handlungseinheit sichern – was damit nahezu zwangsläufig andere Staaten als Bedrohung für sich selbst wahrnehmen.

Gemäß einer historischen Längsschnittbetrachtung fanden im Zeitraum 1823 bis 2003 insgesamt 95 zwischenstaatliche Kriege statt (Clauset 2018). Auch die europäische Geschichte lässt sich als Abfolge bedeutender kriegerischer Auseinandersetzungen zwischen Nationen verstehen – etwa vom Russisch-Polnischen (1654–1667) über den Englisch-Spanischen (1655–1660), den Preußisch-Österreichischen (1866) bis zum Deutsch-Französischen Krieg

(1870–1871). Höhepunkt dieser Entwicklung waren der Erste (Juli 1914 bis November 1918) und der Zweite Weltkrieg (September 1939 bis September 1945), bei dem die geschätzte Zahl der gefallenen Soldaten und getöteten Zivilisten mit etwa 17 Mio. (Erster Weltkrieg) bzw. mehr als 50 Mio. (Zweiter Weltkrieg) ungeahnte Dimensionen erreichte. Beide Weltkriege liefen zunächst nach dem Modell ‚Staat A überfällt Staat B' – wenngleich weitere Effekte aufgrund von Koalitionsbildungen und Bündnissen sowie einer zunehmenden Totalisierung der Kriegsmittel hinzukamen. Die zentralen Bemühungen um Stabilität in den Nachkriegsordnungen des 20. Jhd.s zielten folglich darauf ab, genau diese Art von zwischenstaatlichem Krieg zu verhindern.

Zu diesem Zweck wurde 1945 die Organisation der VN gegründet, die sich bereits in ihrer Präambel die Aufgabe stellte, „künftige Geschlechter von der Geißel des Krieges zu bewahren, die zweimal zu unseren Lebzeiten unsagbares Leid über die Menschheit gebracht hat" (s. Kap. 5.1). Androhung und Anwendung militärischer Gewalt wurden mit der Charta untersagt, gleichzeitig wurde aber der Organisation die Einmischung „in Angelegenheiten, die ihrem Wesen nach zur inneren Zuständigkeit eines Staates gehören" (Artikel 2 Absatz 7 VN-Charta), verboten. An dieser Konstruktion zeigt sich deutlich, dass vornehmlich in Kategorien der staatlichen Anwendung militärischer Gewalt gegen andere staatliche Akteure gedacht wurde, da man hier das zentrale sicherheitspolitische Problem ansiedelte. Dies belegt auch die Zusammensetzung des VN-Sicherheitsrats, der hinsichtlich seiner fünf ständigen Mitglieder (China, Frankreich, Großbritannien, Russland, USA) so komponiert wurde, dass ein Forum zur Verhinderung von Großmacht- und nicht zuletzt auch Nuklearkonflikten zur Verfügung stehen konnte. Auch der Ost-West-Konflikt (1949–1989/90) und die vielfältigen Bemühungen zu seiner Überwindung lassen sich kausal als Verhinderung zwischenstaatlicher Konflikte – hier im Wesentlichen in Form der Staaten des Warschauer Pakts gegen die der Nato – begreifen.

Nach einer relativ kurzen, rd. zwei Jahrzehnte dauernden Zwischenphase der Post-Cold-War-Ära scheint die Problematik bewaffneter Auseinandersetzungen zwischen Staaten wieder an Relevanz zu gewinnen. Beispiele in jüngster Zeit sind etwa der Irak-Krieg 2003 (eine Koalition unter der Führung der USA hatte ohne Mandat des Sicherheitsrates im Irak interveniert und einen Regimewechsel erzwungen) oder der Georgien-Krieg 2008 (Russland hatte Teile Georgiens – die international nicht anerkannten Republiken Abchasien und Südossetien – besetzt und sieht sich als deren Schutzmacht) sowie der Krieg zwischen Aserbaidschan und Armenien im Jahr 2020. So ist die Sorge vor großen zwischenstaatlichen Kriegen in den vergangenen Jahren gewachsen – etwa mit Blick auf Nordkorea und Südkorea/USA, perspektivisch aber auch hinsichtlich China und der USA, Indien und Pakistan sowie Iran und Saudi-Arabien mit jeweils der Gefahr einer beträchtlichen Erweiterung internationaler Akteure. Diese Bedenken nähren sich nicht zuletzt aus den umfangreichen Rüstungsanstrengungen der genannten Staaten. Dabei zielt z. B. die massive militärische Projektion Chinas im Westpazifik auf ein Zurückdrängen der US-amerikanischen Handlungsfreiheit in diesem Gebiet (anti-area/access denial, A2/AD); und auch die US-amerikanischen Rüstungsanstrengungen – inklusive der Diskussion um taktische Atomwaffen als praktisch nutzbares Mittel der Kriegführung unterhalb der Schwelle gegenseitiger totaler Vernichtung – ebenso wie die indischen und pakistanischen Sicherheitsstrategien gründen auf Szenarien mit staatlichen Gegnern. Es handelt sich also keineswegs nur um asymmetrische Konflikte, welche die Sicherheitsüberlegungen der jüngeren Vergangenheit dominieren.

Die gegenwärtige Praxis der internationalen Politik zeichnet im Ergebnis ein facettenreiches und zugleich oft unscharfes Bild. Es gibt keine ‚heißen zwischenstaatlichen Kriege', sondern gemischte Befunde. Drei Phänomene stechen dabei heraus: 1) aktiv und meist einseitig geführte bewaffnete Konflikte zwischen Staaten, 2) bewaffnete Konflikte in ‚de facto staatsfreien Räumen' und 3) hybride Kriege.

- Ein Beispiel für den ersten Fall sind die wiederholten Luftangriffe der USA, teilweise gemeinsam mit Frankreich und Großbritannien, auf Ziele in Syrien als Reaktion auf einen Einsatz von Giftgas im Syrien-Krieg (seit 2017). Formal gesehen handelt es sich dabei nach einer gängigen Definition um einen zwischenstaatlichen Krieg, weil die beteiligten Akteure international anerkannte Staaten sind. Allerdings erfolgte – auch das ist heute eher die Regel als die Ausnahme – keine formale Kriegserklärung. Zudem ist nicht bekannt, dass die syrische Seite jenseits defensiver Maßnahmen reagiert hätte. Dieses Phänomen ist nicht neu, aber die Asymmetrie legt nahe, dass die grobe Kategorie des zwischenstaatlichen Krieges nicht ausreichend ist, um die Realität in all ihren Facetten abzubilden.

- Ein weiterer Konflikttyp, in dem staatliche Akteure als Gegner aktiv sind, ohne dass man im klassischen Sinne von einem zwischenstaatlichen Krieg sprechen kann, sind Konflikte in ‚de facto staatsfreien Räumen' wie z. B. im Jemen (seit 2015) oder in großen Teilen Syriens beim Kampf gegen den IS (seit 2014). Der Krieg im Jemen trägt dabei Züge des bekannten Typus des Stellvertreterkrieges: Eine Koalition unter Führung Saudi-Arabiens unterstützt den formal im Amt befindlichen Präsidenten Hadi gegen die Gruppe der Huthi, die von Saudi-Arabiens Gegenspieler Iran protegiert oder gesteuert werden. Auch wenn mit der Regierung des Jemen nominell ein staatlicher Akteur Kriegspartei ist, lässt sich auch in diesem Fall kaum von einem zwischenstaatlichen Krieg zwischen dem Iran und dem Jemen sprechen. Die mittlerweile gängige Praxis zahlreicher mächtiger Staaten, militärisch in Regionen mit geringer Staatlichkeit oder de facto staatenfreien Räumen aktiv zu sein, birgt erhebliches Eskalationspotenzial. Der Krieg gegen den sogenannten ‚Islamischen Staat‘, den sowohl die westliche Koalition als auch Russland in Unterstützung der syrischen Regierung parallel und mit nur einem Mindestmaß an Abstimmung führen, ist hierfür das prominenteste Beispiel. Aber auch die umfangreiche Präsenz externer Mächte in Afrika (Frankreich im Sahel, die USA in mehr als 50 afrikanischen Staaten) oder Russlands in einzelnen zentralasiatischen und südkaukasischen Republiken sowie Kampagnen wie der Drohnenkrieg der USA in Waziristan (Nordpakistan) und dem Jemen erhöhen das Risiko einer auch horizontalen Eskalation mit Blick auf tatsächliche oder potenzielle Schutzmächte.

- Die hybride Kriegführung schließlich ist das spiegelbildliche Gegenstück zum vorgenannten Fall: Staatliche oder halb-staatliche Akteure, die ihren Status gezielt verschleiern (‚Separatisten‘, ‚grüne Männchen‘ oder ‚Oppositionsgruppen‘) richten sich gegen reguläre staatliche Kräfte, dies auch meist unter Nutzung moderner technischer Mittel zur Desinformation und massenpsychologischen Beeinflussung. Auch hier liegt eine Asymmetrie vor, bei der es wiederum dem angegriffenen Staat erschwert werden soll, angemessen zu reagieren. Das Ergebnis ist oft ein sogenannter eingefrorener Konflikt, der mit völkerrechtlichen und staatlichen Mitteln kaum zu lösen ist. Dabei ist nicht unbedingt eine militärische Unterlegenheit die Ursache, sondern die Schwierigkeit, die staatliche Urheberschaft gegnerischer Einflussnahme gegenüber der internationalen Öffentlichkeit klar nachzuweisen. Das Paradebeispiel für diese Form des zwischenstaatlichen Konflikts ‚über Bande‘ stellen die russische Annexion der Krim und der Krieg in der Ost-Ukraine seit 2014 dar.

Zwischenstaatliche Kriege gehören also wie bisher zu den zentralen Treibern für internationale Unsicherheit. Sie folgen zwar nur noch selten den Prinzipien von Angriff und Verteidigung nach dem klassischen Muster ‚Staat A überfällt Staat B, und B verteidigt sich gegen A‘ – obgleich auch das vorkommt und weiter vorkommen kann. Aber die Realität ist sehr viel komplexer. Insgesamt ist das kennzeichnende Merkmal des gegenwärtigen Kriegsgeschehens der Umstand, dass es ‚den‘ Krieg nicht mehr gibt. Vielmehr existieren mannigfaltige Formen hinsichtlich der beteiligten Akteure, des Konfliktaustrags und auch der Folgen für das internationale System. Der zwischenstaatliche Krieg bleibt damit das von Clausewitz beschriebene ,wahre Chamäleon'. Einige der wesentlichen Aspekte dieser Erkenntnisse werden in späteren Kapiteln näher umrissen.

Diskussionsfragen:

- Welche Konsequenzen ergeben sich aus dem Umstand, dass das völkerrechtliche Instrumentarium zum Umgang mit bewaffneten Konflikten auf Staaten ausgerichtet ist?
- Wie ist eine klare Unterscheidung von Krieg und Frieden im Kontext einseitig aktiv geführter Konflikte möglich?
- Welche Rechte zur militärischen Intervention können Staaten beanspruchen, wenn der Opponent kein staatlicher Akteur ist und de facto keine funktionierende Staatlichkeit vor Ort vorliegt?

2.2 Globale Machtverteilung in einer Welt ungewisser Polaritäten

Der Begriff ,Weltordnung' ist schillernd. Fest steht: Die Ordnung des Ost-West-Konfliktes mit zwei gegensätzlichen Blöcken ist – nach einer kurzen unipolaren Zwischenphase mit dominierender Rolle der USA – einer Welt mit mehreren Polen gewichen, voller Unruhe und mitunter gar Chaos. Traditionell sind Umbrüche durch Unsicherheit gekennzeichnet – und schon deshalb können Veränderungen im machtpolitischen Gefüge der internationalen Politik als Risikotreiber gewertet werden. Unklar ist, ob die neuen Großmächte wie China, Indien, Brasilien, Russland, Südafrika u.a.m. in einer solchen multipolaren Weltordnung die etablierten Instrumente weiterhin mittragen, sogar stärken – oder aber ignorieren und ihrerseits Alternativen schaffen. Auch die Politik der USA, die unter ihrem 45. Präsidenten, Donald Trump, allen etablierten Regelwerken höchst skeptisch gegenüberstand (s. Kap 5.4) wird bei seinem Nachfolger, Joe Biden, in dieser Frage zu beobachten sein. Offenkundig haben jedenfalls in den vergangenen Jahren die Prinzipien, Normen und Regeln der liberalen internationalen Ordnung an Einfluss und politischer Bindewirkung verloren. „So schwindet die Bereitschaft, das eigene Verhalten an den normativen Grundlagen dieser Ordnung auszurichten, und der Kampf um die Ideen, Ideologien und Visionen, welche die internationale Ordnung künftig bestimmen werden, ist in vollem Gange" (Maull 2017: 7).

Auf globaler Ebene wurde unter Ordnungspolitik bisher vorwiegend das System zwischenstaatlicher Beziehungen verstanden, doch heute müssen auch Nichtregierungsorganisationen vielfältiger Art einbezogen bzw. mitgedacht werden. Nur wenn die Nationalstaaten und die sie vertretenden Gruppen die gemeinsamen Herausforderungen auch als international, transnational und global begreifen, dürfte sich die gebotene Kooperation zur Lösung der Weltprobleme verfestigen. Ob die Steuerungsfähigkeit des internationalen Systems aufrechterhalten – bzw. sogar problemangemessen ausgebaut – werden kann, scheint jedoch fraglich. Denn die gegenwärtige Umbruchphase ist durch erhebliche Verwerfungen und höchst widersprüchliche Entwicklungen gekennzeichnet: eine Erosion nationalstaatlicher Souveränität mit zunehmend funktionalen statt territorialen Handlungsräumen; aber auch Tendenzen einer Wiederkehr der bzw. Rückbesinnung auf die Kategorie des nationalen Interesses; eine steigende Bedeutung internationalisierter politischer Kooperationsformen bei allerdings unterschiedlichem Grad regional und thematisch ausgestalteter Verrechtlichung; sowie einen zunehmenden Problemdruck in zahlreichen Politikfeldern, etwa der internationalen Sicherheits-, Umwelt-, Finanz-, Klima-, Energie-, Migrations- und Gesundheitspolitik.

Die Projektion von Macht – also die Fähigkeit, sich in Konflikten durchzusetzen und Widerstände zu überwinden (Hacke 2015: 282) – beruht in der internationalen Politik auf unterschiedlichen Quellen. Eine der klassischen Unterscheidungen ist die zwischen ‚harter‘ und ‚weicher‘ Macht:

- Harte Macht (‚hard power‘) beruht auf der gezielten Androhung oder Anwendung militärischer Gewalt unter Wahrung der Fähigkeit zur Eskalationsdominanz. Primäre Voraussetzung dafür bilden expeditionsfähige, robust ausgestattete Streitkräfte mit hoher Durchsetzungs- und Durchhaltekraft, offensiv wie defensiv. Aber auch eine stabile Makroökonomie bietet eine wichtige Grundlage, wobei sie zwar meist erforderlich, aber nicht zwingend ist. So können auch Diktatoren von heruntergewirtschafteten Staaten ‚hard power‘ praktizieren.
- Weiche Macht (‚soft power‘) setzt auf eine Einflussnahme über wirtschaftliche (Handel, Technologie, Wettbewerbsfähigkeit) und/oder kulturelle Leistungsfähigkeit bzw. das Ausüben einer Vorbildrolle in diesem Bereich sowie die erfolgreiche Vermittlung eigener Normen und Werte. Die Grundlage dafür sind u. a. die Teilnahme am klassischen Multilateralismus und betont aktives Engagement nicht nur für eigene Interessen, sondern auch zur Bewältigung globaler Herausforderungen.
- Zahlreiche Autoren plädieren für eine Verbindung beider Elemente und haben dafür den Begriff ‚smart power‘ (Nye 2013) geprägt. Dahinter steht die Überzeugung, dass in der Realität ein grundsätzlich breiter Werkzeugkasten benötigt wird, aus dem man sich lageabhängig und flexibel bedienen kann.

Gerade in der vergangenen Dekade lässt sich ein eklatantes Versagen des Westens und seiner Führungsmacht USA (von EU-Europa nicht zu reden) im Entwickeln einer neuen globalen Ordnungspolitik zur Bewältigung immer drängenderer gemeinsamer Probleme konstatieren. Es ist eine fragmentierte Landschaft von Formaten, Institutionen und Programmen entstanden, und globales Regieren wird in Zukunft von einem komplizierten Ausbalancieren unterschiedlichster ökonomischer und sicherheitspolitischer Interessen sowie divergierender normativer Vorstellungen geprägt sein. Ein Machtvakuum ist in der internationalen Sicherheitspolitik allerdings nicht vorgesehen. Macht ist nie ‚weg‘, sondern Machthohlräume werden von anderen gefüllt, das zeigen diverse Beispiele wie Russlands Rolle in Syrien oder der Einfluss Chinas auf die Sicherheitsarchitektur Asiens.

In dieser ‚schwankenden‘ globalen Sicherheitsarchitektur verändern sich auch die etablierten Institutionen und Mechanismen, wie sich an zwei Beispielen verdeutlichen lässt:

- Die Relevanz der VN ist in sicherheitspolitischen Kernfragen unklar. Zwar bleiben die VN und ihre wichtigen Prinzipien zentraler Bestandteil der internationalen Sicherheitsarchitektur, und es ist auch keine bessere Alternative in Sicht. Zudem sind die VN mit ihren zahlreichen Friedensmissionen und rd. 100.000 Peacekeepern im Feld ein sichtbarer Akteur. Der Sicherheitsrat ist aber in zahlreichen Krisen (von Syrien bis Nordkorea) durch das Vetorecht seiner permanenten Mitglieder blockiert und droht daher bei wichtigen Fragen in der Bedeutungslosigkeit zu versinken (s. Kap. 5.1).

- Die Europäische Union hat bisher nicht zu einer wirksamen gemeinsamen Sicherheitspolitik gefunden – auch wenn mittlerweile kein EU-Mitgliedstaat seine Sicherheit mehr alleine gewährleisten kann und nur noch wenige Staaten über ein breites Fähigkeitsprofil, politisch wie militärisch, verfügen. Schon seit fast einem Jahrzehnt böten die blumigen Bestimmungen zur Sicherheitspolitik im EU-Vertrag von Lissabon (2009) die Möglichkeit, einen außen- und sicherheitspolitischen Ansatz zu stärken und weiterzuentwickeln, denn die Instrumente bzw. der rechtliche Handlungsrahmen sind grundsätzlich vorhanden. Das Problem ist mithin politisch: Es fehlt am Willen, die immer noch starke Fokussierung auf nationale Eigeninteressen mutig zu überwinden. Nur mit großem Optimismus lässt sich vermuten, dass die jüngsten Bemühungen zur Revitalisierung der EU-Sicherheitspolitik daran etwas grundlegend ändern (s. Kap. 5.2).

Zusätzlich befördert werden diese Problemlagen durch Machtverschiebungen im internationalen System, die ihrerseits eine Reihe von Fragen aufwerfen: Werden die neuen Großmächte – allen voran ein immer machtbewusster auftretendes China – und auch die sich geostrategisch neu orientierenden Vereinigten Staaten sowie ein revisionistisches Russland in einer solchen multipolaren Weltordnung die etablierten Instrumente weiterhin mittragen, sogar stärken oder aber ignorieren und ihrerseits Alternativen schaffen?

Als Reaktion auf diese Veränderungen haben sich in den vergangenen Jahren jenseits multilateraler Formate wie VN, EU und Nato neue sicherheitspolitische Foren entwickelt. Beispiele dafür sind etwa die ‚G-20‘, verschiedene ‚Koalitionen der Willigen‘ wie die aus zahlreichen westlichen und arabischen Staaten gebildete ‚Allianz gegen den Islamischen Staat‘ oder die u.a. aus Russland und China bestehende ‚Shanghai-Organisation für Zusammenarbeit‘, die sich als eine Art ‚Gegen-Nato‘ verstehen lässt.

Der klassische Multilateralismus nach westlichem Verständnis zeichnete sich durch eine starke Formalisierung und eine – oftmals über Jahrzehnte gewachsene – Institutionalisierung mit geregelten Verfahren und konsensorientierten Entscheidungsprozessen aus. Dagegen ist der neue Multilateralismus durch eine lockere Form von Ad-hoc-Koalitionen und einen schwachen Institutionalisierungsgrad zugunsten von Informalität und Flexibilität geprägt. Der Trend zum neuen Multilateralismus „spricht dafür, dass eine kritische Menge von Staaten mit den bestehenden Institutionen und ihrer Arbeitsweise unzufrieden ist" (Masala 2016: 97). Der Unterschied zwischen solchen losen Koalitionen und formalen Allianzen oder Organisationen ist aber fundamental. Denn der heutige Multilateralismus basiert in aller Regel auf eher kurzfristiger Nutzenkalkulation von nationalen Interessen, ohne gemeinsamen Werten und Grundüberzeugungen eine ausschlaggebende Relevanz zuzuweisen. Er folgt der Logik, dass Staaten keine ‚dauerhaften Verbündeten‘, sondern nur ‚dauerhafte Interessen‘ haben. Was er aber nicht leistet, ist gegenseitige Verlässlichkeit und Verhaltenssicherheit herzustellen – und genau dies ist wiederum Voraussetzung für faire dauerhafte Kooperation und letztlich wirksame Problemlösung.

Welche Rolle der vielbeschworene ‚Westen‘ in einem solchen Gefüge einnehmen soll und kann, ist eine offene Frage. Ein mögliches Szenario für das zukünftige Verhältnis unterschiedlicher Multilateralismus-Formate wäre, dass die informellen Elemente für die Lösung aktueller Krisen und Konflikte zuständig sind (und dann hätten sie hohen Nutzen), während sich die formellen Elemente – also insbesondere die VN – auf die Implementierung und vor allem die Legitimation der dabei erzielten Ergebnisse konzentrieren. So ein ‚multilateralism light‘ oder ‚messy multilateralism‘ erinnert aber eher an das Konzert der europäischen Mächte im 19. Jhd. als an ein kohärentes Gesamtkonzept globaler sicherheitspolitischer Steuerung. Es ist also eine offene Frage, ob die neuen Wege zur Problemlösung beitragen oder eben auch das Risiko fördern, etablierte Formate und insbesondere die VN zu untergraben.

Ein zwangsläufiger Teilaspekt ist dabei die oft eher unangenehme Frage, wie wählerisch man unter den gegebenen Umständen bei der Suche nach Kooperationspartnern sein soll und kann, überspitzt also die Frage, wie weit eine pragmatische Verantwortungsethik gehen darf. Dies ließe sich u.a. für die deutsche Sicherheitspolitik an der Zusammenarbeit mit schwierigen Partnern wie Saudi-Arabien und der Türkei oder aber grundsätzlich im Umgang mit Autokratien durchdeklinieren. Es bedarf wohl einer undogmatischen, offenen und an der konkreten Herausforderung orientierten Debatte über Chancen und Risiken in jedem einzelnen Fall und unter Prüfung aller potenziell nutzbaren Formate, der sich auch die deutsche Sicherheitspolitik stellen muss. Wenn Einigkeit darüber besteht, dass in einer längerfristigen Betrachtung zunehmend vernetzte und globale Probleme auf die Staaten und Gesellschaften zukommen, so wächst auch die intellektuelle Erkenntnis, diesen Problemen letztlich nur mit einem staatenübergreifenden Ansatz begegnen zu können.

Da aber das internationale System durch eine Machtordnung gekennzeichnet ist, in der keine Instanz – wie es im nationalen politischen System der Fall ist – über ein Gewaltmonopol i.w.S. verfügt, müssen allgemein verbindliche Verhaltensregeln aufgestellt werden, die auf dem Prinzip der Freiwilligkeit beruhen. Dies ist ein extrem mühsamer und voraussetzungsreicher Prozess. Die internationale Ordnung ist mithin aus strukturellen Gründen, aber auch mit Blick auf die weltpolitische Umbruchsituation, labil wie lange nicht. Fehlende Ordnung bedeutet freilich „nicht notwendigerweise Chaos, wenn man lernt, sich auf die gegebenen Bedingungen einzustellen. Sie bedeutet lediglich Unberechenbarkeit, Unübersichtlichkeit, Überraschung und vor allem Nichtplanbarkeit" (Masala 2016: 160). Aber auch diese Einschränkung ist kein besonders beruhigender Befund für Sicherheitspolitik.

Diskussionsfragen:
- Inwiefern ist der Übergang zu einer multipolaren Weltordnung konfliktträchtig?
- Worauf beruht Macht in der internationalen Politik?
- An welchen Grundsätzen sollte sich die deutsche Sicherheitspolitik bei der Auswahl von Kooperationspartnern orientieren?

2.3 Anspruch und Ohnmacht des Völkerrechts

In einer globalisierten Welt mit einer radikal wachsenden Zahl an internationalen Verflechtungen und Gemeinschaftsaufgaben steigt der Bedarf an Regelungen, die über die Grenzen des Nationalstaats hinaus wirksam sind. In diesem mühsamen Prozess der Weltordnungspolitik spielen völkerrechtliche Arrangements eine tragende Rolle. Völkerrecht kann dabei als die Summe der Rechtsnormen verstanden werden, die die Beziehungen der Völkerrechtssubjekte untereinander regeln. Es bezieht sich vorwiegend auf die zwischenstaatlichen Beziehungen, und zielt mithin auf den Umgang von souveränen Staaten miteinander. Seit 1945 sind mehr als 40.000 Verträge zwischen Staaten abgeschlossen worden, die ausgelegt und angewendet werden. Seit geraumer Zeit ist allerdings der Bereich der internationalen Organisationen hinzugekommen, so dass Völkerrecht heute als das Recht betrachtet werden kann, welches das Verhalten von Staaten und internationalen Organisationen betrifft.

Die wichtigsten Völkerrechtsquellen, wie sie in Artikel 38 Absatz 1 des Statuts des Internationalen Gerichtshofes (IGH) beschrieben werden, sind Verträge und Übereinkünfte, allgemeine Rechtsgrundsätze sowie das sogenannte ‚Völkergewohnheitsrecht'. Mit ‚Völkergewohnheitsrecht' ist die allgemeine, freiwillige und beständige Praxis der Staaten gemeint, aus eigener Überzeugung einer rechtlichen Verpflichtung nachzukommen. Dies setzt voraus, dass die Staaten das Gewohnheitsrecht in der Praxis beachten. Im Falle der Missachtung seitens einzelner Staaten steht – und das ist Kern der Aussage vom Völkerrecht als politischem Recht – nicht wie im nationalen Recht ein wirksames und für alle Betroffenen gleiches Instrumentarium im Sinne eines Strafverfolgungssystems zur Verfügung, sondern es liegt im Ermessen der Staatenwelt selbst, ob und wie reagiert werden soll. Dieses Ermessen wird durch politische Kategorien und Interessen bestimmt, die mit den rechtlichen Aspekten nicht zwangsläufig übereinstimmen müssen. Der wichtigste Unterschied zum nationalen Recht ist mithin, dass es keine wirksame Instanz gibt, das Recht auch durchzusetzen. Wer diesen Aspekt übersieht, wird zu falschen Schlussfolgerungen kommen.

Besondere Bedeutung für die Sicherheitspolitik haben die internationale Strafgerichtsbarkeit, die Regelungen zum Gewaltverbot sowie in einem weiteren Sinne die Bereiche des internationalen Umwelt- und Wirtschaftsrechts. Zu den zentralen völkerrechtlichen Grundsätzen gehören das Prinzip der friedlichen Beilegung von Streitigkeiten und das Allgemeine Gewaltverbot, mit dem den Staaten das Recht zum Kriege (ius ad bellum) formal entzogen worden ist. Davon sind lediglich die vom Sicherheitsrat der VN autorisierten Zwangsmaßnahmen nach Kapitel VII der VN-Charta und die individuelle bzw. kollektive Selbstverteidigung gemäß Artikel 51 der VN-Charta ausgenommen. Auch wenn das Gewaltverbot in deutlich mehr als einhundert Fällen seit 1945 missachtet wurde und sich Staaten regelmäßig das Recht auf unilaterale Gewaltausübung vorbehalten (s. etwa Kosovo-Krieg 1999, Irak-Krieg 2003 oder die amerikanisch-britisch-französischen Militärschläge auf Syrien 2018), sind die Bestimmungen in der Charta der VN zu einem wichtigen Referenzpunkt geworden. Auch wenn sie nicht immer eingehalten werden, so hat der Rechtfertigungsdruck im Falle einer Regelverletzung enorm zugenommen. Selbst große Mächte können sich diesem durch die internationale und auch nationale Öffentlichkeit verstärkten Druck kaum entziehen.

Gleichwohl ist das Verhältnis von Völkerrecht und internationaler Politik ambivalent. Davon abgesehen, dass es sowohl in der Politik- wie auch in der Rechtswissenschaft unterschiedliche Schulen und verschiedene Herangehensweisen gibt, nähern sich beide – Völkerrechtler und Politikwissenschaftler – dem gleichen Gegenstand aus ganz unterschiedlichen Perspektiven. Während aus politikwissenschaftlicher Sicht das Völkerrecht oftmals „als Produkt bestehender Kräftekonstellationen zwischen den im internationalen System handelnden Akteuren zu verstehen ist und sich die Analyse vordringlich darin versteht, diese Kräfte- bzw. Machkonstellationen herauszuarbeiten, haben Völkerrechtler die Tendenz, den Eigenwert einer rechtlichen Norm als politische Macht potentiell begrenzend herauszustellen und hieraus die entsprechenden Konsequenzen zu ziehen" (Hobe/Kimminich 2004: 5). Damit ist eine zentrale Kategorie der politikwissenschaftlichen Herangehensweise an völkerrechtliche Fragen benannt: Völkerrecht ist einerseits kein eigentliches Recht der Völker, sondern vielmehr ein ‚Staatenverkehrsrecht' in dem Sinne, als dass mit ihm Beziehungen zwischen Staaten geregelt werden. Es ist andererseits ein politisches und damit äußerst voraussetzungsreiches Recht. Besonders deutlich zeigt sich dies in der Frage, wie und womit die Staaten davon abgehalten werden können, gewalttätig die internationale Ordnung zu stören bzw. was sie dazu veranlasst, Frieden zu wahren.

Hinsichtlich der Geltung des Völkerrechts lassen sich sehr unterschiedliche Begründungszusammenhänge aufzeigen. Eine politikwissenschaftliche Betrachtung des Verhältnisses von Völkerrecht und internationaler Politik muss mit der Beantwortung einiger grundlegender Fragen nach der Ordnung des internationalen Systems beginnen:

- Bis zu welchem Grad kann den Staaten die Erosion und Preisgabe ihrer Souveränität zugunsten kollektiver Mechanismen und Verpflichtungen zugemutet werden?

- Inwieweit halten sich die Staaten an gemeinsam verabredete Beschlüsse und in welchem Maße ist deren Verletzung, Missachtung oder mangelnde Unterstützung hinnehmbar?

- Wie können Macht und Recht in ein ausgewogenes Verhältnis zueinander gebracht und widerstreitende Interessen in konstruktiver Weise ausgeglichen werden?

- Welche Optionen stehen in einer solchen ‚Weltordnung' zur Verfügung oder sollten entwickelt werden für den Fall, dass ein konstruktiver Ausgleich in der Praxis scheitert?

Dabei ist das Spannungsverhältnis zwischen völkerrechtlichen Normen – wie sie etwa in der Charta der VN festgelegt sind – auf der einen und der politischen Realität auf der anderen Seite offenkundig. Wesentliche völkerrechtliche Grundsätze basieren mithin auf Regeln, die in der Praxis internationaler Politik immer aufs Neue relativiert, verändert oder schlichtweg systematisch missachtet werden: Der souveränen Gleichheit aller Staaten steht ein ausgeprägtes Machtgefälle, der Pflicht zur friedlichen Streitbeilegung allgegenwärtige Gewalt im internationalen System gegenüber, und trotz des Allgemeinen Gewaltverbots nehmen sich Staaten immer wieder das Recht auf unilaterale Gewaltanwendung. Zudem erzwingt die Globalisierung grundlegender Problembereiche eine Erosion staatlicher Souveränität, was andererseits in einem gewissen Widerspruch zur VN-Charta und dem Verbot der Einmischung in die inneren Angelegenheiten der Staaten steht. So ist es nicht verwunderlich, dass es in der Wissenschaft, aber auch in der Politik der Staaten sehr unterschiedliche Betrachtungsweisen und Präferenzen hinsichtlich der Bedeutung des Völkerrechts gibt. Die beiden Extrempositionen lassen sich wie folgt zuspitzen:

- Eine ‚legalistische Schule' sieht in völkerrechtlichen Arrangements ein extrem hohes Gut, dem andere politische Erwägungen unterzuordnen sind. Wenn Staaten Verpflichtungen eingegangen sind, dann müssen sie sich auch an diese halten, weil andernfalls eine Grundvoraussetzung internationaler Kooperation beschädigt wird. Es wird akzeptiert, wenn dabei die staatliche Souveränität beschnitten wird.
- Eine ‚politikorientierte Schule' stellt völkerrechtliche Arrangements stärker in einen politischen Kontext und betont, dass es letztlich Entscheidungen der Regierungen vorbehalten bleiben soll und muss, ob sich diese an ein überstaatliches Regelwerk halten oder nicht. Völkerrechtliche Regeln seien ein Abwägungsfaktor unter vielen anderen und dürften demnach nicht den Anspruch erheben, maßgeblich handlungsleitend zu sein.

Das Völkerrecht insgesamt ist zwar alles andere als perfekt, es hat sich aber in den vergangenen Jahrzehnten und insbesondere seit der Katastrophe des Zweiten Weltkriegs äußerst dynamisch entwickelt. Das vorherrschende Paradigma ist nicht mehr die ‚ungebundene staatliche Souveränität', die nur punktuell durch Einzelregelungen abgeschwächt wird. Die ‚Westfälische Ordnung' ist insofern kräftig durchlöchert. So wird die Vielzahl völkerrechtlicher Verträge, die die Grundlage des internationalen Verkehrs, des Wirtschaftsaustausches aber auch des internationalen Menschenrechtsschutzes betreffen, von der Debatte um das Allgemeine Gewaltverbot nicht berührt. Jeder Kundige weiß, „dass der größte Teil der völkerrechtlichen Regelungen von den daran gebundenen Staaten ganz unproblematisch befolgt wird und, ebenso wie das für das nationale Recht gilt, einen sicheren Ordnungsrahmen für weltweite Aktivitäten darstellt" (Frowein 2003: 6). Es ist mithin schlicht „ein Faktum, dass die Staaten tagtäglich in unzähligen Fällen völkerrechtliche Regelungen beachten bzw. nach Gründen für die Rechtfertigung für die von diesen Regeln abweichendes Verhalten suchen" (Hobe/Kimminich 2004: 8f).

Auf der anderen Seite bleiben weite Bereiche des Völkerrechts politisches Recht, das in erster Linie von den Motiven der Staaten abhängt, sich diesem Recht freiwillig unterwerfen und es als handlungsleitend anerkennen zu wollen. Eine ‚Supranationalisierung des Völkerrechts' – also das Herausbilden verbindlicher und sanktionierfähiger Regelungen – mag normativ wünschenswert sein, geht aber an der politischen Realität vorbei. Zudem gilt für das Völkerrecht, wie für alles Recht, „dass es seine Rechtfertigung nicht in sich selbst trägt, sondern ein Mittel zur effektiven Verwirklichung menschlicher und gemeinschaftlicher Werte darstellt" (Dolzer 2005: 48). An diesem Maßstab muss sich das Völkerrecht in allen Einzelbereichen stärker als bisher messen lassen.

Diskussionsfragen:
- Was bedeutet es, wenn Völkerrecht als ‚politisches Recht' qualifiziert wird?
- Ist der Grundsatz staatlicher Souveränität und der Nichteinmischung in die inneren Angelegenheiten von Staaten noch zeitgemäß?
- Kann es Fälle geben, in denen ein Eingreifen ohne Mandat des VN-Sicherheitsrates legitim sein kann?

2.4 Unschärfe zwischen innerer und äußerer Sicherheit

In der Tradition der klassischen Vertragstheorie ist der sinnstiftende Zweck eines Staates vor allem der Schutz seiner Bürgerinnen und Bürger. Der moderne Staat legitimiert sich damit primär durch sein Sicherheitsversprechen nach innen. Die Bürger verzichten (zumindest in der Theorie) im Umkehrschluss auf die Ausübung von ‚privater Gewalt' zugunsten des staatlichen Gewaltmonopols. Mit der Gründung moderner Nationalstaaten hat sich dieses Schutzversprechen allerdings erweitert. Es geht seither auch um die Sicherheit vor äußerer Bedrohung, wobei auch hier die entsprechende Leistung in aller Regel an den Staat delegiert wird, der zu diesem Zweck Streitkräfte unterhält und Soldaten einberuft – sei dies über eine Wehrpflicht oder über die Rekrutierung von Freiwilligen.

Daher wird in der sicherheitspolitischen Debatte traditionell zwischen innerer und äußerer Sicherheit unterschieden. Als entscheidendes Abgrenzungskriterium dient in aller Regel der jeweilige Ursprung der Bedrohung – entweder aus dem Inneren des Staates oder von außen. Institutionell zeigt sich die Unterscheidung in der Regel darin, dass sich mit Polizei- und Strafverfolgungsbehörden einerseits und mit Streitkräften andererseits spezialisierte Einrichtungen für die jeweiligen Verantwortlichkeiten und Kompetenzen der inneren bzw. äußeren Sicherheit herausgebildet haben. Auch die Geheim- und Nachrichtendienste sind meist in ähnlicher Weise aufgeteilt.

Für die Trennung von innerer und äußerer Sicherheit gab und gibt es gute Gründe, die weit über Fragen einer organisatorischen Zweckmäßigkeit hinausreichen. Zum einen entspricht sie dem klassischen humanitären Völkerrecht, das ‚Krieg‘ (oder ‚internationale bewaffnete Konflikte‘, wie man heute präziser sagt) von ‚Frieden‘ unterscheidet. Zum anderen spielte gerade in Deutschland – insbesondere bei der Aufstellung der Bundeswehr – das Bestreben eine Rolle, vor dem Hintergrund historischer Erfahrungen einen etwaigen Missbrauch staatlichen Gewaltpotenzials zu verhindern. Nicht zuletzt daher sieht das Grundgesetz eine eindeutige Trennung vor. Demzufolge liegt für die Sicherheit im Inneren die (fast) ausschließliche Zuständigkeit bei den Polizeibehörden, während die Befugnisse der Bundeswehr auf diesem Gebiet auf nur ganz wenige, strikt eingegrenzte Fälle beschränkt ist (GG Art. 87a und Art. 35). Trotz zahlreicher Diskussionen und Änderungsvorschläge hat diese Rollenzuteilung nach wie vor Bestand.

In den meisten anderen Staaten stellt sich das deutlich anders dar. Dort werden Streitkräfte geradezu selbstverständlich zur Beherrschung von Krisenlagen im Inneren und zur Unterstützung der Polizei bei Bedarf eingesetzt. Bilder von Soldaten im Kampfanzug und mit Sturmgewehr vor dem Eiffelturm in Paris, auf dem Grand Place in Brüssel oder vor dem Kolosseum in Rom belegen dies. Auch der Blick nach Afghanistan offenbart einen merkwürdigen Zusammenhang: Die Soldaten der Bundeswehr unterstützen dort die ‚Afghan National Army‘ genau betrachtet in einer rein innerafghanischen Rolle – also bei einer Aufgabe, die in Deutschland in der originären Zuständigkeit der Innenbehörden läge und den Streitkräften grundsätzlich – von den im Art. 37 GG genannten Voraussetzungen abgesehen – eher verwehrt wäre.

Trotz der strengen verfassungsrechtlichen Restriktionen entwickelt sich auch in Deutschland eine immer breitere Diskussion um die Zweckmäßigkeit dieser Selbstbeschränkung. Eine Analyse der Risiken, Gefahren und Verwundbarkeiten in Zeiten der Globalisierung zeigt, wie schwer sich eine scharfe Trennung von Aspekten innerer und äußerer Sicherheit noch aufrechterhalten lässt. Die Grenzen verschwimmen vielmehr, und damit eröffnen sich organisatorische Schnittstellen, die mit den bisherigen Regeln schwer zu beherrschen sind und ein oft diffuses oder gar widersprüchliches Bild einer sinnvollen Zuständigkeitszuordnung erzeugen. In der Folge wird nicht nur eine enge Zusammenarbeit zwischen den einzelnen Verantwortungsträgern immer wichtiger, sondern es ändern sich auch die Anforderungsprofile an die einzelnen Sicherheitsorgane. Die Forderung nach einem noch wesentlich stärker vernetzten Ansatz der Sicherheitspolitik bezieht sich seither auch auf die Zusammenarbeit zwischen den Bereichen des Inneren und des Äußeren.

Zwei Erkenntnisse haben diesen Paradigmenwechsel in der Sicherheitspolitik ausgelöst. Zum ersten lassen sich moderne Risiken und Bedrohungen, aber auch konkrete Angriffe auf Bürger und Staat nicht mehr immer einem bestimmten Aggressor eindeutig zuordnen. In Zeiten nahezu unbegrenzter globaler Mobilität, aber auch informationstechnologischer Möglichkeiten bleibt es oft unklar, wer der Angreifer ist und von wo aus er seinen Angriff führt. Diese diffuse Lage wirft notgedrungen das Problem der Zuständigkeit auf. Von daher ist es in der Praxis extrem nachteilig, wenn gebotene Abwehrmaßnahmen der eigenen Seite – seien sie präventiver oder reaktiver Art – an starren Kompetenzabgrenzungen oder gar -streitigkeiten scheitern. Und zum zweiten zeigt sich die Neuartigkeit der unmittelbaren Bedrohungen für Bürger und Staat auch in der Intensität der Zerstörung und dem Ausmaß des Schadens, den verdeckte Angreifer in einer modernen Gesellschaft erzeugen können. Die Verwundbarkeit der Bevölkerung in Industriestaaten ist heute von anderer Qualität als in der Vergangenheit, wenn man etwa an kritische Infrastrukturen denkt.

Drei Beispiele untermauern die These, moderne Risiken stünden heute – sofern ein Verlust an staatlicher Sicherheit vermieden werden soll – einer strikten Trennung zwischen innerer und äußerer Sicherheit entgegen. Alle drei Beispiele werden später noch eingehend als Treiber heutiger sicherheitspolitischer Herausforderungen aufgegriffen (s. vor allem Kap. 3.3 und 3.7). An dieser Stelle sollen sie nur kurz angerissen genannt werden, um die Unschärfe zwischen innerer und äußerer Sicherheit zu verdeutlichen.

- Erstens Terrorismus: Spätestens mit den Erfahrungen der Terroranschläge vom 11. September 2001 mithilfe von entführten Zivilflugzeugen auf das World Trade Center in New York und das Pentagon in Washington nahm die Debatte um innere und äußere Aspekte staatlicher Sicherheit an Fahrt auf – auch in Deutschland. Es wurde klar, wie sehr man angesichts des Ausmaßes der Zerstörung und deren Nachwirkungen von einer neuartigen Kriegsführung sprechen muss. Terroranschläge können heute nicht nur die Dimensionen von Kriegsfolgen erreichen, sondern bedürfen auch oft spezifischer militärischer Mittel, um sie zu bekämpfen oder zu verhindern. Hinzu kommt, dass man in der Regel nicht sofort und klar den eigentlichen Angreifer identifizieren kann. Ist ein Terroranschlag von außen geplant und gesteuert (so wie z.B. 9/11 seinerzeit durch die Al-Qaida-Zentrale in Afghanistan) und steckt ein fremder Staat oder eine nicht-staatliche Organisation im Ausland dahinter? Oder handelt es sich um autonom handelnde Inländer, etwa einen ,einsamen Wolf' oder einen suizidaffinen Psychopathen? Diese und weitere Erkenntnisse müssen dann – so die inzwischen weit verbreitete These – auch zu einer Neubewertung des Einsatzes von Militär im Inland führen. Insofern wird „in der politischen Diskussion argumentiert und auf breiter Ebene akzeptiert, dass die Grenze zwischen innerer und äußerer Sicherheit fließend geworden ist" (von Krause 2017: 15).

- Zweitens Hybride Kriegführung: Auch die sogenannte ,hybride Kriegführung' weicht Grenzen auf. Unter diesem Begriff versteht man eine offensive Vorgehensweise, die offene und verdeckte, reguläre und irreguläre, symmetrische und asymmetrische, militärische und nicht-militärische Mitteln kombiniert mit dem Zweck, die Schwelle zwischen den völkerrechtlich angelegten binären Zuständen Krieg und Frieden zu verwischen. Damit wiederum soll eine effektive und vor allem zeitnahe Reaktion des Gegners erschwert werden. Schon in Zeiten des Kalten Krieges gingen die westlichen Verteidigungsplanungen davon aus, dass ein etwaiger sowjetischer Großangriff mit hybriden Mitteln vorbereitet wird: Etwa dem vorhergehenden Einsatz von ,Speznaz'-Spezialeinheiten, die als Nicht-Kombattanten einsickern, Kommandozentralen aufklären, kritische Infrastrukturen lahmlegen und insgesamt die Nato-Verteidigung schon im Ansatz untergraben. Heute ist das Arsenal hybrider Kriegführung noch breiter geworden, wie aus den Konflikten in Georgien und der Ukraine ersichtlich geworden ist. Das Spektrum reicht von Medienkampagnen, die auf die Bevölkerung des Zielstaates ausgerichtet sind und durch die entsprechende Manipulation der öffentlichen Meinung eine günstige Ausgangslage für eine geplante Aggression schaffen sollen, bis hin zum Einsatz ,grüner Männchen' ohne Hoheitsabzeichen, aber mit bereits erheblichem Gewaltpotenzial. Auch hier stellt sich – unabhängig von der Entscheidung über die konkrete Zuständigkeit für staatliche Abwehrmaßnahmen – die Frage, von wo aus eine hybride Aggression geplant und gesteuert wird. Gilt sie also bereits als Überschreiten der Schwelle zu einem Angriff von außen, oder bleibt es ausschließlich ein Problem der inneren Sicherheit? Und welche Mittel stehen für eine mit dem Verfassungs- und Völkerrecht vereinbare Abwehrreaktion zur Verfügung?

- Drittens Cyber-Kriegführung: Ein heute integraler Bestandteil hybrider Kriegführung, der jedoch auch unabhängig davon zum Einsatz kommt, ist das Mittel der Cyber-Attacke. Auch sie stellt einen Angriff dar, der nicht mittels klassischer Waffengewalt erfolgt und bei dem oft nicht feststellbar ist, wer hinter ihm steht und wo genau der Ursprung liegt. Auch die Motive eines Angreifers bleiben zunächst meist im Unklaren: Die mögliche Bandbreite reicht von letztlich harmlosen Hackerangriffen einzelner Freaks über profitorientierte Machenschaften krimineller Netzwerke bis hin zu dem Versuch fremder Staaten, die Verwundbarkeiten Dritter zu testen oder auszunutzen. Wenn sich diese Angriffe auf kritische Infrastrukturen oder auf verteidigungsrelevante Einrichtungen in einer hochtechnisierten Gesellschaft richten, sind die Folgen mit jenen klassischer Kriegshandlungen durchaus vergleichbar. Spätestens in diesem Fall werden die Fragen, ob es sich um ein Problem der inneren oder der äußeren Sicherheit handelt, mit welchen Mitteln eine Antwort unter Wahrung des Grundsatzes der Verhältnismäßigkeit erfolgen soll und wem dafür die primäre Zuständigkeit zufällt, wieder offenkundig.

Einige der Folgerungen dieser oft unklaren Zuordnung konkreter Risikolagen werden im Kapitel 6 noch einmal für die deutsche Sicherheitsarchitektur aufgegriffen. An dieser Stelle soll nur noch der Hinweis auf eine weitere Facette des Verschwimmens der Grenze zwischen innerer und äußerer Sicherheit auch mit Blick auf die internationale Dimension erfolgen. Es lassen sich hierbei sehr unterschiedliche – ja: widersprüchliche – Trends beobachten, die unterschiedliche Konsequenzen haben (s. ausführlicher Kap. 2.1).

- Erstens tritt an die Stelle des klassischen zwischenstaatlichen Krieges zunehmend ein neuer Kriegstyp, der sich wiederum ganz verschiedenartig darstellt und sowohl öffentliche und private, inner- oder zwischengesellschaftliche, internationale und nationale als auch regionale und lokale Kriegsparteien als Akteure umfasst. Dieser Kriegstypus verbindet miteinander Momente des klassischen Krieges, des Bürgerkrieges, des organisierten Verbrechens und der planvollen Verletzung der Menschenrechte. Er ist zugleich gekennzeichnet durch die tendenzielle Privatisierung der Gewaltanwendung.
- Zweitens ist auf die zunehmende Bedeutung von Polizeikräften bei internationalen Friedenssicherungseinsätzen zu verweisen, die ebenfalls unterstreicht, dass sich die strikte Trennung von innerer und äußerer Sicherheit

im Krisenmanagement nicht durchhalten lässt. Formierte Polizeieinheiten stellen eine Art paramilitärische Zwischenform zwischen Militär und Polizei dar. Auch wenn keine schweren Waffen zum Einsatz kommen, sind sie im Vergleich zur ‚normalen' Polizei deutlich robuster ausgerüstet und ausgebildet. Beispiele sind etwa die französische Gendarmerie oder die italienischen Carabinieri. Im Jahr 2020 gab es 13 Friedensmissionen, in denen rund 100.000 Personen (Soldatinnen und Soldaten, Polizistinnen und Polizisten und ziviles Personal) weltweit im Einsatz waren.

- Drittens resultiert daraus eine intensiv geführte Debatte um vernetzte bzw. ressortübergreifende Sicherheit innerhalb der Staaten sowie in Nato (unter dem Schlagwort ‚comprehensive approach') und VN (unter dem Schlagwort ‚integrated approach').

Wir sehen also: Innere und äußere Sicherheit sind tatsächlich nicht mehr trennscharf. Das zwingt im Ergebnis dazu, eine enge Vernetzung der jeweils zuständigen Akteure zu gestalten und auch bestehende Zuständigkeitsregeln ständig konstruktiv-kritisch zu überprüfen. Aus diesen Erkenntnissen resultieren enorme Herausforderungen für eine zielgerichtete und zugleich angemessene Art der Sicherheitsvorsorge im Inneren sowie die Möglichkeiten nach außen, in Konflikte einzugreifen.

Diskussionsfragen:

- Inwiefern kann man heute davon sprechen, dass innere und äußere Sicherheit nicht mehr trennscharf zu unterscheiden sind? Ist diese Diagnose neu?
- Bei welchen heutigen Risiken zeigt sich das diffuse Bild besonders, und was bedeutet das jeweils?
- Welche allgemeinen Folgerungen lassen sich aus diesen Erkenntnissen für den Ansatz einer vernetzten Sicherheitspolitik ableiten?

2.5 Öffentliche Meinung und Sicherheitspolitik

Internationale Politik nimmt im medialen und damit öffentlichen Interesse einen zunehmend gewichtigen Platz ein. Die moderne Technik ermöglicht es, Informationen aus nahezu allen Teilen der Welt im Detail und in Echtzeit abzurufen. Weit entfernte Ereignisse aller Art, die im eigenen Wohnzimmer wahrgenommen und ‚miterlebt' werden, erwecken tägliche Aufmerksamkeit und beeinflussen das eigene Urteil. Gemeinsam mit der hohen ökonomischen Interdependenz im Zeitalter der Globalisierung gewinnt damit das internationale

Geschehen wesentlich an Relevanz für den Alltag der Menschen. Das bedeutet zweierlei: Erstens ist in demokratischen Gesellschaften die öffentliche bzw. die veröffentlichte Meinung zu einem unübersehbaren Faktor der Politik geworden, und zweitens haben deshalb Rolle und Verantwortung der Medien eine entscheidende Aufwertung erfahren.

Eine wichtige Rolle spielen dabei immer noch Massenmedien, elektronisch oder gedruckt. Sie sind Bindeglied zwischen politischer Elite und öffentlicher Meinung. Sie erfüllen über die Streuung von Nachrichten eine Informationsfunktion, durch Beeinflussung der politischen Entscheidungen eine Artikulationsfunktion und oft mit dem investigativen Aufzeigen von Entwicklungen – insbesondere von Missständen – auch eine Kontrollfunktion. Es ist allerdings umstritten, in welcher Form Massenmedien tatsächlich Einfluss nehmen. Die ‚Verursacherhypothese‘ unterstellt, dass Medien Bewusstsein und Meinungen gewissermaßen erzeugen, die ‚Verstärkerhypothese‘ nimmt hingegen an, dass lediglich die ohnehin vorhandenen Meinungen verstärkt oder abgeschwächt werden können. Veröffentlichte Meinung ist nicht immer gleich öffentlicher Meinung, aber es lässt sich die These vertreten, letztere setze „den politisch Verantwortlichen gewisse Grenzen, innerhalb derer zahlreiche sicherheitspolitische Optionen ergriffen werden können" (Biehl/Jacobs 2014: 266).

Bildgestützte Informationsmedien erzielen aufgrund einer scheinbaren „Augenzeugenschaft" (Stock 2015: 367) oftmals größere Überzeugungskraft als andere Versuche der Vermittlung komplexer Zusammenhänge. Der sogenannte ‚CNN-Effekt‘ – also der Umstand, dass eine Krise international nur dann ‚stattfindet‘, wenn Kameras sie einfangen – kann dann nicht nur die Wahrnehmung der Öffentlichkeit prägen, sondern auch Druck auf Entscheidungsträger ausüben. Bilder prägen sich stark in das Bewusstsein ein und schaffen dabei mit ihrer meist selektiven und vereinfachenden Auswahl mitunter eine Scheinwirklichkeit, die der realen nur andeutungsweise entspricht. Sie sind für sich allein auch nur bedingt geeignet, tiefere Zusammenhänge zu erklären. Insgesamt besitzen bildgestützte Medien damit ein besonders hohes Manipulationspotenzial – gerade auch wenn es um den Transfer von Informationen zu Konflikten oder Katastrophen geht.

Was bedeutet das nun für die praktische Sicherheitspolitik? In der Außen- und Sicherheitspolitik ist der Vorrang der Exekutive (Regierung) gegenüber der Legislative (Parlament) traditionell besonders ausgeprägt. Seit einiger Zeit ist aber zu beobachten, dass Außenpolitik in demokratisch verfassten Rechtsstaaten als ‚kombinierte‘ oder gemischte Gewalt zwei Funktionsträgern zugeordnet ist, nämlich sowohl der Exekutive als auch der Legislative (von Krause 2014: 99). Wenn aber, wie etwa in Deutschland mit dem Parlamentsbeteiligungsgesetz, eine besonders weitgehende Befugnis der Legislative gegeben ist, dann bedeutet dies über den ‚Transmissionsriemen Öffentlichkeit-Parlament' zwangsläufig einen hohen Stellenwert der öffentlichen Meinung auch in sicherheitspolitischen Fragen. Gleichwohl sehen sich hier die politisch Verantwortlichen aus guten Gründen weniger stark an sie gebunden als in anderen Politikbereichen.

Für diese Beobachtung gibt es eine Reihe von Beispielen aus der jüngeren deutschen Geschichte: die nicht gerade populäre Westintegration mit der Wiederbewaffnung in den 1950er Jahren, der Nato-Doppelbeschluss mit der Stationierung nuklearer Mittelstreckenraketen auf deutschem Boden rd. 25 Jahre später oder auch der keineswegs von der Mehrheit der deutschen Bevölkerung mitgetragene Afghanistaneinsatz der Bundeswehr seit Ende 2001. Letztlich wird durch diese Entscheidungen die These gestützt, dass in außenpolitischen Fragen oftmals – wenn auch keineswegs immer – eine hohe Neigung besteht, im Parlament den ‚nationalen Konsens' über den Wettbewerb zwischen Regierung und Opposition zu stellen. Dennoch – und das unterscheidet Demokratien von Nicht-Demokratien – muss Sicherheitspolitik in der eigenen Gesellschaft vermittelt und zustimmungsfähig gemacht werden, und damit ist das Thema öffentliche Meinung und Sicherheitspolitik ein überaus relevantes.

Am Beispiel der schwierigen Entscheidungen zu militärischen Interventionen lässt sich dieser Zusammenhang veranschaulichen. Militärische Gewaltanwendung wird allgemein als ‚ultima ratio' verstanden. Damit verbindet man in der Theorie aber keineswegs den Automatismus einer zeitlichen Reihung, wie in der Öffentlichkeit meist vermutet und gefordert. Oft ist das Gegenteil der Fall, wenn der womöglich günstigste Augenblick verpasst wird, in dem beim Eingreifen in einen konkreten Konflikt – mit vergleichsweise geringem Mittelaufwand oder gar ‚nur' mit einer glaubhaften Drohung – ein maximaler politischer Effekt erzielt werden könnte. Allerdings stimmt der günstige Zeitpunkt für militärisches Eingreifen meist nicht mit demjenigen überein, zu dem die öffentliche Unterstützung am höchsten ist. Das bedeutet: Der Versuch, in Parlament und Bevölkerung den nötigen Rückhalt für militärisches Engagement zu finden, bedeutet nicht selten die Inkaufnahme hoher Kosten und verpasster Chancen. ‚Ultima ratio' nicht als ‚letztes', sondern als ‚äußerstes' Mittel zu verstehen, ist in Demokratien aus nachvollziehbaren Gründen schwierig. Dies lässt sich durchaus auch als ein Dilemma von Konfliktprävention verstehen (s. Kap. 4.6).

Damit soll nun nicht die These vertreten werden, Demokratien mit intensiver Bürgerbeteiligung und damit starker Rolle der öffentlichen Meinung seien im Grundsatz ungeeignet zur Regelung internationaler Konflikte. Aus dem Ansatz des Liberalismus kennen wir die Theorie des ‚demokratischen Separatfriedens', deren Kerngedanke ist, dass Demokratien untereinander keine Kriege führen und u. a. deshalb friedfertiger sind, weil ihr außenpolitisches Verhalten ein Spiegel der Innenpolitik ist. Grundlage dafür ist die Auffassung, dass liberale (republikanische) Gesellschaften – mehr oder minder Idealtypen der westlichen Demokratien – ihre Wohlfahrt am ehesten steigern können, wenn sie sich der gewaltsamen Konfliktaustragung enthalten und stattdessen kooperative Formen der Konfliktbewältigung kultivieren. Innerstaatliche Normen und Verhaltensweisen werden also auf das Außenverhalten von Staaten übertragen (s. Kap. 1.4).

Darauf baut auch der ‚liberal peace'-Ansatz auf, der die Friedenskonsolidierung von Post-Konflikt-Gesellschaften beschreibt. Alle Versuche des ‚state building' folgen danach der Idee, dass rechtsstaatliche, liberal-demokratische und marktwirtschaftlich ausgerichtete politische Systeme die beste Grundlage für nachhaltigen Frieden darstellen. Eines der Argumente lautet: Demokratien beschränken die Möglichkeit der Exekutive, schnelle und ggf. übereilte sicherheitspolitische Entscheidungen zu treffen – was kurz gefasst dem Gedanken von Kant entspricht, der Krieg werde in dem Moment aufhören, in dem diejenigen über ihn beschließen können, die unter ihm leiden. Mit anderen Worten: Da die Öffentlichkeit in demokratisch verfassten Gesellschaften gewaltsamen Konfliktbewältigungsstrategien generell skeptisch gegenübersteht, erhalten friedliche Lösungsansätze erhöhtes Gewicht. Umgekehrt bedeutet das aber auch, dass für die Exekutive ein enormer öffentlicher Rechtfertigungsaufwand zu treiben ist, um im Einzelfall – wenn es geboten scheint – auch robustes militärisches Engagement politisch durchsetzen zu können.

Verfolgt man diese Argumentation weiter, so ergeben sich hier allerdings auch Anreize für eine gezielte Meinungsmache bis hin zur Manipulation. Wer in Demokratien ein bestimmtes Ziel erreichen möchte, muss die Öffentlichkeit und damit die Wählerschaft dafür gewinnen. Das gilt für staatliche Institutionen ebenso wie für externe Akteure, gerade auch in sicherheitspolitischen Belangen. Nicht immer kommt es dabei zum Austausch seriöser Informationen, wie diverse Verschwörungstheorien, gezielt verbreitete ‚Fake News' oder die Existenz von ‚Troll-Fabriken' eindrucksvoll beweisen. Entscheidend für die Sender ist – statt der ‚Wahrheit' – die Wirkung auf die Öffentlichkeit, um über den bereits zuvor erwähnten Transmissionsriemen indirekten Einfluss auf politische Entscheidungen zu nehmen. Es geht also um den vermeintlichen Gewinn der Deutungshoheit, die letztlich zu einem Aufweichen der Resilienz von Politik und Gesellschaft führen kann. Hier ist nicht zuletzt ein neues Aktionsfeld im Zusammenhang mit hybrider Kriegführung eröffnet. Die aktuelle Lage im Baltikum mag das verdeutlichen: Dort herrscht die keineswegs grundlose Sorge, dass ein von außen gesteuerter Einfluss auf die innerbaltische russischstämmige Bevölkerung die Region destabilisieren könnte – analog zu den Erfahrungen Georgiens 2008 und der Ukraine seit 2014.

Aber auch westliche Demokratien sind keineswegs völlig davor gefeit, mittels Halbwahrheiten die eigene wie auch die internationale Öffentlichkeit zu einer gewünschten Haltung zu bewegen. Der Weg zu dem gewaltsamen Vorgehen gegen den irakischen Diktator Saddam Hussein im Jahr 2003 war nur durch – heute ist das deutlich belegt – nachweislich falsche Informationen über ein angebliches irakische Potenzial an Massenvernichtungswaffen frei geworden. Es ging in den USA und in Großbritannien darum, die eigene Gesellschaft und die ‚internationale Gemeinschaft' davon zu überzeugen, dass nur eine militärische Intervention Schlimmeres verhindern könne. Ohne diese Überzeugungsarbeit wäre der Einmarsch aus innenpolitischen Gründen wohl kaum mitgetragen worden. Insofern ging die kurzfristige Taktik auf, wenngleich die mittel- und längerfristigen Folgen daran zweifeln lassen, dass es sich um eine kluge Entscheidung gehandelt hat. Und mehr noch: Das Bewusstsein der Öffentlichkeit, damals durch eine unzutreffende Lageanalyse fehlgeleitet worden zu sein, mindert für die Zukunft ihre Bereitschaft, robuste militärische Maßnahmen mitzutragen – und seien diese sachlich auch noch so angezeigt.

Wie sehr geschichtliche Erfahrungen das Bewusstsein der Bürger eines Landes prägen und damit die Entscheidungsfreiheit der Politik begrenzen, zeigt das Beispiel Deutschland sehr gut. Seine Außen- und Sicherheitspolitik war lange von beachtlicher Kontinuität geprägt. Als Konstante diente dabei eine generelle Zurückhaltung, wenn es darum ging, prominent und in einer auch führenden Rolle Weltpolitik mitgestalten zu wollen. Zugleich wirkte die deutsche Politik mit der Leitidee der ‚Zivilmacht' durchaus effektiv – die vermeintliche Schwäche der Bundesrepublik war in dieser Zeit sozusagen ihre Stärke. Der stille und doch stetige Aufstieg zur Führungsmacht in Europa ist der deutlichste Beleg hierfür; aber auch in anderen internationalen Kontexten konnten Einfluss als ‚soft power' und der Ruf als ‚ehrlicher Makler' erworben werden, was heute noch nachwirkt. Das gipfelte in der Erfahrung der Deutschen Einheit 1989/90: In kaum einem anderen Land war der Glaube, es sei das ‚Ende der Geschichte' erreicht, so ausgeprägt wie im damaligen Deutschland. Diese Hoffnung herrschte nicht nur in weiten Teilen der Bevölkerung, sondern zeigte sich insbesondere in der breit eingeforderten Friedensdividende in Gestalt drastisch verringerter Verteidigungshaushalte über rd. zwei Jahrzehnte hinweg.

Seit einigen Jahren hat sich Deutschland jedoch zunehmend von seinen etablierten Bezugspunkten gelöst (Hellmann/Jacobi/Stark Urrestarazu 2015). Es bewegt sich im Spannungsfeld zwischen Kontinuität und Wandel inzwischen recht deutlich in Richtung Wandel. Politik und Bevölkerung erkennen zunehmend, wie wenig in einer unruhigen Welt die Beschränkung auf eine Zuschauerrolle eine wirkliche Option sein darf. Das Narrativ von der gestiegenen internationalen Verantwortung Deutschlands macht spätestens seit der Rede des damaligen Bundespräsidenten Joachim Gauck (2014) auf der Münchner Sicherheitskonferenz die Runde und wird im Großen und Ganzen auch – wenngleich überaus vorsichtig – in der Öffentlichkeit akzeptiert. Zwar wagt die deutsche Politik mitunter nicht, das öffentliche Meinungsbild zu unterlaufen, wie etwa in der Libyen-Frage 2011, als Deutschland im VN-Sicherheitsrat gegen seine Partnerstaaten abstimmte, was dort als Affront angesehen wurde. Aber spätestens mit der Ukraine-Krise 2014 kam es zu einem massiven Wetterumschwung und zu einer abermaligen grundlegenden Änderung der sicherheitspolitischen Rolle Deutschlands.

Diese Entwicklung zeigt sich auch in dem Bewusstsein der Bevölkerung, wie dringend eine Kehrtwende in der finanziellen Alimentierung der Bundeswehr geboten ist: 2019 sprach sich, wie in den Vorjahren, eine relative Mehrheit der Bürgerinnen und Bürger (45 Prozent) für eine Erhöhung der Verteidigungsausgaben aus. 38 Prozent sind dafür, dass diese gleichbleiben sollten, und 12 Prozent befürworten eine Verringerung des Verteidigungsetats (Zentrum für Militärgeschichte und Sozialwissenschaften der Bundeswehr 2019). Dennoch wirken die bisherigen Einstellungen nach. Denn fragt man nach den einzusetzenden Mitteln in der Außen- und Sicherheitspolitik, zeigt sich – wenig überraschend – eher eine Präferenz für nicht-militärische Mittel wie Entwicklungshilfe und diplomatische Verhandlungen. Und bei den verschiedenen Einsatzmöglichkeiten der Bundeswehr wird diese Linie einer unveränderten militärischen Zurückhaltung ebenso deutlich: Die Mehrheit der Bevölkerung befürwortet zudem Rüstungskontrolle (73 Prozent), Entwicklungshilfe (71 Prozent), Ausbildungseinsätze der Bundeswehr (60 Prozent), Wirtschaftssanktionen und Stabilisierungseinsätze der Bundeswehr (beide 56 Prozent). Weniger Unterstützung erfahren militärische Kooperationen (49 Prozent), Polizeieinsätze im Ausland (30 Prozent), Kampfeinsätze der Bundeswehr (27 Prozent). Auch eine Umfrage der Münchner Sicherheitskonferenz aus dem Jahr 2020 bestätigt insgesamt, dass die Bevölkerung eine aktive Sicherheitspolitik unterstützt, wenn die Politik gute Argumente dafür liefert. Dies trifft insbesondere auf die so genannte „Generation Z" – also die heute 18- bis 29-Jährigen – zu. Während etwa 38 Prozent aller Befragten der Ansicht sind, dass sich Deutschland in Zukunft stärker als bisher bei der Lösung von Konflikten in der Welt beteiligen sollte, sind es in dieser

Altersgruppe immerhin 51 Prozent (Münchner Sicherheitskonferenz 2020: 115 ff.). Alle diese Erkenntnisse spiegeln nicht nur das allgemeine Meinungsbild wider. Sie üben auch einen erkennbaren Einfluss darauf aus, ob und vor allem auch wie sich Deutschland am internationalen Krisenmanagement mit militärischen Mitteln beteiligt. An den Präferenzen der Bürger für das jeweilige außenpolitische Engagement kommt die Exekutive auf Dauer nur schwer vorbei.

Mitunter freilich – auch das ist für die deutsche Öffentlichkeit bezeichnend – ist das Wissen um sicherheitspolitische und auch militärische Fakten und Zusammenhänge gering ausgeprägt. Der damalige Bundespräsident Köhler (2005) hat das einmal als ein ‚wohlwollendes Desinteresse‘ der Bevölkerung an der Bundeswehr umschrieben. Und auch dieses Bild hat sich nicht wesentlich geändert. Das Wissen etwa zu den einzelnen Auslandseinsätzen der Truppe ist sehr gering. Nur wenige kennen Konkretes. Zwar genießt die Bundeswehr einen guten Ruf in der Bevölkerung (das war nicht immer so), aber sie interessiert die Menschen offenbar nur am Rande. Auch hier liegt eine wichtige Aufgabe der Sicherheitspolitik, die Öffentlichkeit mit den Notwendigkeiten, Zwängen und auch Grenzen sicherheitspolitischen Handelns stärker vertraut zu machen. Insofern besteht auch eine Art ‚Bringschuld‘ der Verantwortlichen – eine Bringschuld übrigens, die ein angemessenes Maß an Transparenz und auch die Bereitschaft zu kritischem Dialog voraussetzt.

Auch weitere Umfragen zeigen ein mitunter unklares und widersprüchliches Bild, was die sicherheitspolitischen Einstellungen der deutschen Bevölkerung betrifft. So findet etwa die jüngste Reorientierung auf kollektive Verteidigung bisher keine Mehrheit (Varwick/Matlé 2016). Und in einer im Juni 2015 vom US-amerikanischen ‚Pew Research Center‘ veröffentlichten Studie über die öffentliche Haltung zur atlantischen Bündnissolidarität nimmt Deutschland eine besondere Rolle ein: 58 Prozent der Befragten – und damit deutlich mehr als in den acht anderen untersuchten Bündnismitgliedsstaaten – gaben an, die militärische Unterstützung eines Nato-Partners im Falle einer russischen Aggression nicht mittragen zu wollen. Bereits seit Beginn und im weiteren Verlauf der Ukraine-Krise äußerte sich die Mehrheit der deutschen Bevölkerung skeptisch gegenüber einer gesteigerten militärischen Rolle der Nato auf den Territorien ihrer östlichen Mitglieder.

Was bedeuten diese (ausgewählten) Umfrageergebnisse nun für die Sicherheitspolitik? Wenn es stimmt, dass Entscheidungen durch den Zweiklang ‚außenpolitisch machbar‘ und ‚innenpolitisch mehrheitsfähig‘ bestimmt werden, dann haben sich beide Parameter massiv verändert: Außenpolitisch ist die Lage in den vergangenen Jahren nochmals komplexer geworden, und innenpolitisch haben wir es mit einem wachsenden, aber immer noch entwicklungsfähigen Verständnis für eine Rolle als aktiver Multilateralist zu tun. Die ‚Kultur der Zurückhaltung' und die ‚Kultur der Verantwortung' sind in der deutschen Außen- und Sicherheitspolitik in den vergangenen Jahren wohl nicht immer richtig austariert worden. Deutsche Außenpolitik ist also unter Druck, den Gedanken der Mitverantwortung für eine offene internationale Ordnung abstrakt wie konkret mit Inhalt zu füllen – und damit die Öffentlichkeit zu überzeugen. Das ist bisher zumindest bei anspruchsvolleren und risikoreichen Einsätzen der Bundeswehr nicht gelungen.

Vor diesem Hintergrund stellt sich die Frage, wie Deutschland den gestiegenen internationalen Erwartungen hinsichtlich seiner sicherheitspolitischen Rolle gerecht werden kann, wenn die Öffentlichkeit ein Mehr an (militärischer) Verantwortungsübernahme zumindest in einem bestimmten Spektrum (Kampfeinsätze) deutlich ablehnt (s. Kap. 6). Allerdings sollte die öffentliche Meinung, wie bereits oben dargelegt, nicht überbewertet werden: Denn zum einen lässt sie sich nur partiell in Umfragen abbilden und zum anderen darf sie nicht zwingend gleichgesetzt werden mit den Standpunkten der Bundesregierung. Deutschland hat sich insbesondere im Zuge der Revitalisierung der kollektiven Verteidigung mehrfach und eindeutig zu den Bündnisverpflichtungen im Rahmen der Nato bekannt und auch in Afghanistan in eine den Partnern weitgehend vergleichbare Sicherheitsphilosophie hineingefunden. Insofern wagen Regierungen durchaus auch gegen die öffentliche Meinung zu handeln, wenn es die vitalen sicherheitspolitischen Interessen erfordern.

Auf der anderen Seite muss Sicherheitspolitik auf längere Sicht und in den großen Linien weitgehend der Mehrheitsmeinung der Bevölkerung entsprechen, um glaubwürdig und auf Dauer praktikabel zu bleiben. Jedes demokratische Land hat insofern eine spezifische strategische Kultur, getragen letztlich vom Willen der Mehrheit der Bevölkerung. Es bleibt ein Spannungsbogen zwischen Führungsverantwortung der Politik, unpopulären Entscheidungen und Rücksicht auf die innergesellschaftlichen Präferenzen. Ein sachorientierter, kritisch-nüchterner und breiter gesellschaftlicher Diskurs zu sicherheitspolitischen Fragen ist insofern die beste Möglichkeit, Widersprüche abzumildern und zu sachangemessenen wie zustimmungsfähigen Entscheidungen zu kommen. Dies gelingt dann am besten, wenn eine belastbare außen- und sicherheitspolitische Strategie vorhanden und kommuniziert ist. In diesem Sinne könnte etwa – wie 2015 von der sogenannten Rühe-Kommission (Deutscher Bundestag 2005), einstweilen ohne Ergebnis, vorgeschlagen – eine regelmäßige Sicherheitsdebatte im Bundestag initiiert werden, welche die Ziele der deutschen Sicherheitspolitik identifiziert, bestehende Herausforderungen analysiert und entsprechende Mittel und Maßnahmen benennt. Das ist in Deutschland bisher nicht der Fall (s. Kap. 6).

Diskussionsfragen:

- Welche Umstände machen Sicherheitspolitik mit Blick auf die Rolle der öffentlichen Meinung zu einem besonderen Politikfeld?
- Wie lässt sich dem Risiko einer gezielten manipulativen Einflussnahme diverser Akteure auf die öffentliche Meinung in sicherheitspolitischen Fragen begegnen?
- Inwieweit ist die neue sicherheitspolitische Rolle Deutschlands von der Bevölkerung akzeptiert?

3. Treiber der Unsicherheit

3.1 Fragile Staatlichkeit und internationale Ordnung

Die deutschen ‚Verteidigungspolitischen Richtlinien' von 2011 weisen mit großer Klarheit auf ein vergleichsweise neues Phänomen hin: „Die größten Herausforderungen liegen heute weniger in der Stärke anderer Staaten als in deren Schwäche" (BMVg 2011: 8). Auch das jüngste Weißbuch der Bundesregierung von 2016 listet ‚fragile Staatlichkeit und schlechte Regierungsführung' an prominenter Position der Herausforderungen für deutsche Sicherheitspolitik auf (2016: 39). Was verbirgt sich hinter diesem Aspekt, der nun neben oder mitunter sogar vor klassische geopolitische Risiken tritt? Was ist (drohender) Staatszerfall, wie entsteht er, welche Wirkungen übt er auf die deutsche und europäische Sicherheit aus und wie lässt sich diesen begegnen?

Begrifflich fällt es schwer, ‚Staatszerfall' oder ‚Fragilität' eindeutig zu fassen. Zwar bietet die OECD eine grobe, etwas ungelenke Definition an: „Fragility is defined as the combination of exposure to risk and insufficient coping capacity of the state, system and/or communities to manage, absorb or mitigate those risks" (OECD 2016: 16). Empirisch sind die konkreten Ursachen, Ausprägungsformen und spezifischen Wirkfaktoren allerdings höchst verschieden. Staatszerfall gilt als multidimensionaler und multikausaler Prozess, der sich im jeweiligen historischen und kulturellen Kontext höchst unterschiedlich entfaltet. Das Ergebnis läuft jedoch stets darauf hinaus, dass mindestens eines der drei Elemente des Staates – Staatsgebiet, Staatsvolk, Staatsgewalt – fundamental in Frage gestellt ist. Schwache Staaten leiden dabei meist unter einer Erosion der Staatsgewalt als Folge eines Mangels an legitimen Verfahren des Interessenausgleichs zwischen verschiedenen Teilen der Bevölkerung. Und je mehr die Staatsgewalt zerfällt, umso gewaltsamer werden Konflikte in aller Regel ausgetragen, wie etwa im Südsudan sichtbar ist.

Staatsschwäche bis hin zum -zerfall ist flächendeckend verbreitet. Der weltweit bekannteste Index zur Messung der Fragilität von Staaten, der ‚Fragile States Index' des ‚Fund for Peace', unterscheidet auf der Grundlage von zwölf Indikatoren die Fragilitätsneigung von insgesamt 178 Ländern und teilt diese in mehrere Kategorien (Nachhaltig-Stabil-Warnung-Alarm) ein. Dabei kommt der Index 2020 zu dem Ergebnis, dass lediglich ein knappes Drittel aller untersuchten Staaten als stabil oder gar nachhaltig stabil, also derzeit als nicht oder kaum gefährdet gilt. Alle anderen Länder sind hingegen mehr oder weniger der

Kategorie Warnung oder gar Alarm zuzurechnen, bis hin zu den ‚Spitzenreitern' Syrien, Südsudan, Somalia und Jemen.

Auch wenn derartige aggregierte Indizes immer methodisch angreifbar und obendrein Ausdruck eines ‚westlichen Staatsverständnisses' sind, alarmiert dieser Befund durchaus. Denn es geht nicht nur um innere Folgen staatlicher Schwäche, also um isolierte Fragen von menschlicher Sicherheit über ungerechte Ressourcenverteilung bis hin zum innerstaatlichen Bürgerkrieg. Sondern die Realität zeigt, wie sehr gerade in Zeiten der Globalisierung sog. ‚spill-over-Effekte' (Jackson 2016: 201) als nahezu zwangsläufige Folge derartiger Zerfallsprozesse auftreten und diese verstärken. Als für die Sicherheit Europas hochrelevant sind dabei wohl folgende fünf Risiken zu bewerten: 1) das Auslösen von Flucht- und Migrationsbewegungen großen Stils, 2) die Ausbreitung Organisierter Kriminalität, 3) die Etablierung ‚sicherer Häfen' für transnationalen Terrorismus, 4) die Gefahren für die globale Energieversorgung und den freien Handel durch Sabotage oder Piraterie und schließlich 5) die unkontrollierte Verbreitung von Waffen und insbesondere Massenvernichtungstechnologie. Hinzu kommt: Der Staat gilt als zentrale Einheit auch der internationalen Politik – und daher droht durch Staatszerfall eine ihrer wesentlichen Säulen zu erodieren (Masala 2016: 101). Es liegt also im vitalen westlichen und auch globalen Eigeninteresse, Staatszerfall mit geeigneten Mitteln entgegenzutreten. Die zentrale Frage lautet freilich: Was sind geeignete – also realistische und erfolgversprechende – Mittel?

Auf dem Weg zu Antworten bedarf es zunächst eines Verständnisses der Prozesse, die zu Fragilität führen. In den meisten betroffenen Ländern gilt die frühere europäische Kolonialpolitik als zumindest mitursächlich für die heutigen Zerfallserscheinungen. Hirschmann nennt daher „konstruierte Staaten infolge der Kolonialzeit" (2016: 30 f.) als erste von vier übergeordneten Ursachen für Staatsschwäche und -zerfall. Dahinter steht die Erkenntnis, dass das Modell des ‚modernen Nationalstaates' eine europäische Erfindung im Sinne eines ‚Abstraktums' ist, die nach dem Westfälischen Frieden 1648 durch den Imperialismus europäischer Mächte global exportiert wurde. Dies zum einen in der weitgehend berechtigten Überzeugung, dass nur Staaten in der Lage sind, die zur wirtschaftlichen Prosperität erforderlichen Kräfte zu generieren und zugleich im internationalen Konzert eine friedensbewahrende Rolle zu spielen. Zum anderen dann aber auch, um die Welt nach den Vorstellungen der europäischen Mächte zu portionieren und damit die jeweiligen kolonialen Eigeninteressen möglichst effektiv zu bedienen.

Folglich wurden in den Kolonialgebieten neue Staaten quasi auf dem Reißbrett von außen entworfen – dies auch dort, wo Bevölkerungen vordem völlig anderen sozio-gesellschaftlichen Grundideen folgten, also über keinerlei national-staatliche Tradition verfügten. Gefühlte innere Kohäsion oder gar nationales Bewusstsein fehlten meist und ließen sich auch nachträglich kaum entwickeln. Künstliche Grenzziehungen wie etwa in der Levante (Sykes-Picot-Abkommen) oder zwischen Pakistan und Afghanistan (Durand-Linie) trennten kompakte Ethnien. Ganze Völker wie zum Beispiel die der Kurden oder der Tuareg wurden bei der Staatenbildung schlichtweg übergangen. Vor allem in Afrika fassten die Kolonialherren weite Gebiete zu territorialen Verwaltungsstaaten zusammen, die keinerlei nationale Identität aufwiesen und dies auch heute noch nicht tun. Ein drastisches Beispiel für die daraus resultierende kulturelle Heterogenität ist Nigeria mit seinen 400 Sprachen und Ethnien. Wen wundert es, wenn diese Gebilde zu zerbrechen drohen, sobald sie essentielle Grundbedürfnisse der Menschen nicht mehr hinreichend befriedigen? Und wen wundert es obendrein, wenn Dritte diesen Prozess aus diversen (wie etwa fundamental-religiösen) Motiven heraus gezielt zu beschleunigen trachten? Zu einer ,apokalyptischen Trias' (Erdmann 2003) von Staatsversagen über Staatsverfall bis zum Staatszerfall oder einer rasanten Entwicklung von schwachen über gescheiterte bis hin zu kollabierten Staaten (Wolf 2011: 116) und blutigen Bürgerkriegen ist es dann nicht weit.

Die ,Geburtsfehler' einer aus Sicht der Betroffenen oft unfreiwilligen Staatenbildung wirken bis heute nach – dies auch nach den Unabhängigkeitsbewegungen als Folge der Dekolonialisierung oder später des Zusammenbruchs der Sowjetunion, wie die noch lange nicht gelösten Streitigkeiten auf dem Balkan oder die ,eingefrorenen Konflikte' etwa in Osteuropa zeigen. Aber das jeweilige historische Erbe allein verursacht noch nicht die Hoffnungslosigkeit, die vielerorts vorherrscht. Hinzu kommt – neben der Unfähigkeit des internationalen Systems, dem Phänomen Staatszerfall trotz aller Frühwarnsysteme und Präventionsmaßnahmen wirkungsvoll zu begegnen – vielmehr noch ein weiterer Faktor, der sich dem Fortschritt entgegenstellt: Die Sicherheitsstrategien der Eliten in schwachen Staaten, die zu einem „weak-state insecurity dilemma" (Jackson 2016: 205) führen. Nach dieser Beobachtung bewirkt – verkürzt gesagt – die in schwachen Staaten vorherrschende strukturelle Anarchie, dass die herrschenden Eliten nur dann ihre Macht und Sicherheit behaupten zu können glauben, wenn sie alle anderen unter Unsicherheit stellen. Daraus entsteht ein Kreislauf, da jede Unterdrückungsmaßnahme wiederum zu Widerstand führt und damit zusätzlich Chaos und weitere Repression auslöst. Gewalt nährt damit Gewalt, ist damit Ursache und Wirkung zugleich. Im Ergebnis läuft es auf eine Konkurrenzsituation zwischen der kurzfristigen Sorge der jeweils Herrschenden um Stabilität und persönlicher Machterhaltung einerseits sowie dem langfristigen Ziel eines geordneten Staatsaufbaus im gemeinschaftlichen Sinne andererseits hinaus (Jackson 2016: 208). Welches der beiden gegensätzlichen Motive dabei in der Praxis die Oberhand behält, wird in der bitteren Realität an vielen Orten mehr als deutlich. Der Bogen lässt sich noch weiter spannen. Staatszerfall ist oft nicht nur Konsequenz eines internen Missmanagements bzw. verfehlter Stabilisierungsanstrengungen, sondern entspricht immer häufiger auch der gezielten Absicht diverser Akteure, Gruppen oder Eliten, die aus meist ökonomischen Gründen keinerlei Interesse an einem starken, funktionsfähigen Staat haben. Organisierte Kriminalität, korrupte Ressourcenausbeutung oder die Etablierung von Terrornetzwerken gedeihen in einem allgemeinen Zustand der Instabilität am besten. Dort, wo weder Recht herrscht noch Ordnung durchgesetzt wird, wo also ,bad governance' waltet, lassen sich immense private Profite auf Kosten der Allgemeinheit erzielen. Notfalls werden diese Interessen mit Gewalt verfolgt, was den hohen Grad an Privatisierung der Sicherheit in fragilen Staaten erklärt. Es handelt sich also um eine diffuse Gesamtlage, in der eine scharfe Trennung zwischen staatlich und nicht-staatlich, zwischen öffentlich und privat, zwischen außen und innen, zwischen Krieg und Frieden oftmals nicht mehr möglich ist. Die Folge ist das, was Münkler als eine Ökonomie der Gewalt in den neuen Kriegen (Münkler 2002) beschreibt und was sich bezeichnenderweise vor allem in den Regionen zeigt, die über einen hohen Reichtum an natürlichen Ressourcen verfügen. Man könnte meinen, dort bestünden besonders vorteilhafte Bedingungen für allgemeine Prosperität und Legitimation der Staatsgewalt. Empirisch lässt sich aber oft das Gegenteil nachweisen (so etwa im Irak, Libyen, Sudan, Aserbaidschan oder Venezuela) – weshalb manche Autoren nicht zu Unrecht von einem ,Ressourcenfluch' sprechen (z. B. Tuschhoff 2015: 151).

Aus diesen Befunden lässt sich folgendes Zwischenfazit ableiten: Die Ursachen schwacher Staatlichkeit sind sehr oft in von außen induzierten geschichtlichen Entwicklungen angelegt. Dennoch haben auch in diesen Fällen viele Staaten es infolge interner Fehlentwicklungen nicht geschafft, sich von ihrem Erbe zu befreien. Entscheidend bleibt daher eine systemimmanente Unfähigkeit, die Grundbedürfnisse der Bevölkerung nach Sicherheit, Frieden, persönlichen Freiheitsrechten und angemessenem Wohlstand zu befriedigen. Fragilität kommt heute also zu einem nicht unwesentlichen Teil von innen. Allerdings – und daraus erwächst ihre internationale Relevanz – strahlen die Folgen zerfallender oder bereits zerfallener Staaten früher oder später wiederum nach außen aus. Diese Wirkungen wurden bereits oben beschrieben. Sie haben nicht selten das Potenzial, ganze Regionen zu destabilisieren oder gar die internationale Ordnung zu zersetzen.

Was kann die ‚Völkergemeinschaft' tun, um den offenbar grassierenden Trend zu Staatszerfall und Bürgerkriegen in vielen Regionen zumindest einzudämmen und den gravierendsten Auswüchsen wirkungsvoll zu begegnen? Eines der Haupthindernisse stellt – das mag in diesem Zusammenhang merkwürdig klingen – das internationale Recht dar. Zu den Grundprinzipien der zwischenstaatlichen Beziehungen gehört – neben dem Gewaltverbot – das „Interventionsverbot als Konkretisierung des Grundsatzes der souveränen Staatengleichheit" (Hobe 2008: 365). Damit steht das klassische Völkerrecht vor allem auf zwei Säulen: 1) der Anerkennung der inneren und äußeren Souveränität von Staaten und damit 2) dem Verbot der Einmischung von außen in die inneren Angelegenheiten dieser Staaten. Diese Grundsätze, die nicht zuletzt auf den Erfahrungen der beiden Weltkriege des vergangenen Jhd.s fußen, begrenzen eine legale internationale Handlungsfähigkeit. Das internationale Recht lässt sich daher als Recht interpretieren, das den Besitzstand und die Besitzenden schützt – in diesem Falle auch die jeweiligen Machthaber schwacher Staaten, selbst wenn sie ihren Verpflichtungen gegenüber ihren Bürgern nicht oder nur teilweise nachkommen. Das mag im Einzelfall frustrieren, aber die strikten Interventionsschranken gewährleisten andererseits auch einen gewissen Schutz vor Instabilität, Willkür oder gar Missbrauch im internationalen Raum.

Dennoch ist die ‚Völkergemeinschaft' nicht völlig handlungsunfähig. Seit dem Epochenbruch 1989/90 hat auf der Grundlage des Konzepts der ‚menschlichen Sicherheit' ein rechtlicher und moralischer Normenwandel eingesetzt. Bereits mit dem somalischen Bürgerkrieg 1992, aber spätestens nach dem Genozid von Ruanda 1994 begann eine Debatte, ob und wie in extremen Fällen – z.B. Völkermord, Verbrechen gegen die Menschlichkeit, ethnische Säuberungen – auch von dem oben genannten Nichteinmischungsgebot abgewichen werden darf. Man glaubt nun ein Konstrukt zum Eingreifen von außen gefunden zu haben – und zwar unter dem Begriff einer internationalen Schutzverpflichtung (‚responsibility to protect' – R2P). Diesen – noch keineswegs allgemein anerkannten – Ansatz kennzeichnen vier Merkmale (Fröhlich 2015: 438 f.):

- Neben die nationale Verantwortung zum Schutz der betroffenen Menschen tritt die internationale, wenn der Staat seine Verpflichtung nicht erfüllt.
- Diese internationale Verantwortung zielt nicht nur auf Reaktion, sondern insbesondere auch auf Prävention und ggf. Wiederaufbau.
- Das Schwellenkriterium – also die notwendige Voraussetzung für die Aktivierung der Schutzverantwortung – ist allgemein der ‚Verlust von Menschenleben in großem Maßstab'.

- Als Vorsorgeprinzipien gegen Missbrauch gelten unter anderem die rechte Absicht des Eingreifens, die Ausschöpfung aller nicht-militärischen Maßnahmen und die Verhältnismäßigkeit.

Das klingt alles sehr vernünftig. In der Praxis gibt es allerdings auch Stolpersteine. Einer der größten ist die Frage, welche Instanz ein Eingreifen legitimieren darf (im Grundsatz der Sicherheitsrat der VN – aber was passiert, wenn er wegen eines Vetos handlungsunfähig ist, siehe Kosovo 1999?) und wie im Einzelfall ein Missbrauch verhindert werden kann (Intervention unter dem Deckmantel R2P, aber mit weiterreichenden geopolitischen Eigeninteressen der Eingriffsmächte – siehe etwa das hybride Eingreifen Russlands auf der Krim 2014, das insbesondere mit dem Schutz der dortigen Bevölkerung gerechtfertigt wurde). Von daher lässt sich zumindest festhalten: Ein robustes internationales Eingreifen in Fällen zerfallender oder zerfallener Staaten ist nach wie vor an strenge Bedingungen gebunden und überdies in Theorie wie Praxis hoch umstritten. Letztlich bedarf es dazu eines besonderen Interesses mindestens einer der Veto-Mächte im Sicherheitsrat der VN und einer offenen oder stillschweigenden Duldung aller anderen. Das wiederum stößt häufig an Grenzen in einer Welt, die immer noch von globaler Projektion einiger Großmächte geprägt ist.

Damit ergibt sich die Frage, ob und mit welchen Mitteln ein robustes Eingreifen zumindest in den Fällen erfolgen sollte, in denen von einem fragilen Staat eine konkrete und erhebliche Gefahr für die internationale Staatengemeinschaft oder auch für die eigene Sicherheit ausgeht. Grundsätzlich eröffnen sich drei Handlungsoptionen:

- Option 1 (,direkter Ansatz'): eine Art ,humanitärer Intervention' von außen mit dem Ziel, Recht und Ordnung mit militärischer Gewalt zu erzwingen (Beispiele u.a.: Afghanistan, Irak, Libyen). Freilich bleiben dabei einige gewichtige Fragen offen: Ist das, was nach der Intervention folgt, besser als die Ausgangslage? Liegt immer ein schlüssiger Folgeplan vor? Besteht die Bereitschaft zu den meist immensen Folgeinvestitionen (Geld und Personal) über lange Zeit? Akzeptiert man immer die alte Porzellangeschäft-Regel (,You break it, you own it')?

- Option 2 (,indirekter Ansatz'): die Unterstützung der ,good guys' mit Geld, Waffen und/oder Ausbildungsmaßnahmen – was gern mit ,Hilfe zur Selbsthilfe' oder ,Ertüchtigungsinitiative' etikettiert wird. Aber auch hier bleibt oft unklar, ob die gegebene Unterstützung nicht eines fernen Tages für Zwecke missbraucht wird, die mit unseren sicherheitspolitischen Interessen in Konflikt stehen. Mit der deutschen militärischen Hilfe für die irakischen Kurden und deren längerfristigen Agenda eines eigenen Kurdenstaates (der allerdings den heftigen Widerstand anderer Mächte – vornehmlich des Nato-Partners Türkei – auslösen würde) etwa ist dieses Risiko verbunden, was der Bundesregierung von Anfang an sehr wohl bewusst war.

- Option 3 (‚Verweigerungsansatz‘): gar nichts tun und die betroffenen Länder oder Regionen einfach ihrem Schicksal überlassen. Das allerdings kommt einer doppelten Bankrotterklärung – moralisch und hinsichtlich des eigenen Gestaltungsanspruchs – gleich und erhöht zudem die immensen Risiken der Ausbreitung des internationalen Terrorismus und des Auslösens großer Fluchtbewegungen. In der Zeit der Globalisierung ist ein Abschotten von solchen Folgen illusorisch. Was es bedeuten kann, Staaten zu ‚vergessen‘, ist seit dem Ende der VN-Mission in Somalia 1995 bekannt.

Keine der drei Optionen überzeugt also wirklich. Alle wurden bereits ausprobiert, und dies mit mäßigem bis deprimierendem Ergebnis. Im Nachgang lassen sich – je nach Perspektive – sehr unterschiedliche Urteile über die praktischen Erfahrungen fällen: Wir waren zu rigide oder zu ängstlich oder zu halbherzig oder zu blauäugig oder zu konzeptlos oder zu ungeduldig, und so weiter. Handeln erweist sich oft als ebenso nachteilig wie Nicht-Handeln, wie die Fälle Libyen und Syrien aufzeigen. Mitunter läuft es auf die resignative Einsicht hinaus, Diktatoren als das ‚kleinere Übel‘ zähneknirschend akzeptieren zu müssen. Eine echte Erfolgsgeschichte oder ein Patentrezept für das Durchsetzen von staatlicher Stabilität und Good Governance gibt es bisher jedenfalls nicht.

Diskussionsfragen:

- Inwieweit wirkt das Erbe des Kolonialismus in der Entwicklung schwacher Staaten auch heute noch nach?
- Sind die Konzepte menschliche Sicherheit und insbesondere die internationale Schutzverantwortung (R2P) geeignet, die Folgen des Staatszerfalls zu begrenzen?
- Nach welchen Kriterien sollte entschieden werden, ob und wie auf fragile Staatlichkeit Einfluss genommen wird?

3.2 Auseinandersetzungen um Ressourcen

Menschen benötigen Ressourcen – verstanden als von der Natur bereitgestellte und/oder verarbeitete Stoffe und Elemente – zum Leben und Überleben. Diese können anorganisch (z.B. Mineralien, Wasser) oder organisch (z.B. Rohöl, Gas) sowie erneuer- oder nicht-erneuerbar sein. In den vergangenen Jahren ist insbesondere die Nachfrage nach energetischen und metallischen Ressourcen angestiegen, nicht zuletzt durch den zunehmenden Verbrauch in Schwellen- und Entwicklungsländern. Eine Verknappung von Ressourcen ist grundsätzlich, wenngleich nicht zwingend konfliktfördernd. Zunächst ist zwischen absoluter und relativer Knappheit zu unterscheiden, wobei entscheidend ist, ob und wie ein Gleichgewicht zwischen Angebot und Nachfrage hergestellt werden kann. Unter ‚absoluter Knappheit' wird meist die aus der Endlichkeit eines Rohstoffes resultierende Erschöpfung der Vorkommen verstanden, ‚relative Knappheit' bedeutet hingegen Engpässe, die sich durch veränderte Preise, Förderkapazitäten, verbesserte Transportinfrastruktur etc. beheben lassen. In jedem Fall sind Länder wie Deutschland extrem rohstoffabhängig und auf entsprechende Importe zwingend angewiesen. So importiert Deutschland jährlich Energie- und Metallrohstoffe im Wert von über 100 Mrd. EUR.

Hinsichtlich des Zusammenhangs von Ressourcen und Konflikten lassen sich drei Grundmuster unterscheiden:

- So können Ressourcen zum ersten ein unmittelbarer und direkter Konfliktgrund sein, wenn es um den Zugang zu oder die Verteilung von knappen und zugleich lebenswichtigen Gütern wie Rohstoffen geht. Eine exemplarische Ursache für machtpolitische Auseinandersetzungen ist die Entdeckung neuer Vorkommen in Gebieten, die von unterschiedlichen Staaten beansprucht werden – etwa in der Arktis oder im Ostchinesischen Meer.

- Zum zweiten können Erlöse aus dem Verkauf teurer Ressourcen in instabilen Regionen (wie etwa im zerfallenden Libyen oder im zeitweise vom sogenannten ‚Islamischen Staat' errichteten Kalifat in Syrien/Irak) für die Finanzierung und damit den Fortgang bewaffneter Konflikte eingesetzt werden.

- Und drittens kann auch Ressourcenreichtum konfliktverschärfend sein, insbesondere bei stark schwankenden Weltmarktpreisen für Rohstoffe. Besonders anfällig sind Staaten, die einseitig auf Ressourceneinnahmen setzen und in denen die davon profitierende politische Elite keine nachhaltigen politischen und ökonomischen Strukturen aufbauen will oder kann (der sogenannte Ressourcenfluch in ‚Rentierstaaten').

Würde man den derzeitigen globalen Ressourcenverbrauch in die Zukunft projizieren und dabei einerseits den prognostizierten Zuwachs der Weltbevölkerung von derzeit 7,8 auf einen Wert zwischen 8,7 und 10,8 Mrd. bis 2050 berücksichtigen und andererseits den heutigen Verbrauch der Menschen in den Industrienationen zugrunde legen, wäre die Grenze der Belastungsfähigkeit des Planeten Erde weit überschritten. Der ‚Weltressourcenrat' (UNEP 2017) geht davon aus, dass – wenn sich die gegenwärtigen Trends fortsetzen – der globale Ressourcenverbrauch sich bis 2050 mehr als verdoppeln wird. Gleiches gilt Schätzungen zufolge für den weltweiten Energiebedarf in den kommenden Jahrzehnten. Eine solche Berechnung ließe sich für fast alle relevanten Kennziffern wie Industrieproduktion, Mobilitätsgrad, Konsumstandards etc. aufstellen. Damit verbunden sind extrem negative Effekte auf die Ökosysteme und absehbar auch erhebliche Auseinandersetzungen um Zugang und Nutzung von Ressourcen. Daraus ergibt sich zweierlei:

- Erstens ist das ,westliche Wohlstandsmodell' zumindest unter den derzeitigen Gegebenheiten (also ,ceteris paribus') auf Dauer nicht globalisierungstauglich. Beispielsweise tragen die Industrieländer – die rd. 25 Prozent der Weltbevölkerung ausmachen – beim Kohlendioxidausstoß (der stark mit der Wirtschaftsleistung eines Landes korreliert und als Hauptverursacher der globalen Klimaveränderung gilt) rd. 60 Prozent zu den weltweiten Emissionen bei. So stoßen Indien – mit stark steigender Tendenz – pro Jahr und Kopf 1.8 und Brasilien 2.5 Tonnen Kohlendioxid aus, während die USA 16.5, Deutschland 9.3 und China 7.6 verantworten. Allerdings sind die Steigerungsraten der Schwellen- und Entwicklungsländer erheblich. Würden Indien und China mit jeweils mehr als einer Milliarde Einwohnern den Pro-Kopf-Ausstoß der USA oder auch ,nur' Deutschlands erreichen, kollabierte das Weltklima unwiderruflich (s. Kap. 3.5).
- Zweitens sind Konflikte, Auseinandersetzungen und unter bestimmten Umständen auch Kriege um den Zugriff auf begrenzte Rohstoffe wahrscheinlich. So argumentierte das Umweltprogramm der VN bereits 2009, dass es in den nächsten Dekaden ein signifikantes Potenzial für die Verschärfung von Konflikten um natürliche Ressourcen gebe (UNEP 2009).

Es lassen sich verschiedene Konfliktformationen unterscheiden, mit denen Auseinandersetzungen um Ressourcen klassifiziert werden können (Denninghoff 2015: 23f):

- internationale Konflikte zwischen rivalisierenden Nachfrageländern von Ressourcen, etwa bei strategischen Rohstoffen wie Öl oder Gas;
- internationale Konflikte zwischen Nachfrage- und Lieferländern, etwa das machtbewusste Auftreten von Energiegroßmächten wie Russland, Iran oder Saudi-Arabien;
- internationale Konflikte zwischen Lieferländern von Rohstoffen, etwa um den Zugang zu Rohstoffvorkommen in Grenzgebieten;
- interne Konflikte in Lieferländern, wie etwa in Angola, Nigeria, Libyen, Südsudan oder generell in vielen Staaten Zentralafrikas um Kontrolle und Ausbeutung von Ressourcen;

- Konflikte mit Ressourcentransitländern, etwa am Beispiel des Gasstreites zwischen Russland und der Ukraine oder der iranischen Drohung der Sperrung der Straße von Hormus.

Eine besondere Brisanz hat der Zugang zu Energie, der für moderne Volkswirtschaften von vitalem Interesse ist. Seitdem Fragen der Energiepolitik in ihren verschiedenen Facetten (Versorgungssicherheit, Umweltaspekte, Wirtschaftlichkeit) in das Zentrum politischer Aufmerksamkeit gerückt sind, kann auch eine ‚Versicherheitlichung' (s. Kap. 1.2) des energiepolitischen Diskurses konstatiert werden. Die Zeiten, in denen Rohstoffe wie Öl und Gas nur als ökonomische Güter betrachtet wurden, sind vorbei. Heute wird Energiepolitik auch als Teil der Außen- und Sicherheitspolitik verstanden und vermehrt unter einem strategischen Blickwinkel gesehen. Die Stichworte hierfür sind vielschichtig: politische Instabilität in zahlreichen Förderregionen fossiler Energieträger, Sicherheitsrisiken durch eine Verschiebung bzw. Verknappung der globalen Energieträgerströme aufgrund rasanter Nachfragesteigerungen u. a. in China und Indien, gezielte Störung der Energieversorgung, Rohstoffe als strategische Waffen von Autokratien, antiwestliche Energieallianzen (etwa zwischen Venezuela und Iran), Energieversorgung im Visier des internationalen Terrorismus oder globale Umweltprobleme durch den Verbrauch fossiler Energieträger. Besondere Bedeutung beim Transport von Rohöl haben die Seewege. Etwa zwei Drittel des weltweiten Öltransports werden durch Tanker über See abgewickelt. Den Straßen von Hormus (zwischen Oman und Iran) und von Malakka (zwischen Malaysia und Indonesien) kommt dabei neben dem Panama- und dem Suez-Kanal besondere Bedeutung zu. In allen genannten Fällen könnten terroristische Anschläge oder anderweitige, zur Unpassierbarkeit der Seestraßen führende Konflikte erhebliche Auswirkungen auf die Energieversorgung haben. Pipelines, über die fast 40 Prozent des Transportes laufen, sind nicht weniger anfällig.

Um diesen oder anderen Risiken zu begegnen, bedarf es in Ländern wie Deutschland, die hochempfindlich gegenüber Engpässen sind, einer gut durchdachten Energieversorgungsstrategie. Einer der Schlüssel – neben dem Versuch, generell durch forcierte Energieeinsparung z. B. mittels moderner Technologien den eigenen Bedarf zu senken – stellt dabei das Gebot einer ausgewogenen Diversifizierung dar. Es bezieht sich auf Energiequellen (z. B. Öl, Gas), Energielieferanten (z. B. Russland, Norwegen) oder Transitoptionen (z. B. per Pipeline oder Flüssiggas) und zielt generell auf einen Abbau der eigenen Abhängigkeiten von externen Faktoren.

Ein weiterer klassischer Ressourcenkonflikt ist der um das in etlichen Regionen dieser Erde knappe (Trink-)Wasser, wobei durchaus umstritten ist, ob oder inwieweit Wassermangel eine Kriegswahrscheinlichkeit erhöht. Insbesondere in den Zuflussgebieten von Nil, Tigris, Euphrat und Jordan treten Probleme hinsichtlich der Aufteilung der Wasserressourcen zwischen verschiedenen Ländern auf. Auch der Bau von Staudämmen oder der Hochwasserschutz mit grenzüberschreitender Wirkung können Treiber für Konflikte sein. Darüber hinaus sind Themen wie Mineralrohstoffe (u. a. Kupfer, Kobalt, Platin) und seltene Erden (Coltan oder Neodym) – die für die Herstellung technologisch anspruchsvoller Produkte unerlässlich sind – ein wichtiger Aspekt der internationalen Rohstoffpolitik und damit auch der Frage, welche Rolle der Zugang zu strategisch wichtigen Ressourcen künftig spielen wird. Es ist auch hier eine offene Entscheidung, ob mit eher wirtschafts- oder letztlich auch sicherheitspolitischem Blick an diese Themen herangegangen werden soll.

Insgesamt lassen sich zwei Schlussfolgerungen ableiten:

- Erstens bleibt es notwendig, eine energie- und rohstoffpolitische Revolution in Gang zu setzen, bei der Energie- und Ressourcenpolitik im Sinne eines erweiterten Sicherheitsbegriffes so umgesteuert werden, dass Investitionen in Energiespartechnologien/erneuerbare Energien und nachhaltige Ressourcenpolitik als strategische Investitionen zur Vermeidung einer gewaltsamen Konfliktformation betrachtet werden.

- Zweitens sollten auch aus sicherheitspolitischen Gründen internationale Gremien geschaffen oder gestärkt werden, in denen nicht exklusiv als ‚westlicher Club' über Fragen der Energie- und Ressourcensicherheit beraten wird und dabei der Eindruck erweckt wird, der ‚Westen' wolle seinen Bedarf an Rohstoffen und Energie notfalls mit militärischer Gewalt decken und sein nicht globalisierungstaugliches Wohlstandsmodell konfrontativ sichern.

Diskussionsfragen:

- Welche Ressourcen werden in absehbarer Zukunft die Haupttreiber für Konflikte sein?
- Was bedeutet globale Gerechtigkeit beim Zugang zu bzw. beim Verbrauch von knappen Ressourcen?
- Sind in Zukunft Rohstoffkriege wahrscheinlich und wie lassen sie sich verhindern?

3.3 Grenzüberschreitender Terrorismus

Der Begriff Terrorismus leitet sich vom lateinischen Wort ‚terror' ab, was sich als ‚Furcht' oder ‚Schrecken' übersetzen lässt. Versteht man Terrorismus als eine systematisch geplante Gewaltanwendung mit politischer Zielsetzung, um das Verhalten eines Gegners zu beeinflussen, dann dürfte es dieses Phänomen seit Urzeiten geben (Combs 2018). Dennoch lässt sich die These begründen, Terror und Terrorismus hätten in Zeiten der Globalisierung eine neue Dimension erreicht – zumindest im internationalen Kontext.

Das Spektrum der Mittel des Terrorismus ist breit und quasi unbegrenzt, bis hin zu Mordanschlägen auf Einzelpersonen bzw. Gruppen mit Messern, Schusswaffen, Sprengstoff, Biostoffen, Flugzeugen oder Angriffen auf infrastrukturelle Einrichtungen im öffentlichen Leben. Das Kalkül der Terroristen richtet sich dabei weniger auf die – oft zufällig – betroffenen Opfer oder Schäden. Im Fokus steht für sie vielmehr die psychologische Wirkung auf eine breitere Öffentlichkeit oder gar auf Regierungen, weshalb sie sich auch konsequenterweise freimütig zu ihrer Tat bekennen (sofern es sich nicht um Trittbrettfahrer handelt). Erst damit dienen die Anschläge den jeweiligen politischen oder ideologischen Zielen der Terroristen – so diffus diese auch im Einzelfall wirken mögen. Zugleich wählen sie ihre Mittel, weil ihnen die klassischen Wege der Durchsetzung ihrer Ziele mit Gewalt – etwa mithilfe von Polizei oder Streitkräften – in der Regel verbaut sind. Terrorismus bedient sich damit auf extreme Art eines indirekten, asymmetrisch angelegten Ansatzes der Machtprojektion. Je undenkbarer und überraschender eine terroristische Aktion erscheint und je mehr sie dabei den Lebensalltag der Menschen berührt, desto eher erfüllt sie ihren fatalen Zweck.

Eine verbindliche Definition dessen, was genau unter Terrorismus zu verstehen ist, konnte in der internationalen Politik bislang nicht erzielt werden. Der Begriff ist außerordentlich dehnbar und wird je nach politischer Interessenlage sehr unterschiedlich unterlegt. In der Praxis finden sich sowohl Beschwichtigungen oder Verschleierungen als auch ein inflationärer Missbrauch des Etiketts ‚Terrorist'. So verhindert eine Reihe von Staaten, die bestimmte Befreiungsbewegungen als angeblich legitimen Kampf um Selbstbestimmung unterstützen, eine Festlegung auf eine verbindliche Terrorismuskonvention in diesem Sinne. Auf der anderen Seite benutzen insbesondere autokratische Regierungen gern die Bezeichnung ‚Terrorismus' als Kampfbegriff, um ihre Gegner zu diskreditieren und ein rigides staatliches Vorgehen zu legitimieren. Unter anderem scheint auch die Türkei sich auf diesem Weg zu befinden. Am ehesten allgemein akzeptiert sind Vorschläge, die in erster Linie die Wahl der Mittel verurteilen und nach denen Terrorismus jede Handlung ist, die den Tod oder eine schwere Körperverletzung von Zivilisten herbeiführen soll, wenn diese Handlung aufgrund ihres Wesens oder der Umstände darauf abzielt, die Bevölkerung einzuschüchtern oder die Regierung zu einem Tun oder Unterlassen zu nötigen. Aber auch das ist eben noch nicht geltendes Völkerrecht.

Es gibt verschiedene Forschungsinstitute, die versuchen, so systematisch wie möglich empirische Befunde und Trends beim Thema internationaler Terrorismus herauszuarbeiten. Zu den wichtigen Datensätzen gehört die ‚Global Terrorism Database' (GTD), die seit 1970 weltweite Terroranschläge zählt und bewertet (Institute for Economics and Peace 2020). In Deutschland erscheint seit 2006 das Jahrbuch Terrorismus' (Hansen/Krause 2016), das sich ebenfalls um die systematische Erfassung und analytische Einordnung terroristischer Anschläge bemüht. Nach GTD-Angaben gab es von 1970 bis 2016 in den 35 OECD-Staaten rd. 10.000 Tote bei Terroranschlägen, fast 60 Prozent davon nach dem Jahr 2000. Seit 2014 haben in 18 OECD-Staaten Anschläge stattgefunden, die dem sogenannten ‚Islamischen Staat' zugerechnet werden; alleine von 2010 bis 2016 sind 56 Anschläge aufgeführt, darunter die Attentate von Paris im November 2015 mit 130 Todesopfern. Im Jahr 2016 waren bei Terroranschlägen u. a. in Barcelona, London, Manchester, Paris, Stockholm und Turku mit 265 Toten so viele Opfer wie seit 14 Jahren nicht zu verzeichnen. Allerdings fand 2016 weltweit lediglich ein Prozent der Anschläge in den OECD-Staaten statt – also 99 Prozent in anderen Regionen. Die Wahrscheinlichkeit, in westlichen Staaten Opfer eines Terroranschlages zu werden, ist gegenwärtig mithin äußerst gering – was zwar der Empirie deutlich entspricht, aber natürlich nicht so bleiben muss.

Ein Blick auf das weltweite Terrorgeschehen zeigt deutlich, dass bisher die Hauptbetroffenen des Terrorismus die nicht-westlichen Staaten sind, auch wenn sich im Zeitverlauf starke Schwankungen sowohl bei den Anschlagszahlen als auch bei der Zahl der Todesopfer zeigen. Im Jahr 2016 haben nach Angaben der GTD in 106 Staaten Terroranschläge stattgefunden, bei denen insgesamt 25.673 Tote gezählt wurden. 96 Prozent davon fanden in Ländern mit anhaltenden Konflikten, meistens im Nahen Osten und Nordafrika, sowie in Südasien statt. Die zehn am stärksten betroffenen einzelnen Staaten waren Afghanistan, Irak, Nigeria, Syrien, Somalia, Jemen, Pakistan, Indien, Demokratische Republik Kongo und Philippinen. Alleine in Afghanistan sind seit 2001 mehr als 39.000, im Irak 66.000, in Nigeria 22.000, in Syrien 10.000, in Somalia 7.000 Menschen durch Terroranschläge getötet worden. Der bisherige Höchstpunkt bei den Kategorien Anschlagszahlen und Zahl der Todesopfer war das Jahr 2014 mit weltweit über 30.000 Toten (zum Vergleich: 1980 lag die jährliche Zahl bei etwa 2.000, 1995 bei etwa 5.000, 2010 bei etwa 7000). Allerdings ist seither die Zahl der Toten durch Terrorismus bereits das fünfte Jahr in Folge und insgesamt um knapp 60 Prozent zurückgegangen.

Spätestens mit den Anschlägen mit von Terroristen entführten Flugzeugen auf das World Trade Center und das Pentagon in den USA vom 11. September

2001 wurde das Phänomen ‚Terrorismus‘ zu einem der bestimmenden Themen der westlichen Sicherheitspolitik – und hat diese erheblich verändert. Dies bezieht sich zum einen auf die Aufwertung der Kategorie Gefahrenabwehr und damit zugleich auf einen potenziellen Abbau von Freiheitsrechten – mit einer intensiven gesellschaftlichen Diskussion über das Verhältnis von ‚Freiheit und Sicherheit‘. Zum anderen wurden auch militärische Auslandseinsätze, etwa in Folge des 11. Septembers 2001 in Afghanistan, vor allem damit begründet, die durch internationalen Terrorismus neu entstandenen Gefahren ‚auf Distanz halten zu wollen‘. Auch das ‚Weißbuch der Bundesregierung zur Sicherheitspolitik und zur Zukunft der Bundeswehr‘ (2016) platziert den transnationalen Terrorismus an erster Stelle der Herausforderungen für die deutsche Sicherheitspolitik. Terroristische Anschläge stellten „die unmittelbarste Herausforderung für unsere Sicherheit dar" (34).

Die Terroranschläge vom 11. September 2001, bei denen etwa 3000 Menschen aus rd. 60 Nationen ihr Leben verloren, sind in doppelter Hinsicht in die Geschichte der internationalen Politik eingegangen:

• Die Intensität der Zerstörung und das Ausmaß des Schadens symbolisierten die Globalisierung des Terrorismus ebenso wie die Neuartigkeit der Mittel. Sichtbar wurde, dass die Verletzbarkeit moderner Gesellschaften durch Terrororganisationen bewusst anvisiert wurde und die Schäden der Anschläge kriegsfolgenartige Dimensionen annehmen können. Die innere Vernetzung, hohe Technisierung und damit Verwundbarkeit offener Gesellschaften hat die Erfolgsaussichten des internationalen Terrorismus verbessert und wird entsprechend gezielt genutzt; die Globalisierung hat damit den Spielraum für asymmetrische Gewalt vergrößert und zugleich die Grenzen zwischen innerer und äußerer Sicherheit aufgeweicht.

• Zudem lässt sich im Zuge dessen die berechtigte Frage stellen, ob und inwieweit die Grundgedanken der klassischen Abschreckung mit ihrer Annahme eines für alle Seiten nachvollziehbaren Risikokalküls noch Gültigkeit besitzen und ob folglich die etablierten sicherheitspolitischen Strategien grundlegend neu bewertet werden müssen. Nach vollkommen anderen Rationalitäten handelnde Akteure wie fanatisierte Terrorgruppen kalkulieren ihre eigene Vernichtung mit ein, wenn sie diese nicht sogar planmäßig anstreben. Die Attentäter legen nicht mehr einen Großteil ihrer kriminellen Energie auf die Flucht und die Verschleierung der Täterschaft, sondern konzentrieren sich auf die Durchführung der Tat selbst, meist ohne Rücksicht auf ihr eigenes Leben. Für klassische sicherheitspolitische Strategien bedeutet dies eine völlig neue Ausgangslage, da nun fundamental unterschiedliche Primärziele (Schutz der eigenen Seite vs. Vernichtung der anderen Seite) vorliegen und man nicht mehr vom eigenen auf das Kalkül des anderen schließen kann. Seit Ende der 1960er Jahre mit der Entführung eines israelischen Flugzeugs durch die ‚palästinensische Volksfront‘ – und noch sichtbarer nach den Anschlägen bei den Olympischen Spielen 1972 in München – der Terrorismus zu einem Thema der internationalen Politik wurde, kann zwischen ‚internationalem‘ und ‚transnationalem Terrorismus‘ unterschieden werden. Während bei ersterem grenzüberschreitend fremde wie eigene Staatsbürger als Ziel anvisiert werden, vernetzen sich beim transnationalen Terrorismus die terroristischen Gruppen länderübergreifend und setzen sich in der Regel aus Angehörigen verschiedener Nationalitäten zusammen. Zudem verfügen sie in der Regel über eigene Finanzquellen, wobei der Übergang zu organisierter Kriminalität fließend ist.

Bei den Begründungen für Terrorismus sind im Wesentlichen zwei Stränge zu unterscheiden, und in dieses Spektrum lassen sich nahezu alle internationalen Terrorgruppen einordnen (Hirschmann 2015: 228):

- Beim ‚säkularen bzw. ethnonationalen Terrorismus‘ geht es um separatistische Bestrebungen bzw. die gewaltsame Forderung nach einem eigenen Staat (Beispiele sind etwa die baskische ETA, die irische IRA oder die kurdische PKK).
- Beim ‚ideologisch-weltanschaulichen Terrorismus‘ geht es um die gewaltsame Durchsetzung einer politischen, fundamental-religiösen oder gesellschaftlichen Ideologie, er ist also z.B. sozialrevolutionär oder letztlich religiös-ideologisch inspiriert.

Seit den 1960er Jahren ist der Nahostkonflikt ein traditioneller Treiber für terroristische Aktivitäten, sei es aktuell durch die libanesische Hisbollah oder die palästinensische Hamas, die beide u.a. seit dem Sturz des Schah-Regimes vom Iran unterstützt werden und die für zahlreiche Anschläge in verschiedenen Ländern verantwortlich sind. Seit den frühen 1980er Jahren ist insbesondere der sogenannte ‚islamistische Terrorismus‘ zu einer der zentralen sicherheitspolitischen Herausforderungen geworden. Islamismus ist dabei ein Sammelbegriff für unterschiedliche Ideologien bis hin zum salafistischen Jihadismus, die sich auf eine bestimmte Auslegung des Islam (eine Religion, die auf eine 1400-jährige Tradition zurückblickt) stützen – bei Lichte betrachtet diesen jedoch massiv instrumentalisieren und missbrauchen. Und doch ist der islamistische Fundamentalismus nur eine von vielen möglichen Interpretationen des Islam, die keineswegs von der Mehrheit der Muslime geteilt wird.

Einer der Ausgangspunkte dieser Art von Terrorismus war der Afghanistankrieg 1979, als islamistisch motivierte Terroristen (die nach anderer Lesart zunächst Freiheitskämpfer gewesen sein mögen) aus der arabischen Welt und Südasien gegen die damalige sowjetische Besatzung kämpften, im Übrigen mit Unterstützung Pakistans, Saudi-Arabiens und den USA. In der Folge gründete sich unter der Führung des saudischen Staatsangehörigen Osama Bin Laden in Afghanistan die ,Al-Qaida', die sich unter finanzieller Hilfe einiger Golfstaaten regional vernetzte und eine ganze Reihe an Anschlägen in Südasien, der arabischen Welt und Europa verantwortete. Infolge der Anschläge vom 11. September 2001 und des daraufhin erfolgten Sturzes des Taliban-Regimes in Afghanistan hatte die ,Al-Qaida' ihr Rückzugsgebiet verloren, und 2011 wurde Bin Laden im Rahmen einer US-amerikanischen Kommandoaktion getötet. Aus anderen Gründen brachen infolge des ,Arabischen Frühlings' ab 2011 u.a. die Regime in Tunesien, Ägypten und Libyen zusammen. Auch Staatsauflösungsprozesse infolge der US-geführten Intervention im Irak mitsamt des Sturzes des irakischen Regimes ab 2003 – im Übrigen in fahrlässiger Weise ohne zugleich einen nachhaltigen Staatsaufbau zu betreiben – und der ab 2012 begonnene Bürgerkrieg in Syrien begünstigten dann den Aufstieg einer neuen Art von islamistischer Terrororganisation: des sogenannten ,Islamischen Staates im Irak und Syrien' (ISIS) mit einem eigenen territorialen und staatlichen Anspruch – was eine neue Dimension terroristischer Zielsetzung bedeutete. Unter der Führung von Abu Bakr al-Baghdadi eroberte ISIS ab Sommer 2014 große Teile Nord- und Ostsyriens und rief den ,Islamischen Staat' (IS) aus. Schattierungen davon sind etwa ,Boko Haram' im Grenzraum Nigeria, Kamerun, Tschad, die ,Al-Shabaab' in Somalia oder das ,Kaukasus-Kalifat' in Tschetschenien, Dagestan, Inguschetien und Ossetien.

Mit bis dahin unbekannter Brutalität führte das selbst ernannte IS-Kalifat eine jihadistische Bewegung, die sowohl in der Herkunftsregion selbst massiven Terror ausübte und die gesamte Region destabilisierte als auch Gewalt in andere Länder exportierte. Im Frühjahr 2018 sieht es allerdings so aus, als ob der IS weite Teile seiner Operationsbasis verloren hat – auch aufgrund einer breiten internationalen Anti-IS-Koalition. Diese führte ab September 2014 unter Führung der Vereinigten Staaten in Syrien Luftangriffe durch, an denen sich zahlreiche Staaten (u.a. die meisten der 28 Nato-Staaten, aber auch Australien, Saudi-Arabien, Bahrain, Jordanien und die Vereinigten Arabischen Emirate) beteiligten. Auch Russland, das nicht Mitglied der Anti-IS-Koalition ist, trug durch sein militärisches Eingreifen im Syrien-Krieg ab 2016 zur IS-Bekämpfung bei – allerdings mit der parallelen und wohl auch primären geopolitischen Agenda einer Stabilisierung des Assad-Regimes, das für viele internationale Beobachter selbst als Terrorregime gilt. Die Ursachen für Terrorismus in der arabischen Region sind damit freilich noch nicht beseitigt, denn „beste Voraussetzungen bestehen dort, wo sich Länder im Staatszerfall befinden und gemäßigte Muslime unterdrückt bzw. von der Macht ferngehalten werden" (Hirschmann 2015: 233).

Aus westlicher Perspektive enthalten zudem auch die Zerfallserscheinungen des IS ein durchaus bedrohliches Element, steigt damit doch das Risiko, dass verdeckt im Sinne einer eher dezentral angelegten ‚Untergrundorganisation' ohne geheimdienstliche Aufklärungschance operiert wird. Auch bereiten die zahlreichen Kämpfer, die nun wieder nach Europa zurückgeschleust werden und hier ihre ‚Mission' fortzusetzen bereit sein könnten, große Sorge. Hinzu kommt die ohnehin schon seit Längerem bestehende Problematik des sogenannten ‚Homegrown-Terrorismus'. Darunter sind islamistische Strukturen zu verstehen, die sich aus radikalisierten Personen ab der zweiten Einwanderergeneration sowie radikalisierten Konvertiten zusammensetzen. Diese Personen sind zumeist in europäischen Ländern geboren oder aufgewachsen, stehen jedoch dem hiesigen Wertesystem strikt ablehnend gegenüber. Sie erachten die Errichtung einer islamistischen Gesellschaftsordnung für erstrebenswert und sind dafür bereit oder fühlen sich – um Anerkennung in ihren neuen Kreisen zu finden – gar in besonderem Maße verpflichtet, zu aktiven terroristischen Mitteln zu greifen.

Diskussionsfragen:
- Was unterscheidet ‚Freiheitskämpfer' von ‚Terroristen' und wie lassen sich Grenzlinien ziehen?
- Wie könnten die Eckpunkte einer wirksamen Strategie gegen internationalen Terrorismus aussehen?
- Befindet sich der islamistische Jihadismus nach dem weitgehenden Zerfall des ‚Islamischen Staates' in Auflösung?

3.4 Flucht und Migrationsbewegungen

Flucht, Migration und Wanderungsbewegungen sind in der Geschichte der Menschheit keineswegs ungewöhnlich. Sie entsprechen vielmehr der Normalität. Dennoch entfalten sie in der jüngsten Zeit eine außergewöhnliche Dynamik und in der Folge entwickeln sie sich zu einer zentralen sicherheitspolitischen Herausforderung, von der auch Europa betroffen ist.

Hintergrund ist die seit Jahren stetig steigende Zahl der Menschen, die aus unterschiedlichen Gründen ihre Heimat verlassen oder verlassen müssen und damit tiefgehende Prozesse in den einzelnen Herkunfts-, Transfer- und Zielländern auslösen. Der Generaldirektor der Internationalen Organisation für Migration (IOM) konstatiert eine ‚menschliche Mobilität in einem nie dagewesenen Ausmaß' (Ionesco/Mokhnacheva/Gemenne 2017: 10). Das Flüchtlingshilfswerk der VN (UNHCR) spricht in seinem Jahresbericht 2019 von weltweit nahezu 80 Mio. Menschen auf der Flucht, wobei 40 Prozent der Vertriebenen Kinder unter 18 Jahren sind. Europa spürt dabei nur einen vergleichsweise kleinen Ausschnitt. Denn der weitaus größte Teil (45,7 Mio.) entfällt auf Binnenflüchtlinge, vornehmlich in Afrika und im Nahen Osten. Hinzu kommt die in den reichen Ländern gerne übersehene Tatsache, dass die meisten grenzüberschreitenden Flüchtlingsbewegungen regional aufgefangen werden – wie etwa in der Türkei, im Nahen Osten oder in ganz Afrika – und dabei die dortigen sozialen Systeme zu überlasten drohen. So werden aktuell 86 Prozent aller Flüchtlinge weltweit in Entwicklungsländern beherbergt (Luft 2016: 13). Im Libanon etwa ist derzeit jeder vierte Bewohner ein Flüchtling.

Diese Zahlen vermitteln allerdings ein nur sehr grobes Bild der hochkomplexen Migrationsproblematik.

- Erstens lässt sich zwischen freiwilligen oder erzwungenen, zwischen legalen, irregulären oder unkontrollierten, zwischen lokalen, regionalen oder internationalen Wanderungen unterscheiden.

- Zweitens spielt die beabsichtigte Dauer eine wichtige Rolle – von einem regelmäßigen Pendeln über saisonale bis zu längerer oder gar dauerhafter Migration.

- Drittens erhalten die jeweiligen Fluchtpfade und Fluchtmuster eine Bedeutung, wenn es um Wirkungsanalysen und Strategien zur Kontrolle der Migration geht.

- Viertens kommen als Auslöser sehr verschiedene Motive ins Spiel, weshalb oft zwischen politischen, wirtschaftlichen oder sozialen Ursachen oder auch zwischen Flüchtlingen, Vertriebenen, Asylsuchenden, Rückkehrern, Umwelt-, Klima- oder Wohlstandsmigranten unterschieden wird, dies mit jeweils auch gesondertem rechtlichen oder als gerechtfertigt empfundenen Status.

- Und fünftens schließlich bleibt für eine Bewertung nicht unerheblich, ob es sich um einen – etwa aus volkswirtschaftlichen Gründen – erwünschten oder eher unerwünschten Ab- oder Zustrom an Migranten handelt.

Auch der Zusammenhang zwischen Migration und Sicherheitspolitik ist komplex. Zum einen bilden gewaltsame Auseinandersetzungen, gravierende Menschenrechtsverletzungen und untragbare Lebensbedingungen in den Herkunftsregionen oft die entscheidenden Auslöser für Abwanderungen großen Stils. In Einzelfällen können Flucht und Migration paradoxerweise sogar konfliktmindernd wirken, indem sich vor Ort Konfliktstrukturen oder -bedingungen ändern. Regionale Überbevölkerung, Arbeitslosigkeit oder die Folgen von Naturkatastrophen lassen sich bisweilen nur durch den Wegzug von Menschen abbauen. Zum anderen werfen die Wanderungsbewegungen in den Transit- und den Zielstaaten meist erhebliche Probleme auf, vor allem wenn sie unkontrolliert erfolgen. Tendenziell bewirken sie auf diesem Wege in einer Art Kettenreaktion neue Instabilitäten und schaffen oder verschärfen innere wie äußere Spannungen, was letztlich einer Verlagerung sicherheitspolitischer Risiken gleichkommt. Konflikte gelten somit als Ursache und Wirkung der Migration zugleich.

Wenn man die psychologischen oder sozialen Auslöser von Migrationsentscheidungen betrachtet, so lohnt es sich, zwischen Push- und Pull-Faktoren zu differenzieren:

- ‚Push-Faktoren' beziehen sich auf Motive, die einem Verbleib aus Gründen entgegenstehen, die am jeweiligen Herkunftsort zu finden sind: mit Gewalt ausgetragene Auseinandersetzungen, schlechte Regierungsführung, Verfolgung und Diskriminierung, Perspektivlosigkeit und Verlust vitaler Lebensgrundlagen, Umweltkatastrophen, Epidemien oder auch eine lokal explodierende Bevölkerungsentwicklung. Mit anderen Worten: Es geht im Sinne einer persönlichen Überlebensstrategie darum, die bisherige Heimat verlassen zu müssen oder zu wollen – zunächst egal wohin und auch unter welchen neuen Risiken. So sind allein im Jahr 2015 einer Schätzung des UNHCR zufolge rd. 3.800 Flüchtlinge im Mittelmeer ertrunken. Die Zahl der Opfer auf dem langen Weg bis zur Küste kennt niemand.

- ‚Pull-Faktoren' hingegen stellen die Anreize der Zielregionen in den Mittelpunkt. Ihnen liegt ein – mit modernen Informations- und Kommunikationsmitteln recht einfach gewordener – Vergleich der Lebensperspektiven zugrunde, seien sie tatsächlicher oder nur wahrgenommener bzw. vermuteter Art. Das kann sich auf gesellschaftspolitische Faktoren beziehen, aber auch etwa auf ausbildungs- oder beschäftigungsbezogene Angebote ausgewählter Zielländer oder auf bereits bestehende verwandtschaftliche Beziehungen. Mit anderen Worten: Der Zielort ist aus unterschiedlichen Gründen so attraktiv, dass dies die enormen Nachteile des Verlassens der gewohnten Umgebung und die Wanderungsrisiken deutlich überwiegt.

Beide Faktoren wirken keineswegs völlig unabhängig voneinander. Es lässt sich die These vertreten, sie bedingen und verstärken sich gegenseitig im jeweiligen Bewusstsein der Menschen, die konkret vor einer Entscheidung für oder gegen eine Migration stehen – sofern sie überhaupt noch individuelle Handlungsfreiheit besitzen.

Welche Folgen lassen sich Migrationsbewegungen großen Stils zuschreiben? Auch hier ist es sinnvoll, zwischen den einzelnen betroffenen Staaten zu differenzieren:

- In den Ursprungsländern führt Emigration zu zwiespältigen Folgen. Auf der einen Seite kann sie bisweilen zum Abbau gravierender Verteilungsprobleme beitragen und über finanzielle Rückflüsse (sog. ‚remittances‘) der Migranten eine Stabilisierung der Staatshaushalte und der örtlichen Lebensbedingungen bewirken. Das ist auch häufig der Grund, weshalb sich Staaten mitunter weigern (oder es sich bestens bezahlen lassen), ihre ausgereisten oder geflohenen Exbürger wieder zurückzunehmen. Auf der anderen Seite sind es meist die Starken, Jungen, Gebildeten, die über die nötige Kraft und die Möglichkeiten zum Verlassen des Landes verfügen. Genau diese aber werden in der Heimat gebraucht, um die allgemeine Situation zu verbessern. Man spricht daher von einem ‚Brain Drain‘, der auf längere Sicht die Elite vor Ort ausbluten lässt und damit den Weg in eine bessere wirtschaftliche und gesellschaftliche Zukunft verbaut.

- Auf die Transferländer kommen mit großen Flucht- und Migrationsbewegungen Lasten zu, die sie selbst oft destabilisieren und an den Rand des Zerfalls bringen. In der Regel handelt es sich um Nachbarstaaten in einer Region mit ohnehin grenzüberschreitenden Konflikten und ethnischen Spannungen. Auch sind sie meist schlecht auf den Zustrom vorbereitet und verfügen nicht über die nötigen Mittel, einen verzugslosen Transport und eine menschengerechte Zwischenunterbringung zu gewährleisten – vor allem auch, weil über den jeweiligen Zeithorizont des Verbleibs nur selten Klarheit herrscht. Auf der anderen Seite bietet ein Transferland der Organisierten Kriminalität beste Bedingungen für höchst einträgliche ‚Geschäfte‘ im Sinne eines extrem lukrativen Menschenhandels und -schmuggels. Es handelt sich um meist straff organisierte, aber undurchsichtige Netzwerke mehrerer Hierarchieebenen, die von der Flucht und Vertreibung von Menschen profitieren und damit keinerlei Interesse an Problemlösungen jeglicher Art besitzen. Dies wiederum untergräbt nachhaltig die Entwicklung dieser meist schwachen Staaten im Sinne internationaler Standards.

- Bei den Zielländern der Migration stellt sich die Lage noch unterschiedlicher dar. Wie bereits ausgeführt, verbleibt der weitaus größte Teil der Geflohenen oder Vertriebenen in seiner eigenen Region, also meist in Nachbarstaaten. Dahinter steckt das individuelle Kalkül einer Umkehr, sobald das die allgemeine Lage erlaubt. Allerdings sind die betroffenen Nachbarn – ähnlich wie die meisten Transferländer – selbst nicht immer stabil genug, um die

Lasten einer geordneten Aufnahme zu schultern, dies schon gar nicht über einen längeren Zeitraum hinweg. Weder in Kenia oder Äthiopien noch in Pakistan, im Libanon oder in Jordanien, um nur einige der wichtigsten Zielländer für südsudanesische, afghanische oder syrische Flüchtlinge zu nennen, verfügen die offiziellen Behörden ohne Hilfe von außen über die notwendigen Mittel. Werden diese nicht von der Völkergemeinschaft bereitgestellt und finanziert, sind erhebliche Verwerfungen eine nahezu zwangsläufige Folge.

Die Problematik in den reichen Zielländern Europas, Australiens oder Nordamerikas ist anderer Natur, obwohl diese Staaten über die weitaus besten Mittel zur Bewältigung humanitärer Notlagen verfügen und bisweilen auch als Mitverursacher der Migrationsprozesse gelten. Dort wirken die ‚Pull-Faktoren' weit mehr als an den oben beschriebenen Orten. Zwar bleibt die Zahl der Migranten gemessen am Anteil der Bevölkerung vergleichsweise überschaubar; das bedeutet aber keinesfalls, dass der Prozess konfliktfrei verläuft. Es entwickelt sich – von einzelnen Parteien und Interessengruppen auch gezielt geschürt – eine Angst vor kultureller Überfremdung und wirtschaftlicher Ausbeutung im eigenen Land. Paradoxerweise handelt es sich in der Regel auch um Länder, die aus demographischen Gründen langfristig auf Zuzug von außen angewiesen sind. Da allerdings schlüssige Einwanderungskonzepte meist fehlen, wird von weiten Teilen der Bevölkerung das Eintreffen von Flüchtlingen und Migranten skeptisch begleitet. Hinzu kommen die gewaltigen Anstrengungen, die eine temporäre oder gar dauerhafte Integration der Migranten erfordert – eine Anstrengung, die freilich wiederum gegen hohe Risiken der inneren Sicherheit vorbeugt. Die gefühlte Belastung der Gesellschaft wird auch in dieser Frage, die mitunter rechtlich und humanitär gebotene Aspekte verdrängt und darüber hinaus gerade in Sicherheitsfragen kontraproduktiv wirkt, auf eine Probe gestellt.

Die vielschichtige Herausforderung eines angemessenen Umgangs mit den jüngsten Migrationsströmen insbesondere in Folge der Kriege in Syrien und Afghanistan sowie der anhaltenden Destabilisierung von Teilen Afrikas steht seit spätestens 2015 im Fokus deutscher und europäischer Sicherheitsfragen und polarisiert die Öffentlichkeit. Neben der innenpolitischen Aufgabe der Integration, die enorme Anstrengungen finanzieller, sozialer und wirtschaftlicher Art erfordert, lassen sich vor allem zwei Grundrichtungen zur Lösung des Flüchtlingsproblems erkennen: zum einen der Versuch der eher aktiven ‚Migrationsabwehr' und zum anderen das Konzept der ‚Migrationsursachenbekämpfung'.

Im Mittelpunkt der ‚Migrationsabwehr' steht zunächst der Versuch, eine als bisher rudimentär empfundene Sicherung der Außengrenzen Europas zu verbessern und einem Zusammenbruch des ‚Dublin-Verfahrens' vorzubeugen – möglichst ohne zugleich das ‚Schengen-System' zu unterlaufen. Dem entspricht unter anderem der Versuch, ein technisch und organisatorisch aufwändiges Grenzregime zu etablieren, nicht zuletzt mithilfe der Europäischen Grenzschutzagentur FRONTEX. Das Stichwort „Intelligente Grenzen" (Luft 2016:57) weist in diese Richtung. Dies allein reicht allerdings nicht hin. Ergänzende Konzepte streben daher an, den Druck auf die europäischen Grenzen durch zeitlich und räumlich vorgeschaltete Maßnahmen bereits ‚vorwärts' der EU abzufedern. Hierzu gehören diverse internationale Vorstöße und Vereinbarungen mit Drittstaaten, wie etwa Rücknahmeabkommen, Mobilitätspartnerschaften, regionale Schutzprogramme in Herkunfts- und Transitländern, die Alimentierung von exterritorialen Flüchtlingslagern und generell eine geeignete Nachbarschaftspolitik. Im Kern laufen alle diese Ideen darauf hinaus, das Problem ‚unerwünschte Migration' gar nicht erst an Europas Grenzen herankommen zu lassen, ihm also quasi mit ‚präemptivem Outsourcing' zu begegnen. Eine gewisse „Glaubwürdigkeitslücke" (Luft 2016: 51), vor allem wenn externe Machthaber mit fragwürdigen menschenrechtlichen Standards eingebunden sind, wird dabei in Kauf genommen. Im Ergebnis zielen alle diese Maßnahmen darauf ab, die Folgen massenhafter Migrationsentscheidungen auf die Region zu begrenzen, in der sie getroffen werden (oder wurden).

Viele Experten halten eine ‚Migrationsabwehr' im engeren Sinn für zu kurzatmig und längerfristig erfolglos. Sie verweisen darauf, dass es sich dabei bestenfalls um die Abwehr von Symptomen handelt, die Ausdruck gravierender globaler Ungleichgewichte und damit in Wirklichkeit sehr viel tiefer angelegt sind. Im Mittelpunkt, so wird gefolgert, müsse daher die Ursachenbekämpfung stehen, also der gezielte Abbau von Flucht- und Migrationsmotiven. Dies habe mit regional unausgewogenen Bevölkerungsentwicklungen, mit Hunger und Armut in weiten Teilen der Erde und insbesondere in Afrika, mit mangelnden Daseinsperspektiven in diesen Regionen, mit negativen Folgen des Klimawandels, mit menschenrechtsfeindlicher Regierungsführung in fragilen Staaten und natürlich mit den zahllosen gewaltsam ausgetragenen Konflikten zu tun. Auch wenn der Kampf gegen diese Ursachen ungesteuerter Massenmigration extrem langwierig sei und darüber hinaus eine global konzertierte Strategie erfordere, führe an diesem Ansatz längerfristig kein Weg vorbei (die meisten der genannten Zusammenhänge werden in diesem Buch in Teil 4 betrachtet).

Beide Ansätze schließen sich gegenseitig nicht aus, sondern setzen nur jeweils andere Schwerpunkte. Beiden ist jedoch gemein, dass ihre Erfolgsaussichten derzeit nur vage erkennbar sind. Es mangelt an erkenntnisreichen wissenschaftlichen Theorien des Phänomens Migration und an geeigneten Frühwarn-systemen, und es fehlen auf internationaler Ebene ein Ausgleich der höchst unterschiedlichen nationalen Eigeninteressen und damit der Wille zu rechtzei-tigem, beherztem Handeln. Zugleich lässt ein Blick des Präsidenten des Bundes-nachrichtendienstes auf die aktuellen Trends keinen Zweifel: „Der Migrations-druck auf Europa wird zunehmen" (Kahl 2017).

Diskussionsfragen:

* Wie lässt sich der gesamte Komplex ‚Flucht und Migration' analy-tisch so ordnen, dass praktikable Erkenntnisse für sicherheitspoliti-sches Denken und Handeln gezogen werden können?
* Inwieweit versprechen Abschottungsmaßnahmen im Sinne eines ab-wehrenden Migrationsmanagements eine erfolgreiche Lösung für die Sicherheitspolitik Europas?
* Ist erfolgreiche Fluchtursachenbekämpfung nur eine Utopie – und wenn nicht, unter welchen Voraussetzungen könnte sie gelingen?

3.5 Bevölkerungswachstum, Hunger und Armut

In den vorangegangenen Kapiteln wurden einige der zentralen Aspekte deut-scher und europäischer Sicherheitspolitik beschrieben – von zwischenstaatlichen Konflikten über Terrorismus und fragile Staatlichkeit bis hin zu Migrationsbe-wegungen. Bei der Suche nach Ursachen und Treibern für diese Risiken geraten dabei immer wieder strukturelle und auch global angelegte Faktoren ins Blick-feld, die sich insgesamt mit dem Begriff ‚ungleiche oder mangelhafte Lebensbe-dingungen' umschreiben lassen und vor allem in den Themen Bevölkerungs-wachstum, Hunger und Armut ihren Ausdruck finden. Bei genauer Betrachtung bremsen diese Faktoren mithin nicht nur konkrete friedens- und stabilitätsför-dernde Entwicklungen, sondern wirken darüber hinaus als dynamische und in ihrer längerfristigen Wirkung schwer einzuschätzende Verstärker von Krisen und Konflikten. Vor allem Entwicklungsländer stehen dabei im Fokus, weil für sie gemeinhin das Charakteristikum gilt, dass sie nicht oder nur bedingt in der Lage sind, für große Teile ihrer Bevölkerung grundlegende Existenzbedürfnisse zu befriedigen.

Die genannten Themen sind damit zunächst einmal rein entwicklungspoli-tische Problemfelder. Dennoch leuchtet unmittelbar ein, dass sie zu auch erheb-lichen sicherheitspolitischen Implikationen führen. Der damalige US-amerika-nische Außenminister Edward Stettinius sagte nach der Unterzeichnung der

VN-Charta im Sommer 1945 treffend: „Der Kampf für den Frieden muss an zwei Fronten geführt werden. An der einen Front geht es um Sicherheit und an der anderen geht es um Ökonomie und soziale Gerechtigkeit. Nur ein Sieg an beiden Fronten wird der Welt einen dauerhaften Frieden bescheren" (zit. nach French 1996: 6f). Auch die Terroranschläge des 11. September 2001 haben nicht nur wie in einem Brennglas die Verwundbarkeit der globalen Infrastrukturen deutlich gemacht. Die Anschläge nahmen insbesondere „den Inseln des Wohlstands die Illusion, dass sich die Krisen der Welt in sicherer Entfernung zusammenbrauen" (Nuscheler 2002: 2). In ungezählten Theorien und Dokumenten sowie in zahlreichen Studien wurde seitdem ein enger Zusammenhang zwischen Frieden, Entwicklung und Umwelt nachgewiesen und herausgestellt.

Die Besorgnis, das weltweite Bevölkerungswachstum könne die Erde früher oder später überfordern, ist nicht neu. Immerhin blickt die Völkergemeinschaft auf eine rasante Entwicklung zurück: Während es noch vor einem halben Jahrtausend ‚nur‘ 500 Mio. Menschen gab, setzte um die Mitte des 17. Jhd.s herum ein dramatisches Wachstum ein. Zwar hat sich die Dynamik seit einigen Jahren wieder leicht abgeschwächt, aber gegenwärtig leben gemäß Weltbevölkerungsbericht des ‚United Nations Population Fund‘ (UNFPA) immerhin 7,84 Mrd. Menschen auf der Erde. Vorsichtige Vorausberechnungen gehen für 2050 von einer Größenordnung zwischen 8,7 und 10,8 Mrd. aus, je nach zugrunde gelegtem Szenario.

Noch mehr Anlass zur Besorgnis bietet allerdings eine differenzierende Betrachtung. Denn die Schere zwischen den gut und den schlecht entwickelten Regionen öffnet sich dramatisch. Derzeit leben bereits knapp über 80 Prozent der Weltbevölkerung in Entwicklungsländern, in 30 Jahren werden es voraussichtlich 87 Prozent sein. Folglich findet das weltweite Bevölkerungswachstum nahezu ausschließlich in den ärmsten Regionen statt. Allein die Bevölkerung Afrikas droht sich nach den Berechnungen der Deutschen Stiftung Weltbevölkerung bis zum Ende des Jahrhunderts fast zu vervierfachen. Der Anteil dieses Kontinents an der Weltbevölkerung beträgt heute knapp 17 Prozent – bis 2050 wird er bei fast 26 Prozent liegen. Ein noch pointierteres Bild ergibt sich, wenn man nur West- und Zentralafrika betrachtet: So wuchs dort von 2010 bis 2017 die Bevölkerung um etwa 2.7 Prozent, während es in den stärker entwickelten Teilen der Erde nur 0.3 Prozent waren (UNFPA 2017: 77). Diesen vergleichenden Befund untermauern auch die entsprechenden Fruchtbarkeitsraten pro Frau (5,2 versus 1,7), welche die Polarisierung im Bevölkerungswachstum unterstreichen. Auch die Tatsache, dass Jugendliche zwischen 15 und 19 Jahren aus den ärmsten 20 Prozent der Haushalte etwa dreimal so viele Kinder zur Welt bringen wie Jugendliche aus den reichsten 20 Prozent (UNFPA 2017: 35) oder dass 95 Prozent der weltweiten Geburten unter Heranwachsenden auf Entwicklungsländer fallen, weist auf eine gefährliche Entwicklung hin. Das künftig zu erwartende Ungleichgewicht zwischen armen und reichen Ländern, aber auch zwischen Land und Stadt ist also das, was nicht zuletzt sicherheitspolitisch Sorgen bereitet. Im größeren Kontext kann man durchaus von einer extrem konträr verlaufenden Entwicklung sprechen: von einem rasanten Wachstum in der unterentwickelten Welt und von einer Stagnation oder gar Rückgang auf der Seite der Industrie- und Schwellenländer – beides in der Summe mit einem erheblichen lokalen, regionalen und überregionalen Konfliktpotenzial.

Im Grundsatz gibt es durchaus politische Ansätze, um den beschriebenen Trend abzuschwächen. In Asien ist dies in den sogenannten Tigerstaaten sowie in China bereits weitgehend gelungen. Dort kann man heute wohl eher von dem Risiko einer bedenklichen Überalterung der Bevölkerungsstruktur sprechen, ähnlich wie in weiten Teilen Europas und insbesondere in Russland. In Afrika hingegen stellt sich die Lage völlig anders da. Dort ist in der jüngeren Vergangenheit insgesamt zwar eine spürbare Absenkung der Geburtenraten gelungen; zu einer nachhaltigen Trendabschwächung hat dies aber noch nicht geführt. Die jüngste UNICEF-Studie ‚Africa 2.0' prognostiziert für Afrika schlichtweg eine Verdoppelung der Bevölkerung bis 2050 von heute knapp 1,3 auf 2,5 Mrd. Menschen – wobei dann 40 Prozent der Kinder unter 18 Jahren auf der Welt dort leben werden. Diese Perspektive alarmiert in dreierlei Hinsicht: erstens wegen der absoluten Zahlen, die erhebliche Konflikte um lebensnotwendige Ressourcen erwarten lassen. Zweitens wegen der Dynamik des Zuwachses, die eine scheinbar unaufhaltsame Entwicklung in die falsche Richtung signalisiert. Und drittens angesichts der extremen Verjüngung, die einen volkswirtschaftlich viel zu hohen Anteil der Bevölkerung im noch nicht arbeitsfähigen Alter zur Folge haben und einige Jahre später absehbar zu scharfen Kämpfen um Arbeitsplätze oder zu Auswanderungsdruck führen wird.

Allerdings folgen diese Befunde keiner naturgesetzlichen Logik. Man kennt bereits seit Längerem einige der direkten Zusammenhänge, die – abseits von radikalen und mit einem liberalen individuellen Selbstbestimmungsrecht kaum vereinbaren Ansätzen wie etwa der chinesischen ‚Ein-Kind-Politik' – eine unausgewogene Bevölkerungsentwicklung beeinflussbar und kontrollierbar machen. Dazu gehören vor allem die Bekämpfung von Massenarmut, die Verbesserung des Gesundheitswesens, das Anheben des Bildungsniveaus, ein Zugang zu Verhütungsmitteln, der Ausbau sozialer Sicherungssysteme und generell mehr Mittel für bevölkerungspolitische Maßnahmen (Nuscheler 2012). Eine der Schlussfolgerungen Nuschelers lautet: „Wer Angst vor der Fruchtbarkeit der Armen hat, muss mehr gegen die Armut tun" (207). Aber allein das erforderliche Maß an Wirtschaftswachstum, um der wachsenden Bevölkerung eine Perspektive zu bieten – von dem damit verbundenen Ressourcenverbrauch gar nicht zu reden – wird erhebliche Anstrengungen und neue Ansätze erfordern.

An dieser Stelle verdient der Begriff ,Armut' eine nähere Betrachtung. Häufig wird er auf die absolute Einkommensarmut von Individuen verengt. Lange Zeit galt der ,1 Dollar-Ansatz' als definitorische Grenze, die zwischenzeitlich von der Weltbank auf die Größe von 1,90 US-Dollar pro Tag erweitert wurde. Wer unter diese Schwelle fällt, gilt demnach als arm. Diesem Ansatz, der in seiner Schlichtheit eher politischer Natur ist und obendrein keine Allgemeingültigkeit beanspruchen kann, steht das sehr viel tiefer gehende Konzept der relativen Armut gegenüber. Hier dienen Vergleiche auf lokaler, regionaler oder globaler Ebene und auch unterschiedliche Chancen etwa mit Blick auf ökonomische Wohlstandsentwicklung als Ausgangspunkt der Armutsdebatten. Damit gerät nicht zuletzt auch das Gefälle zwischen armen und reichen Staaten in den Fokus.

Auf globaler Ebene wurde eines der wichtigsten Millenniumsziele der VN (MDGs), nämlich die absolute Armut bis 2015 zu halbieren, längst erreicht – wobei allerdings nur die rasante Entwicklung einiger Schwellenländer und allen voran Chinas dieses erfreuliche Ergebnis ermöglichte. In der Fortschreibung der Milleniumsziele, den ,Sustainable Development Goals' der VN-Generalversammlung 2015, wird daher als nun sehr viel ambitionierteres Ziel ausgegeben, die Armut bis 2030 überall zu beenden – die Welt bis dahin also von Armut völlig zu befreien. Immerhin leben rund dreieinhalb Mrd. Menschen auch heute noch unter der Armutsgrenze, fast 800 Mio. – die Hälfte davon Kinder – sogar in extremer Armut. Nach einem aktuellen Bericht der Vereinten Nationen, dem Global Humanitarian Overview 2021 (OCHA 2020) steigert sich Armut erstmals seit 22 Jahren wieder – bedingt durch die Corona-Pandemie. Die Welthungerhilfe kommt in ihrem Welthunger-Index 2015 zu einer ähnlichen Aussage: Es habe seit dem Jahr 2000 zwar insgesamt signifikante Fortschritte gegeben, dennoch gebe es dramatische Unterschiede zwischen einzelnen Regionen und Ländern. Im jüngsten Index 2020 sind darüber die ersten absehbaren Folgen von COVID-19 erfasst, die im Ergebnis dazu führen, dass zahlreiche Länder heute höhere Hungerwerte aufweisen als noch 2012. Auch der Welthungerbericht 2014 der Welternährungsorganisation (FAO) spricht von deutlichen Fortschritten im Kampf gegen den Hunger, konstatiert aber ebenfalls immer noch 800 Mio. Menschen weltweit, für die Nahrungsmangel ein Dauerzustand ist und die als unterernährt gelten – und dies trotz ständig neuer Rekorde in der Nahrungsmittelproduktion. Erst eine regionale Betrachtung weist also auf die besondere Brisanz der Armutsproblematik hin. 34 der 48 Länder, die der VN-Kategorie ‚am schwächsten entwickelt' (das betrifft etwa 12 Prozent der Weltbevölkerung, die zusammen nur 2 Prozent der Weltwirtschaftsleistung erbringen) entsprechen, befinden sich in Afrika (Tuschhoff 2015: 146). Dort gilt rd. ein Viertel der Menschen als unterernährt und speziell in den Ländern südlich der Sahara leidet fast die Hälfte unter extremer Armut.

Als ein erstes Ergebnis lässt sich damit festhalten: Zwar gibt es vielversprechende Ansätze zur Bekämpfung der Armut und damit einer globalen Ungleichheit, aber sie greifen offenbar nicht überall. Erschwerend kommt die Prognose hinzu, dass sich pandemiebedingt die Lage notleidender Regionen verschlechtert und gleichzeitig die Hilfsbereitschaft bzw. -möglichkeit reicherer Staaten nachlässt. Dieser Befund rüttelt nicht nur in humanitärer Hinsicht auf. Auch die sicherheitspolitische Brisanz, insbesondere für das benachbarte reiche Europa, alarmiert. Armut schürt Konflikte, und diese wiederum fördern Verteilungskämpfe, Bürgerkriege, grenzüberschreitende Gewalt, Organisierte Kriminalität, Terrorismus, Perspektivlosigkeit, Verzweiflung und Wanderungsbewegungen. Und obendrein verstärken sich diese Risiken gegenseitig, erfüllen sich also die düsteren Prognosen gewissermaßen selbst. Denn alle genannten sicherheitspolitischen Wirkungen der Armut behindern – oder verhindern gar – in den betroffenen Ländern eine nachhaltige Entwicklung zum Besseren. Es handelt sich also um einen Teufelskreis, den zu durchbrechen die Völkergemeinschaft noch nicht hinreichende Konzepte gefunden hat. Man kann auch behaupten, die ärmsten Länder in der Welt steckten in einer „Armutsfalle" (Lepenius 2017: 102), aus der sie sich nicht selbst befreien können.

Eine der Voraussetzungen, diesem Dilemma zu entgehen, liegt in der nüchternen Ursachenanalyse mit Blick auf globale Ungleichheiten und damit die regionale Armutsausprägung. Tuschhoff (2015) und auch weitere Autoren wie z.B. Nuscheler (2012) und Kurer (2017) weisen unter anderem auf folgende, je nach Einzelfall unterschiedlich bedeutsame Faktoren hin:

- eine ungünstige geographische Lage sowie ein Mangel an natürlichen Ressourcen wie Wasser, Ackerland oder Energie – zusätzlich gepaart mit schwierigen klimatischen Bedingungen und extremen Wetterereignissen;
- eine innovationshemmende staatliche Innenpolitik mit gravierenden Mängeln in der Infrastruktur, im Finanzwesen, in der Gesundheitsversorgung, in der Bildung oder in den Produktionsbedingungen;
- eine konfliktträchtige gesellschaftliche Struktur mit mächtigen partikularen Eigeninteressen, Ausbeutung durch kleine Eliten oder auch externe Akteu-

re, ethnische oder religiöse Zersplitterung und generell eine so korrupte wie unfähige lokale Regierung;

- das Erbe des Kolonialismus, der geplünderte Kontinente mit zum Teil willkürlichen Grenzziehungen hinterlassen hat und der anschließend durch korrupte Diktatoren sowie auch die heutige internationale Handelspolitik (extrem einseitiger Export von Rohstoffen und Import von Fertigprodukten) eine Art Fortsetzung erfährt;

- sowie eine Fehlkalkulation und Voreingenommenheit der internationalen Organisationen, die den Entwicklungsländern die Mitentscheidung erschwert und nicht zuletzt einen angemessenen Marktzugang verhindert.

Meist handelt es sich dabei um eine komplexe Kombination unterschiedlicher Ursachen, die insgesamt die bereits erwähnte Armutsfalle bewirkt. Es gibt dabei keinen ‚Musterfall‘ der Armut – jede Region und jedes Land sind anders zu bewerten. Am besten lässt sich dies an der Tatsache illustrieren, dass bisweilen nicht nur Ressourcenarmut, sondern auch ein Übermaß an natürlichen Rohstoffen zu einem für die Bevölkerungsmehrheit beklagenswerten Zustand führen kann. Als plastische Beispiele dienen hier die meisten der westafrikanischen Staaten, aber auch etwa Venezuela und einzelne Länder auf der arabischen Halbinsel oder in Zentralasien. Man spricht hier von einem ‚Ressourcenfluch‘, der zwar ausgewählte Akteure unermesslich reich macht, aber zugleich die breite Bevölkerung ins Elend stürzt.

Diskussionsfragen:
- Inwieweit sind entwicklungspolitische Problemfelder auch sicherheitspolitisch relevant?
- Welche Faktoren bewirken den engen gegenseitigen Zusammenhang zwischen Armut und Bevölkerungsentwicklung?
- Wird sich die Corona-Pandemie längerfristig auf die globale Verteilung von Bevölkerungswachstum und Armut auswirken – und wenn ja: wie?

3.6 Klimawandel

Seit einigen Jahren hat ein weiteres Thema enorm steigende Aufmerksamkeit erfahren, welches nicht nur die bereits angeführten Ungleichheiten hinsichtlich Armut, Entwicklungschancen und Lebensperspektiven dramatisch zu verstärken droht, sondern dem in Wissenschaft und Politik bisweilen auch eine global existentielle Bedeutung zugeschrieben wird: der Klimawandel. Es handelt sich hier um eine der komplexesten Herausforderungen der Zukunft – und zugleich um ein nicht-klassisches sicherheitspolitisches Risiko ersten Grades, dessen schleichende Wirkung erst längerfristig sichtbar wird, sich aber umso nachhaltiger und vermutlich irreversibel entfaltet. Bei Gründung der VN im Juni 1945 war nicht vorauszusehen, dass eine neue, in ihrer Dimension ungeahnte Herausforderung für das Überleben der Menschheit jenseits der ‚Geißel des Krieges' auf die internationale Agenda drängen würde. Der Schutz der globalen Umwelt gehört inzwischen gleichwohl zu den wichtigsten Zukunftsfragen der Menschheit, die auch sicherheitspolitische Aufmerksamkeit beanspruchen. Zentrales Leitbild ist dabei die sogenannte dauerhafte bzw. nachhaltige Entwicklung (sustainable development), bei der im Idealfall die Bedürfnisse der Gegenwart auf eine Weise befriedigt werden sollen, welche die entsprechenden Chancen auch in der weiteren Zukunft nicht verbaut. Auf dem Spiel steht damit die „Freiheit kommender Generationen, auf diesem Planeten weiter leben zu können. Wir sind im Begriff, ihnen diese Freiheit zu verweigern […]. Unsere Antwortmaßnahmen reichen bei weitem nicht aus, um den Forderungen der Nachhaltigkeit gerecht zu werden. Von einigen rühmlichen Ausnahmen abgesehen, sind unsere Antwortmaßnahmen zu spärlich, zu dürftig und kommen zu spät" (Annan 2000: 43). Hätte eine solche Bemerkung noch vor Jahren als Ausdruck einer apokalyptischen Weltuntergangsstimmung gegolten, so sind sich heute Wissenschaft und zunehmend auch Politik weitgehend einig, dass es sich dabei um eine zutreffende und mehr als ernstzunehmende Aussage handelt.

Allerdings gibt es um die Wirkfaktoren insbesondere des Klimawandels – der etwa vom VN-Sicherheitsrat erstmalig im April 2007 als sicherheitspolitisches Problem diskutiert wurde – heftige Debatten. Zwar gilt die nackte Tatsache als nicht mehr strittig, dass sich die Erde seit Beginn des Industriezeitalters rapide erwärmt. Allein zwischen 1990 und 2014 sind die jährlichen Treibhausgasemissionen um etwa 44 Prozent angestiegen – insbesondere wegen des rasanten Wirtschaftswachstums in den Schwellenländern (Edenhofer/Jakob 2017: 19). Dennoch polarisiert das Thema wie wenige andere: Auf der einen Seite stehen die ‚Skeptiker', die nicht nur die Folgen zu verharmlosen versuchen, sondern auch nach wie vor die primäre Verantwortlichkeit des Menschen bestreiten. Auf der anderen Seite gibt es ‚Alarmisten', die unausweichliche Horrorszenarien vorhersagen und postulieren, für Gegenmaßnahmen sei es eigentlich bereits viel zu spät. Beiden – meist interessengeleiteten – Extremen ist letztlich eines gemeinsam: Sie lähmen die Suche nach praktikablen Antworten auf ein Risiko, das von Tag zu Tag größer wird. Verharmlosung oder Resignation helfen in der Sicherheitspolitik nicht weiter. Gefragt ist stattdessen eine so nüchterne wie schonungslose Analyse, die ohne interessengeleitete oder dogmatische Befangenheit den Blick auf politischen Handlungsbedarf lenkt, der weit über gegenwärtige Generationen hinaus besteht. Auf keinem anderen sicherheitspolitischen Feld ist das so nötig wie bei der Thematik des Klimawandels.

Die Indizien und Folgen einer globalen Erderwärmung, die insbesondere auf die hohe Konzentration von Kohlendioxid in der Atmosphäre und den damit verbundenen Treibhauseffekt zurückzuführen ist, sind erst zum Teil erforscht. Einige Erkenntnisse lassen sich bereits heute deutlich und unbestreitbar nachweisen: der Gletscherschwund in den Hochgebirgsregionen; der stetige Rückgang der Eisschilde in Arktis und Antarktis; die erhöhte Frequenz und Heftigkeit von extremen Wetterereignissen wie Stürmen, Dürren, Überschwemmungen oder Hitzewellen. Dabei unterscheidet man zwischen Frühindikatoren wie der Gletscherschmelze und Spätfolgen wie dem Meeresspiegelanstieg (Rahmstorf/Schellnhuber 2012). Einig ist man sich auch, dass die Indikatoren des Klimawandels sich nicht linear entwickeln. Dies wirft vor allem die Frage nach kritischen Schwellen und den sogenannten Kipppunkten ('tipping points') auf, wobei insbesondere im Fokus steht, ob und wann sich Meeresströmungen wie der Golfstrom mit teilweise verheerenden Folgen für Mensch und Natur ändern.

Auch der Zusammenhang zwischen Klimawandel und sicherheitspolitisch relevanten Instabilitäten ist nicht immer eindeutig. Es gibt guten Grund zu der Annahme, die mit dem Klimawandel verbundenen Umweltänderungen schafften konflikträchtige Lebensbedingungen in den betroffenen Regionen und erhöhten das Risiko gewaltsamer Auseinandersetzungen um Ressourcen wie Wasser, Nahrungsmittel, Land oder Energie. Auch ein Einfluss auf die Fragilität von Staaten liegt nahe. Mitunter wird etwa angeführt, die Dürrejahre im Nahen Osten hätten vor Beginn des syrischen Bürgerkrieges Teile der Landbevölkerung nach Damaskus getrieben, was dort zur Verschärfung der ethnisch-religiösen Spannungen geführt habe (Dröge 2017). Auch generell reihen sich klimabedingte Änderungen von Lebensbedingungen in die Ursachenliste von Migrationsbewegungen ein, dies mit den bereits im Kapitel 3.4 angeführten Folgen. Unter dem Strich gibt es allerdings – noch – keine robuste Theorie, die einen direkten Zusammenhang zwischen Klimawandel und gewaltsamen Konflikten erklären könnte. Die Forschung steht hier noch am Anfang, auch da die Auswirkungen des Klimawandels erst nach und nach erlebbar und damit zu realen Konfliktursachen werden. Allerdings stimmen die meisten Wissenschaftler bereits heute sehr wohl überein, dass es sich um einen 'threat multiplier' im Sinne eines verschärfenden Faktors handelt (Barnett 2016: 237).

So klar die Risiken des Klimawandels sichtbar sind, so schwierig ist der Umgang mit ihnen in der politischen Praxis. Mehrere Faktoren belegen diese These:

- Die Ursachen der Klimaänderungen sind globaler Natur. Sie sind durch alle Länder der Erde verursacht – wenn auch in unterschiedlichem Maße. Wenn die Verantwortung aber auf den Schultern aller liegt, fühlt sich im Ergebnis oft niemand verantwortlich. Es bietet sich dann bisweilen die Strategie an, sich vor kostenintensiven, unbequemen Entscheidungen zu drücken und das Feld des Handelns lieber anderen zu überlassen. Je mehr sich in der Praxis internationaler Beziehungen eine unilaterale und strikt auf eigene kurzfristige Interessen verengte Linie – ähnlich wie das „America First"-Paradigma der Trump-Administration – durchsetzt, umso schwieriger wird ein gemeinsamer Konsens für nötiges und nur multilateral erfolgversprechendes Handeln.
- Negative, aber auch als durchaus positiv empfundene Folgen des Klimawandels sind regional sehr unterschiedlich verteilt. Es gibt im Bewusstsein der Staaten nicht nur hoffnungslose Verlierer, sondern auch ‚gefühlte' Gewinner, je nach geographischer Lage. Auch das erschwert einvernehmliches und solidarisches Handeln, und dies meist auf Kosten von Ländern wie etwa in Afrika, die zwar bisher kaum etwas beigetragen haben zur Erderwärmung, aber gleichwohl am meisten unter ihr leiden. Daher gilt Klimapolitik auch als entwicklungspolitische Herausforderung und Verantwortlichkeit.
- Die Konsequenzen des Klimawandels wirken sich darüber hinaus auch aus weiteren Gründen regional unterschiedlich aus. Und zwar nicht nur aufgrund der geographischen Bedingungen, sondern auch der jeweiligen Anpassungs- und Reaktionsfähigkeit der Staaten, die maßgeblich die reale bzw. prognostizierte Schadenshöhe von Klimaereignissen bestimmt. Auch hier gilt: Das Risiko wird nicht einheitlich bewertet, was kollektive Gegenmaßnahmen zu unterlaufen droht.
- Ein bestimmendes Merkmal des Klimawandels ist darüber hinaus seine Trägheit. Kohlendioxid verbleibt Jahrzehnte bis Jahrhunderte in der Atmosphäre (Weltentwicklungsbericht 2010: 4), die Temperaturen hinken den Konzentrationen hinterher, und der Meeresspiegelanstieg wiederum folgt den Temperaturen in einem gewissen Abstand. Ein Großteil der heute spürbaren Folgen des Klimawandels ist damit ausgelöst durch Ursachen, die bereits Jahrzehnte oder länger zurückliegen. Oder umgekehrt ausgedrückt, können sich potenzielle Maßnahmen zum Abbremsen der Erderwärmung – auch wenn sie mit konsequenter Intensität getroffen werden – zum Teil erst

Generationen später voll auswirken. Das bedeutet: Es macht keinen Sinn, in einer noch als glimpflich empfundenen Lage auf Zeit zu setzen. Rasches Handeln ins Ungewisse und mit hohem Aufwand stößt aber in der Praxis auf Widerstände.

• Der globale Klimawandel gehört damit zu den typischen Langfristproblemen hochkomplexer Art. Es genügt nicht eine einzige kraftvolle Aktion für eine nachhaltige Lösung. Im Gegenteil: Gefordert ist eine Vielzahl gut aufeinander abgestimmter Gegenmaßnahmen. Und mehr noch: Es handelt sich um eine Investition in die Zukunft zugunsten nachfolgender Generationen – oder das Nichtstun zulasten derselben. Es geht also um unmittelbar notwendiges Handeln, ohne eine Wirkung sofort nachweisen oder gar von ihr profitieren zu können. Im Ergebnis ist es nicht zuletzt dieser Mangel an aktueller Wahrnehmung gravierender Folgen des Klimawandels, der ihn so gefährlich und auch zum Gegenstand von Verharmlosungsversuchen oder gar verschwörungstheoretisch motivierter Leugnung macht. Die Kosten einer konsequenten Klimapolitik sind daher innenpolitisch oft nicht einfach zu erklären und durchzusetzen.

Ungeachtet dieser strukturellen Probleme eröffnen sich zwei generelle Strategieoptionen, um den Klimawandel und auch seine sicherheitspolitischen Folgen halbwegs zu beherrschen. Beide bedeuten keine Alternative, sondern beide sind unverzichtbar und daher komplementär zu verstehen:

• Der erste Strategieansatz (Adaptation) zielt auf proaktive Anpassung an die Folgen des Klimawandels, also auf eine verbesserte staatliche, ökonomische und individuelle Resilienz. Das umfasst ein wirksames Frühwarnsystem, eine weitsichtige Planung, umfangreiche und kostenintensive Schutzmaßnahmen, einen raschen Wiederaufbau nach einer klimabedingten Katastrophe und auch grundlegende strukturelle Weichenstellungen. Reiche Länder sind hierzu kraft ihrer Mittel und meist auch ihrer geographischen Lage deutlich besser befähigt als arme, die wiederum in der Regel besonders stark und häufig einzelnen Klimaschocks ausgesetzt sind. Es lässt sich damit die These vertreten: Zum einen ist ein guter Teil des menschengemachten Klimawandels durch die industrialisierten Länder verursacht, und zum anderen verstärkt deren höhere Resilienz und Adaptionsfähigkeit die bestehenden Ungleichheiten weiter. Unabhängig von diesem Seitenaspekt ist jedoch festzuhalten, dass im Falle ungebremsten Klimawandels eine reine Anpassung früher oder später an ihre Grenzen stößt.

• Der zweite – und langfristig wohl entscheidende – Strategieansatz (Mitigation) setzt auf eine generelle Vermeidung oder Begrenzung weiterer Erderwärmung. Er zielt also auf die Ursachenbekämpfung und nicht auf das Beherrschen von Symptomen. Dies kann nur im globalen Kontext der Völkergemeinschaft gelingen. So wurde etwa in Paris 2015 in der Klimarahmenkonvention der VN (UNFCCC) beschlossen, den Anstieg der globalen Mitteltemperatur auf maximal 2°C gegenüber dem vorindustriellen Niveau begrenzen zu wollen. Letztlich wird es darauf ankommen, ob und inwieweit vor allem die ‚großen‘ Verbraucher sich an diese Vereinbarungen in der Praxis halten und etwa ihre Preispolitik für fossile Energieträger – auch wenn dies die Wettbewerbsfähigkeit vorübergehend beeinträchtigen sollte – anpassen. Das angestrebte Ziel wird absehbar nur in einer kollektiven, solidarischen Kraftanstrengung aller Nationen, welche Kosten und Aufwand sorgsam austariert, erreichbar sein. Mit dem Ausstieg der USA im November 2020 aus dem Paris-Abkommen erfuhr diese Hoffnung einen großen Dämpfer. Allerdings hat Joe Biden bereits im Wahlkampf sehr deutlich gemacht, dass er insbesondere in der amerikanischen Klimapolitik eine Kehrtwende der Trump'schen Linie vollziehen möchte. Angesichts der Tatsache, dass die USA bei den im internationalen Clima Change Performance Index 2021 betrachteten 61 Staaten derzeit den allerletzten Platz in der Rangfolge einnehmen, könnte das ein wichtiges Signal sein.

• Eine weitere Variante der Vermeidungsstrategie soll hier nicht unerwähnt bleiben: mithilfe von technischen ‚Kunstgriffen‘ das Aufheizen der Atmosphäre oder den Einfall des Sonnenlichts zu regulieren. Diese und andere Projekte des Geo-Engineering oder Climate-Engineering betreffen aber derzeit nur vage Ideen mit obendrein noch unklaren Nebenwirkungen.

Wir haben in den vergangenen Kapiteln bereits mehrmals auf die Interdependenz sicherheitspolitischer Herausforderungen und die daraus resultierende Forderung nach umfassenden, vor allem auch langfristig und global ausgerichteten Konzepten hingewiesen. Für den Aspekt des Klimawandels und seiner Folgen trifft dies in besonderem Maße zu. Ihm kommt eine zentrale, wenn auch mitunter nur latent greifbare Rolle der Verstärkung sicherheitspolitischer Risiken zu. Die unmittelbaren Verbindungen zur künftigen Verteilung von Reichtum und Armut, zur Entwicklung unterschiedlicher Lebensbedingungen in den einzelnen Regionen der Erde und damit zu direkten oder indirekten Ursachen von sozialen Spannungen bis hin zu gewaltsam ausgetragenen Konflikten liegen auf der Hand. Und mehr noch: Auch umgekehrt untergraben diese Wirkungen den Willen oder auch die Kraft, gemeinsam die dringend nötigen Maßnahmen zum Eindämmen der Erderwärmung zu ergreifen. Damit verstärken sich Ursachen und Wirkungen gerade auf diesem Feld in fataler Weise. Zugleich mangelt es in der internationalen Politik an einvernehmlichen Ansätzen, wo und wie konkret diese Spirale durchbrochen werden kann. Unstrittig ist für die meisten Beteiligten allerdings, dass es raschen und gemeinsamen Handelns bedarf. Dabei dürfte es sich anbieten, unterschiedliche Akzente in den Fokus zu nehmen: In den eher unterentwickelten Regionen der Erde wird es zunächst vor allem darauf ankommen, die Resistenz gegen klimabedingte Folgen zu stärken und damit eine bessere Grundlage für ökonomisch-soziale Stabilität sowie letztlich auch umweltbewusstes Wirtschaften zu schaffen. Dagegen müssen die entwickelten Regionen endlich mehr als bisher dem Anspruch einer aktiven, global verantwortlichen Klimapolitik gerecht werden und dabei eine glaubwürdige Vorreiterrolle einnehmen.

Diskussionsfragen:
- Sind die Folgen des Klimawandels langfristig überhaupt noch beherrschbar?
- Wo sollte am meisten investiert werden: in die aktive Eindämmung der Erderwärmung oder in die reaktive Bewältigung ihrer Folgen?
- Welche Rolle kann Deutschland in der internationalen Klimapolitik spielen?

3.7 Pandemien und Biosicherheit

Mit der Erweiterung des klassischen Verständnisses von Sicherheitspolitik und insbesondere dem Ansatz ‚menschlicher Sicherheit' gerät eine neue Perspektive in das Blickfeld von Forschung und Politik: die der Gesundheit und ihrer Risiken. ‚Sicherheit' lässt sich unter anderem auch als körperliche Unversehrtheit eigener Staatsbürger interpretieren. Sofern dies nur das einzelne Individuum betrifft, mag man eine Relevanz für die nationale oder internationale Sicherheitspolitik allenfalls am Rande erkennen. Wenn es sich bei Gesundheitsgefährdungen allerdings um grundlegende strukturelle und in globalen Beziehungen angelegte Prozesse handelt, verdienen sie eine nähere Betrachtung hinsichtlich ihrer Ursachen und Folgen. Die COVID-19-Pandemie ab 2020 ist dafür ein besonders einschneidendes Ereignis.

Globale Gesundheitsfragen berühren ein breites Spektrum internationaler Beziehungen: Entwicklung, Sicherheit, Handel, Wirtschaft, Forschung, Bildung, Migration, Umwelt- und Klimaschutz sowie humanitäre Hilfe. Zugleich hat der Bedeutungszuwachs von Gesundheitsfragen auf der internationalen Ebene zu einer wachsenden Anzahl von staatlichen, zwischenstaatlichen und nichtstaatlichen Akteuren (‚Globale Gesundheitsarchitektur') geführt.

Das Thema Gesundheit gehört allerdings auch zu den Aspekten ‚menschlicher Sicherheit', deren Aufnahme in das erweiterte Spektrum moderner Sicherheitspolitik nicht unumstritten ist. Die These einer zunehmenden ‚Versicherheitlichung' von Politikfeldern lässt sich auch an diesem Beispiel durchaus kritisch diskutieren, wie wir das ja auch bereits im Kap. 1.1 angedeutet haben. Denn zum einen besitzen hier etwa klassische Instrumente, wie etwa militärische, kaum eine nennenswerte Relevanz bei der Problemlösung. Und zum anderen lässt sich die These vertreten, eine Klassifizierung der Gesundheit auch als Sicherheitsproblem lenke möglicherweise von den eigentlichen Wurzeln und Lösungsstrategien ab. Trotz dieser Einwände macht es durchaus Sinn, sich einigen zentralen Fragen menschlicher Gesundheit, der Verbreitung von Krankheiten und deren konflikttreibender Wirkung gerade auch aus sicherheitspolitischer Perspektive anzunehmen. Nicht umsonst haben in jüngerer Vergangenheit zwei der im Bereich des Bundesinnenministeriums angelegten jährlichen Übungen LÜKEX (Länderübergreifende Krisenmanagementübung) die Gesundheitsthematik in den Mittelpunkt ihrer Szenarien gestellt: 2007 eine Grippe-Pandemie und 2013 eine virale Epidemie.

Als Pandemie lässt sich die länder- bzw. kontinentübergreifende Ausbreitung einer menschlichen Infektionskrankheit (einer Seuche) bezeichnen, die das Potenzial schwerer gesundheitlicher und mitunter tödlicher Auswirkungen besitzt. Im Unterschied zur Epidemie ist sie örtlich nicht beschränkt und kann sich regional oder gar global mit hoher Geschwindigkeit ausbreiten. Aus staatlicher Perspektive geht es dabei zum einen um den unmittelbaren Schutz der eigenen Bevölkerung durch geeignete Vorsorge- oder Therapiemaßnahmen, zum anderen aber auch um das erfolgreiche Abschotten des eigenen Territoriums und damit der Bürger im Land vor den Krankheitserregern. Letzteres erfordert in der Regel eine enge internationale Abstimmung vorbeugender und reaktiver Maßnahmen.

Die transnationale Relevanz der Pandemievorsorge bzw. -bekämpfung versteht sich im Zeitalter der Globalisierung von selbst. Es handelt sich um einen Risikoaspekt, dessen Dynamik erst langsam so richtig deutlich wird. Mit der nahezu ungebremsten Mobilität von Menschen und dem freien Austausch von Gütern über große Entfernungen finden auch Krankheitserreger ihren Weg. Infektionsauslöser können durch internationalen Flug- und Reiseverkehr und Handelsbeziehungen nahezu jeden Erdteil innerhalb weniger Stunden oder Tage erreichen und dort ebenso rasch Epidemien mit gravierenden Folgen auslösen, auf die das lokale Gesundheitswesen nicht hinreichend vorbereitet ist.

Man muss beim Thema Seuchen, Pandemien und Epidemien keineswegs nur an die Pest im Mittelalter denken. Auch die jüngere Geschichte ist reich an bedeutsamen Beispielen (alle Zahlen nach Angaben der Weltgesundheitsorganisation):

- Die sogenannte ‚Spanische Grippe' forderte in den Jahren 1918–1920 bis zu 50 Millionen Todesopfer, und in den 1950er und 1960er Jahren starben an unterschiedlichen Formen von Influenza-Viren in verschiedenen Grippewellen jeweils über eine Million Menschen weltweit.
- Mit dem HIV (Humanes Immundefizienz-Virus) haben sich seit den 1980er Jahren weltweit mehr als 70 Mio. Menschen infiziert, rd. 35 Mio. sind daran gestorben. Subsahara-Afrika ist die am stärksten betroffene Region, etwa 4.2 Prozent der Erwachsenen (zwei Drittel der weltweit Infizierten) tragen dort das (HIV-)Virus.
- Ebenfalls einschneidend, wenngleich nicht mit einer vergleichbaren Zahl an Todesfällen, waren etwa die SARS-Krise in Asien im Jahr 2003, die Schweinegrippe in Lateinamerika im Jahr 2009 oder die Ebola-Pandemie von 2014/15 in Westafrika (insb. in Guinea, Liberia und Sierra Leone).
- Tuberkulose liegt hinsichtlich der Todeszahlen noch vor HIV. Im Jahr 2016 kam es zu etwa 1.7 Mio. Todesfällen, 56 Prozent davon in fünf Ländern (Indien, Indonesien, China, Philippinen und Pakistan).
- Cholera führt regelmäßig zu zahlreichen Todesfällen und betrifft vor allem Staaten, in denen der Zugang zu sauberem Trinkwasser und Sanitäranlagen fehlt.
- Meningitis betrifft mehr als 400 Mio. Menschen vorwiegend in afrikanischen Staaten (von Senegal bis Äthiopien).
- In Verbindung mit dem Klimawandel kann sich auch die geografische Verteilung von Krankheiten verschieben, zudem nehmen plötzliche Epidemien von Infektionskrankheiten mit hoher Sterberate zu. Darüber hinaus gilt besondere Besorgnis der zunehmenden antimikrobiellen Resistenz, die eine effektive Behandlung bestimmter Keime erschwert (Schäffner/Kickbusch 2015: 147).
- Die Covid-19-Pandemie schließlich hat ab Frühjahr 2020 weltweit mit rasant steigender Tendenz rd. 2,1 Mio. Todesopfer (Stand: Januar 2021) gefordert und zu einer schweren und globalen Rezession noch lange nicht abschätzbaren Ausmaßes geführt. Nahezu alle Staaten der Welt sind betroffen – es kann also ohne jeden Zweifel von einer globalen Pandemie gesprochen werden. Der UN-Generalsekretär (Guterres 2020) sprach gar davon, dass diese Pandemie die größte Bewährungsprobe sei, der die Welt sich seit dem Zweiten Weltkrieg gegenübersehe. Sie belege zugleich eine „Dysfunktionalität in den internationalen Beziehungen", weil die größten Mächte gegeneinander antreten und bei der Bekämpfung der Pandemie nicht hinreichend kooperieren. Der VN-Sicherheitsrat hat sich mehrfach – erstmals im

Jahr 2000 mit der HIV/AIDS, dann 2014 mit der Ebola-Pandemie und im April 2020 mit Corona – mit globalen Gesundheitsfragen befasst und diese zu Recht jeweils als Bedrohung für Frieden und Stabilität definiert. Allerdings ist er bei Corona aufgrund unterschiedlicher Interessen, Handlungsstrategien und Narrative der fünf Vetomächte weitestgehend gelähmt. Auch die Treffen der G-7 und der G-20, von IWF oder Weltbank haben zwar erhebliche Finanzmittel mobilisiert; zentrale Akteure waren diese Organisationen aber nicht. Mit der Corona-Krise lässt sich vielmehr eine verstärkte Rückkehr zu unilateraler, auf betont nationale Prioritäten setzender Politik und zu gegenseitiger Abschottung beobachten – dabei ist die Krise ein Stresstest für die Effizienz von Staaten, übrigens auch hinsichtlich des Systemwettbewerbs zwischen Demokratie und Autokratie.

Auch in entwicklungspolitischer Hinsicht erhält das Thema Gesundheitsvorsorge eine wachsende Bedeutung. Die ärmeren Staaten des globalen Südens sind weit überdurchschnittlich von seuchenartigen Pandemien und Epidemien betroffen. Dies hat insbesondere mit den weniger leistungsfähigen Gesundheitssystemen zu tun, betrifft also vornehmlich das Folgenmanagement. In den Nachhaltigkeitszielen der VN (SDGs) widmet sich eines der 17 Ziele explizit den globalen Gesundheitsfragen. Auch die Berichte des Entwicklungsprogrammes der VN (UNDP) behandeln regelmäßig die Verbindung zwischen Sicherheit und Gesundheit und haben den Begriff ‚health security‘ geprägt. Nationale Akteure nehmen diesen Zusammenhang ebenfalls zunehmend in den Blick. Einer der US-Geheimdienste legte bereits 2000 einen Bericht vor, in dem beschrieben wird, wie globale Infektionen und Pandemien auch die Sicherheit der USA berühren können (Elbe 2016: 375). Im Jahr 2005 hat das Auswärtige Amt einen Koordinator für die außenpolitische Dimension globaler Gesundheitsfragen eingerichtet, und die Bundesregierung legt seit 2013 ein ‚Konzept Globale Gesundheitspolitik‘ vor. Das ‚Weißbuch zur Sicherheitspolitik‘ (2016: 45) spricht ebenfalls von „systemischen Risiken, die aus Pandemien und Seuchen entstehen können“.

Noch ein weiterer entwicklungs- wie sicherheitspolitischer Aspekt sei hier erwähnt: der enge ‚positive‘ Zusammenhang zwischen Armut und Gesundheitswesen einerseits und dem Bevölkerungswachstum in weiten Teilen der Entwicklungsländer andererseits. Der Befund überrascht vielleicht auf den ersten Blick, leuchtet aber mit Blick auf ein simples Argument ein: Kinderreichtum bedeutet in extrem armen Gesellschaften eine Art Altersvorsorge. Je geringer dort die Wahrscheinlichkeit ist, dass Kinder überleben, desto mehr werden geboren – und umgekehrt. Was aber eine Überbevölkerung in Regionen mit ohnehin schwierigsten Lebensbedingungen für das gewaltsame Konfliktpotenzial und für Migrationsbewegungen bedeutet, haben wir bereits behandelt. Auch von daher stellt ein funktionierendes Gesundheitssystem, vor allem mit Blick auf weite Regionen Afrikas, eines der primären internationalen Ziele dar. Gesundheit ist damit beides: sowohl Voraussetzung als auch Ergebnis von Entwicklung.

Es ist wahrscheinlich, dass die Verbindung von öffentlicher Gesundheitsvorsorge und Sicherheit künftig mehr Aufmerksamkeit bekommen wird, was zur Stärkung der Weltgesundheitsorganisation und verbindlichen Regeln etwa zur Bevorratung von medizinischem Gerät führen könnte. Daraus resultiert auch die Notwendigkeit von systematischer Prävention – die sich in diesem Fall nicht nur auf konkrete Vorsorgemaßnahmen (z. B. im Gesundheitssystem) bezieht, sondern auch auf die Etablierung, Beübung und Ausstattung eines geeigneten internationalen Instrumentariums zur Krisenbewältigung in Pandemien. Die Krise zeigt aber auch in aller Dramatik: Schwache Gesundheitssysteme in einzelnen Ländern gefährden auch die Bevölkerung in anderen Staaten. Absehbar ist darüber hinaus, dass sich das Themenfeld Resilienz – also Widerstandsfähigkeit – als neues sicherheitspolitisches Paradigma weiter etabliert. Das gilt nicht nur für Fragen der inneren Sicherheit, die durch die Pandemie und ihre auch gesellschaftlich einschneidenden Folgen auf eine harte Bewährungsprobe gestellt wird. Dies wird wiederum Konsequenzen für die Bereitschaft haben, sicherheitspolitische Ressourcen und Energie in klassische Aufgaben der Sicherheitspolitik – von Bündnisverteidigung über militärisches Krisenmanagement bis zu Peacekeeping-Missionen – zu investieren. Auch die Verteidigungshaushalte dürften dabei mittelfristig massiv unter Druck geraten.

Von Henry Kissinger (2020) stammt die Einschätzung, dass die Corona-Pandemie die Weltordnung für immer verändern werde. Die historische Herausforderung sei, die Krise zu bewältigen und gleichzeitig die Zukunft zu gestalten. Ein Scheitern, so Kissinger, könnte die „Welt in Brand setzen". Die Corona-Pandemie ist ohne Zweifel ein „game changer" und kann eine Art „defining moment" in der internationalen Politik sein. Aber: Die Interessenslagen der wichtigen Akteure haben sich nicht nachhaltig verändert, sondern folgen eher den bisherigen Linien, die bestehenden Institutionen haben sich nur zum Teil bewährt, Gewinner ist einstweilen der souveräne Nationalstaat, Verlierer sind internationale Organisationen. Welche Ideen sich durchsetzen und in welche Richtung sich das Krisenmanagement auf mittlere Sicht bewegen wird – mehr nationale Nabelschau oder mehr globales, multilaterales Denken –, ist heute nicht absehbar. Die aktuellen Fähigkeiten und damit Voraussetzungen, die Krise zu lösen, sind aber besser als zu vermutlich jeder anderen Phase in der Menschheitsgeschichte. Das gilt für die Möglichkeiten einen Impfstoff zu entwickeln und global gerecht zu verteilen ebenso wie für die medizinischen Behandlungschancen von Erkrankten. Ob diese im historischen Vergleich günstige Lage im Sinne globaler Stabilität genutzt wird, bleibt bisher offen.

Eine weitere Problematik ergibt sich unter der Thematik der sogenannten ‚Bio-Sicherheit', die mindestens zwei Dimensionen hat: die Sicherheit vor Unfällen (‚biosafety') und die Sicherheit vor Missbrauch (‚biosecurity'). In beiden Bereichen geht es darum, die Gefahren einer ‚entgrenzten' Forschung oder einer unkontrollierten Anwendung biotechnologischer Erkenntnisse zu identifizieren und zu verringern. Aus sicherheitspolitischer Perspektive ergibt sich dabei nicht zuletzt die Frage, ob und wie angesichts der rasanten und kaum zu kontrollierenden Verbreitung des einschlägigen Know-how ein Schutz gegen ‚Alptraum-Szenarien' – etwa Bio-Kampfstoffe in Händen von Terroristen – möglich ist (s. Kap. 3.3).

Aber auch mit Blick auf das militärpolitische Handeln von Staaten – sei es im Sinne einer offensiven Machtprojektion oder einer defensiv ausgerichteten Abschreckungswirkung – wirft das technische Entwicklungspotenzial von Bio- und Chemiewaffen zahlreiche Fragen auf. Zwar sind solche Waffen völkerrechtlich geächtet und ein Einsatz wäre in der Regel mit dem Risiko massiver Reaktionen anderer Staaten oder der Völkergemeinschaft insgesamt verbunden. Aber dennoch zeigen immer wieder Beispiele wie etwa jüngst in Syrien, dass sich auch staatliche oder halbstaatliche Akteure vom Besitz oder der Anwendung solcher Waffen einen militärischen Vorteil versprechen könnten. Bei Terroristen – zumal Selbstmordattentätern – dürften Skrupel in ihrer Kalkulation noch weitaus weniger ausgeprägt sein. Bisher sind solche Vorfälle selten (obgleich etwa 1995 Sarin in der U-Bahn von Tokyo als Waffe benutzt und 2001 in den USA Briefe mit hoch-toxischem Anthrax verschickt wurden). Es ist aber damit zu rechnen, dass diese Problematik über kurz oder lang zunimmt.

Mit der politischen und moralischen Thematik der Biotechnologie eröffnet sich ein wichtiges Feld internationaler Politik. Es geht darum, einerseits wissenschaftliche Fortschritte für eine friedliche Nutzung zu erzielen, andererseits aber die damit verbundenen Missbrauchsgefahren zu beherrschen. Letztlich wird das auf ausschließlich nationaler Ebene nur bedingt gelingen. Es bedarf darüber hinaus eines internationalen Regelwerks und geeigneter Mittel, um es in der Praxis durchzusetzen. Zahlreiche Staaten wie u. a. die USA sowie internationale Organisationen (u. a. WHO, Nato, VN) und Regime arbeiten massiv an entsprechenden Strategien. Deutschland ist auch Mitglied der ‚Global Health Security Initiative' (GHSI). Das informelle Netzwerk der G7-Staaten und Mexikos unter Beteiligung der Europäischen Kommission und der Weltgesundheitsorganisation wurde nach den Terroranschlägen vom 11. September 2001 gegründet, um im Gesundheitsbereich besser auf biologische, chemische oder radionukleare Bedrohungen – insbesondere durch den internationalen Terrorismus – vorbereitet zu sein und im Ereignisfall reagieren zu können.

Diskussionsfragen:
- Wo liegt der Nutzen, wo liegen die Gefahren einer Aufnahme gesundheitsspezifischer Aspekte in das Konzept einer erweiterten, vernetzten Sicherheitspolitik?
- Welche sicherheitspolitischen Konsequenzen sind aus der COVID-19-Pandemie zu erwarten?
- Reicht das bisherige internationale Regelwerk hin, um dem Missbrauchsrisiko biotechnologischer Forschung zu begegnen?

3.8 Cyberraum und Cybersicherheit

Kaum ein Treiber staatlicher Unsicherheit entwickelt sich so dynamisch und unabsehbar wie die Bedrohungen, die aus der Nutzung des Cyberraums entstehen. Es geht dabei teilweise Hand in Hand mit dem Fortschreiten auf dem Feld der Künstlichen Intelligenz (s. Kap. 3.11). Im Informationszeitalter kommt dem freien Fluss von Daten und Informationen eine zentrale Rolle zu. Kommunikationssysteme lassen sich als „das zentrale Nervensystem der Gesellschaft im 21. Jahrhundert" (BSI 2017: 3) begreifen. Erfahren sie Störungen von innen oder außen, stehen Stabilität und mitunter gar die gesellschaftliche Lebensfähigkeit insgesamt auf dem Spiel. Sicherheit im Cyberraum – ‚cybersecurity' – beschäftigt dabei nicht nur staatliche Institutionen. Gezielte Angriffe gerade auch auf Firmen und Industriespionage gehören inzwischen zum Alltag und verursachen Schäden in Milliardenhöhe.

Die Anfälligkeit des Cyberraums ist jedenfalls offenkundig. Cyberangriffe sind eine zunehmende Gefahr für die Stabilität, den Wohlstand und die Sicherheit. Die massiven Cyberattacken, die etwa im Frühjahr 2007 das öffentliche Leben in Estland für mehrere Tage massiv beeinträchtigten, verdeutlichen den wachsenden Stellenwert dieser neuartigen Bedrohung, deren Auswirkungen die Größenordnung von konventionellen Angriffen erreichen können. Angesichts der immer weiter fortschreitenden Digitalisierung und Vernetzung etwa der Energieversorgung (vor allem Strom) haben auch hier Störungen zunehmend Konsequenzen, die in ihrem Ausmaß durchaus mit Kriegsfolgen verglichen werden können. Der Angriff auf den Iran im Jahr 2010 mittels des ‚Stuxnet-Virus' (vermutlich aus den USA und Israel) verdeutlicht, wie offensiv diese Materie nutzbar ist und genutzt wird. Von daher wird der Cyber- und Informationsraum heute als eines der primären strategischen Handlungsfelder staatlicher Sicherheitspolitik erachtet, dessen Tiefe gleichwohl noch weitgehend unerschlossen bleibt. Meist wird es noch unterschätzt, bisweilen aber auch alarmistisch aufgebauscht.

Im Kern bezieht sich das Wirken im Cyberraum auf das Verarbeiten und zweckorientierte Nutzen von Daten und Informationen mittels moderner digitaler Technologien. In sicherheitspolitischer Hinsicht steht es damit in einem engen Zusammenhang mit hybriden Konzepten, die es im Prinzip schon immer gab. Was man etwa bisher unter Tarnen der eigenen Kräfte oder Täuschen des Gegners mithilfe gezielter Desinformation verstand, findet im Cyberzeitalter ungeahnte neue Möglichkeiten. Es handelt sich dabei um die nahezu grenzenlose und noch lange nicht ausgereizte Erweiterung des digitalen Werkzeugkastens im Dienste staatlicher oder privater Ziele. Dies bedeutet aber auch mit Blick auf die großen Herausforderungen internationaler Sicherheitspolitik: Die Konfliktfelder selbst sind nicht grundsätzlich neu – wohl aber die Art und die Vielschichtigkeit ihrer konkreten Form. Es macht daher Sinn, von „cyber(ed) conflicts" (Dunn Cavelty 2016: 410) zu sprechen.

Der technologische Fortschritt in der Digitalisierung der modernen Lebenswelt besitzt seit Jahrzehnten eine ungebremste Dynamik – fast im Sinne einer andauernden Revolution, deren Ende noch lange nicht absehbar ist. Gleiches gilt für die mit ihm zwangsläufig verbundenen nicht-virtuellen Folgen in allen gesellschaftlichen Bereichen. Dabei zeichnen sich einige Eigenschaften des Cyber- und Informationsraums ab, die eine neuartige sicherheitspolitische Relevanz begründen: Der ‚Faktor Raum' erfährt eine wesentliche Erweiterung durch die Tatsache, dass Cyberaktivitäten geographisch kaum noch abzugrenzen oder zuzuordnen sind und meist keinerlei Spuren hinterlassen. Den ‚Faktor Zeit' prägt die ungeheure Geschwindigkeit im Informationsfluss mittels digitaler Systeme, die einem Angegriffenen weder eine Frühwarnung ermöglicht noch die Chance adäquater Reaktionen eröffnet. Den ‚Faktor Kräfte' schließlich kennzeichnet eine asymmetrische Verteilung von Aufwand und Wirkung – so lässt sich eine aggressive Malware vergleichsweise einfach platzieren, während sie umgekehrt ein enormes Schadenspotenzial in Gesellschaften entwickelt, deren kritische Lebensbereiche unmittelbar von einer funktionierenden IT-Vernetzung abhängen.

Im Ergebnis widerlegen diese Charakteristika auch die These Clausewitz' von der Verteidigung als der überlegenen Form der Gefechtsführung: Im Cyberraum besitzt nicht der Verteidiger, sondern im Prinzip der Angreifer entscheidende Vorteile, da er rasch, unerkannt, aus der Distanz und – sobald er die entsprechenden Fähigkeiten entwickelt hat – mit vergleichsweise geringem Aufwand operieren kann. Darüber hinaus lässt sich vermuten, dass für einen Angreifer – solange er in der Lage ist, seine digitalen Maßnahmen nicht nur zu verschleiern, sondern auch zu kontrollieren und zweckorientiert zu dosieren – die Entscheidungsschwelle zu Cyberattacken deutlich niedriger liegt als in früheren Zeiten, als jede reale Aggression Gefahr lief, eine starke Antwort des Gegenübers zu provozieren. Umso schwieriger wird die Suche nach erfolgversprechenden Strategien, um gegnerische Akteure – seien es Kriminelle, Spione, Terroristen oder andere Staaten – vor Attacken im Cyberraum so abzuschrecken, dass für sie die Kosten einer Aggression höher sind als der erhoffte Nutzen.

Auf der Suche nach solchen strategischen Konzepten stellt sich zunächst die Frage: Wer, was und wie soll abgeschreckt werden? Die diversen Aktivitäten im Cyberraum sind höchst vielfältig, und entsprechend komplex stellen sich die potenziellen Handlungsfelder dar. Als besondere Schwierigkeit kommt hinzu, dass im Cyberraum einige Grenzen verschwimmen, die in der klassischen Sicherheitspolitik und auch im Völkerrecht bisher als eine Art stabilisierender Ordnungsfaktor gewirkt haben: zwischen innerer und äußerer Sicherheit, zwischen Staat und privaten Akteuren, zwischen Krieg und Nicht-Krieg und Spionage, zwischen Kombattanten und Nicht-Kombattanten, zwischen offensiv und defensiv, zwischen zivil und militärisch, und einige andere mehr.

Auch gilt es mit Blick auf Akteure und Motive zwischen mehreren Risikoklassen (Gaycken 2015: 230) im Cyberraum zu unterscheiden, die jede für sich spezifische, also maßgeschneiderte Sicherheitsansätze erfordern:

- Die ‚Cyberkleinkriminalität‘, etwa kleine Online-Betrüger, die sich vorwiegend an ‚hit-and-run-Geschäftsmodellen‘ orientieren.
- Die ‚Organisierte Cyberkriminalität‘, die oft auf mächtigen Syndikaten gründet und deren Ziele sich vor allem auf den Banken- und Finanzsektor mit ungeheuren Gewinnaussichten beziehen – allerdings ohne jeden ideologischen Hintergrund.
- Der ‚Cyberterrorismus‘, dessen Streben darauf gerichtet ist, mittels spektakulärer Schadensereignisse eine hohe mediale Aufmerksamkeit zu erzielen. Kritische Infrastrukturen (Energie, Verkehr) mit hohem Schadenspotenzial stehen dabei besonders im Visier – wobei allerdings Mittel und Know-how für einen erfolgreichen Anschlag auf dieser Ebene kaum ausreichen.

- Die ‚Cyberspionage‘, die sich – wie in der klassischen Spionage auch – vor allem auf die Ausspähung von Wirtschaftsdaten und von militärischen Geheimnissen richtet.
- Und schließlich der sogenannte ‚Cyberkrieg‘, bei dem es sich freilich eher nicht um einen eigenständigen Krieg handelt, sondern um einen zwischenstaatlichen, ggf. auch gewaltsam ausgetragenen Konflikt, der mithilfe moderner Technologien auch im Cyberraum ausgetragen wird.

Hinzu kommen Misch- und Sonderformen wie die des ‚Hacktivismus‘ (Dunn Cavelty 2016: 406) – eine Kombination zwischen Hackern und Aktivisten, die sich wie WikiLeaks z.B. die Formel ‚alle Informationen sollten frei sein‘ auf die Fahne(n) geschrieben haben. Insgesamt verhindert allein diese große Bandbreite an Akteuren und Motiven, eine allumfassende präventive Cyberabwehrstrategie zu entwerfen. Das gilt auch für jeden Versuch, potenzielle Angreifer erfolgreich abzuschrecken – wobei dies im Falle des Terrorismus zweifellos am schwersten fällt. Dennoch ergeben sich durchaus Ansatzpunkte für die praktische Gestaltung der Cybersicherheit. Am Beispiel des Cyberkrieges, also der Nutzung des digitalen Gefechtsfelds in Vorbereitung oder Führung einer gewaltsamen Auseinandersetzung zwischen Staaten, soll dies exemplarisch erläutert werden. In Anlehnung an Gedanken von Joseph Nye (2018: 38) anlässlich der Münchner Sicherheitskonferenz 2018 ergeben sich im Grundsatz vier Handlungsoptionen für die westliche Sicherheitspolitik, um mit hinreichendem Erfolg Cyberangriffe abzuschrecken:

- Option 1 – Androhung von Strafe. Hier handelt es sich um die klassische und zugleich schärfste Form der Abschreckung, mit der jedem Aggressor empfindliche Sanktionen als unweigerliche Konsequenz signalisiert werden. Das Spektrum umfasst dabei keineswegs nur digitale Strafen, etwa ein offensives ‚Hack-back‘, vielmehr stehen meist ganz reale Drohungen wirtschaftlicher oder auch militärischer Art im Fokus. Eines der Hauptprobleme liegt dabei in der Attribution, also vor einer konkreten Sanktionierung den Urheber der Aggression zweifelsfrei feststellen zu können. Dies ist im Cyberraum oft extrem schwierig – vor allem, wenn sich staatliche Aktionen mit einem kriminellen, jedenfalls nicht-staatlichen Etikett maskieren (wie man es bisweilen der russischen Regierung vorwirft). Und darüber hinaus muss jede Antwort auch dem völkerrechtlichen Grundsatz der Verhältnismäßigkeit genügen.
- Option 2 – Sicherheit durch Resilienz. Dieser rein defensive Ansatz baut auf die stetige Verbesserung der Sicherheit durch technische und organisatorische Vorsorge. Es geht unter anderem um hochentwickelte Firewalls, um das

Vorhalten redundanter Strukturen, um Dezentralisierung oder enge Kooperation aller eigenen Akteure, aber teilweise auch um eine Entnetzung der besonders verwundbaren kritischen Infrastrukturen. Im Prinzip entspricht dieser Ansatz auch dem Leitbild der aktuellen EU-Strategie zur Cybersicherheit (Bendiek/Bossong/Schulze 2017), die auf betont defensive Resilienz
setzt. Allerdings leidet dieser Ansatz unter der Tatsache, dass alle auch noch
so guten Abwehrmittel aufgrund der Rasanz im technologischen Wandel
immer wieder rasch an Wirkung verlieren. Die Sicherheitskonzepte drohen
damit stets der Realität hinterherzulaufen. Auch kommt diese Option wohl
nicht ohne die Notwendigkeit aus, auch selbst eine gewisse offensive Cyber-
fähigkeit zu entwickeln – allein schon, um die Widerstandskraft der eigenen
Systeme hart und realistisch testen zu können.

- Option 3 – internationale Verflechtung. Dieser Ansatz nutzt die Erkenntnis, dass in einer global vernetzten Welt jede gewaltsame Auseinandersetzung unter dem Strich nur Verlierer hervorbringt. Je stärker also die Akteure miteinander wirtschaftlich, technologisch, kulturell und ggf. auch militärisch vernetzt sind, desto geringer ist die Chance, durch Aggression
einseitige Vorteile erzielen zu können. Dieser oft zu Unrecht als naiv empfundene Gedanke läuft damit auf einer Art der Selbstabschreckung hinaus.
Die aktuelle Lage zwischen den Antagonisten USA und China – um das
mit einem Beispiel aus der realen Welt zu illustrieren – spiegelt die durchaus konfliktentschärfende Rolle dieser Idee wieder. Allerdings sind einer internationalen Verflechtung Grenzen nationaler Interessen oder gar der Ge-
heimhaltung gesetzt – und außerdem ist keineswegs klar, ob und inwieweit
die betreffenden Akteure überhaupt zu einer engen gegenseitigen Verflechtung und Vertrauensbildung bereit sind.

- Option 4 – internationale Normensetzung. Die bisherige Entwicklung im
Cyberraum lässt – analog zur nuklearstrategischen Lage im Kalten Krieg – eine neue Variante des ‚Sicherheitsdilemmas‘ erkennen. Keine der größeren, fi-
nanzkräftigen Mächte im globalen Staatensystem glaubt sich Schwächen auf
diesem zukunftsträchtigen Gebiet leisten zu können – und aufgrund leicht zu
verbergender Forschungsaktivitäten herrscht tiefes gegenseitiges Misstrauen.
Ein digitaler Rüstungswettlauf, der gerade auch einseitige Vorteile offensiver
Cyberaktivitäten auszuschöpfen versucht, ist vorprogrammiert. Internationale Vereinbarungen könnten ein Mittel sein, diese unausweichliche Entwick-
lungsspirale zumindest zu dämpfen – sei es etwa über Normen zur Forschung
und Entwicklung, sei es durch eine quantitative wie qualitative Beschränkung
offensiver Cyberfähigkeiten, oder sei es durch klare Regeln zur völkerrechtli-

chen Einordnung oder gar Ächtung bestimmter Cyberaktivitäten. Das schafft noch keine Garantien gegen einen etwaigen Vertragsbruch. Aber es treibt zumindest die ‚moralischen' Kosten (Stichwort ‚naming and shaming') eines solchen nach oben und stärkt damit die abschreckende Wirkung.

Keine dieser vier Optionen einer ‚Cyberabschreckung' kann für sich allein einen hinreichenden präventiven Schutz des eigenen Staates gegen Cyberangriffe von außen bewirken. Gefragt ist daher ein Mix aus den genannten Ansätzen, der lageabhängig und fähigkeitsbezogen auszugestalten ist und darüber hinaus extrem anpassungsfähig bleiben muss. In der deutschen und europäischen Sicherheitspolitik ergibt sich hier trotz der in jüngerer Zeit forcierten Anstrengungen noch ein erheblicher Handlungsbedarf, der natürlich auch die hier nicht näher diskutierten Risiken der Cyberkriminalität, des Cyberterrorismus und generell auch der Robotik und ‚Künstlichen Intelligenz' umfasst. Komplexität und Tiefe all dieser sicherheitspolitischen Herausforderungen erzwingen dabei nicht zuletzt zwei Prämissen, denen im Cyber- und Informationsraum der Zukunft eine besondere Rolle zukommt: Erstens greifen rein nationale Antworten zu kurz, und zweitens ist ein sehr weiter Blick nach vorn gefragt.

Diskussionsfragen:
- Was folgt aus der These, im Cyberraum sei der Angreifer im Vorteil?
- Cyber-Attacken abschrecken: Kann das überhaupt funktionieren?
- In welche Richtung entwickelt sich der ‚Cyber-War' der Zukunft, und was bedeutet das für die internationale Sicherheitspolitik?

3.9 Dilemmata von Rüstung und Abrüstung

In einer Pressekonferenz vom Frühjahr 2018 bringt der damalige US-amerikanische Präsident Trump die Problematik von Rüstung, vermutlich ungewollt, auf den Punkt. Die USA gäben 2018 etwa 700 Mrd. US-Dollar für Rüstungsgüter aus und das Wettrüsten drohe außer Kontrolle zu geraten. Er insistierte aber zugleich, dass die USA die stärkste Militärmacht bleiben wollten und es niemals zuließen, dass andere Mächte über Rüstungsgüter verfügten, die nicht auch im Besitz der USA seien (Trump 2018).

Das grundsätzliche Dilemma von Rüstung und Wettrüsten ist nicht neu, scheint aber bis heute in der Sicherheitspolitik nicht wirklich auflösbar. Bereits in der von Roosevelt und Churchill vorgestellten Atlantik-Charta aus dem Jahr 1941 heißt es: „Der künftige Friede kann nicht erhalten werden, wenn die Rüstung zu Lande, zu Wasser und in der Luft durch Nationen weitergeführt wird, die mit Angriffen über ihre Grenzen hinaus drohen oder zu drohen bereit sind, [...] daher glauben sie, dass die Abrüstung dieser Nationen nötig ist, solange nicht ein umfassendes und dauerhaftes System allgemeiner Sicherheit besteht. Sie werden in gleicher Weise alle anderen praktischen Maßnahmen fördern und ermutigen, den friedliebenden Völkern die erdrückenden Rüstungslasten zu erleichtern" (Punkt 8). Auch in die Charta der VN wurde dieser Gedanke aufgenommen. Als Ziel der VN wird darin genannt, die internationale Sicherheit dadurch zu fördern, „dass von den menschlichen und wirtschaftlichen Hilfsquellen der Welt möglichst wenig für Rüstungszwecke abgezweigt wird" (Art. 26). Im Unterschied zum Völkerbund impliziert diese Formulierung allerdings auch, dass ein gewisses Maß an Rüstung als erforderlich betrachtet wird, nicht zuletzt um militärische Zwangsmaßnahmen im Sinne der VN-Charta durchsetzen zu können.

Begrifflich ist zwischen Rüstung, Abrüstung und Rüstungskontrolle zu unterscheiden.

- Bereits ‚Rüstung' und ‚Abrüstung' sind in gewisser Weise schillernd, da sich hinter ihnen höchst unterschiedliche Definitionen, Formen und Zwecke verbergen – was vergleichende Analysen enorm erschwert. Oft interpretiert man Rüstung generell als Militärausgaben. Präziser ist allerdings die Verengung auf militärische Beschaffungen und Entwicklungsarbeiten – also damit z.B. ohne Ausgaben für Personal, Infrastruktur oder Ausbildung. Und selbst bei den Beschaffungen könnte man theoretisch mit Blick auf ‚Rüstung' zwischen Waffensystemen und anderem militärischen Gerät (wie z.B. Lkw, Kommunikationsmittel, soldatische Bekleidung) trennen oder den (letztlich untauglichen) Versuch unternehmen, zwischen offensiv und defensiv zu unterscheiden. Allerdings stoßen alle definitorischen Präzisierungsversuche sehr schnell auf Grauzonen und damit an Grenzen. Unter ‚Abrüstung' hingegen versteht man in aller Regel die quantitative und qualitative Verringerung bereits bestehender Waffenarsenale und militärischen Personals. Meist steht das Signal einer bewussten Deeskalation in den internationalen Beziehungen dahinter.
- Der Begriff ‚Rüstungskontrolle' wiederum zielt auf die politisch geordnete Steuerung von Rüstungsprozessen durch bi- oder multilaterale bzw. globale Vertragswerke. Mit ihr soll durch quantitative und oft auch qualitative Vorgaben die Dynamik der Rüstungsmotive beherrscht, gegenseitiges Vertrauen gebildet und damit unerwünschten, unkontrollierbaren Entwicklungen vorgebeugt werden. Rüstungskontrolle kann dabei – je nach vertraglicher Gestaltung – sowohl eine verbindliche Abrüstung als auch eine Begrenzung weiterer Aufrüstung bedeuten, und zwar nach Zahl oder auch nach Art der

betrachteten Waffen. Sie zielt damit – meist begleitet von erforderlichen Verifikationsregimen – entweder auf den Abbau eines vorhandenen oder auch potenziell möglichen Arsenals (siehe etwa START oder der KSE-Vertrag) oder auch auf eine völkerrechtliche Ächtung unerwünschter Waffen (wie Streubomben, biologische und chemische Kampfmittel). Auch der Nukleare Nichtverbreitungsvertrag stellt eine Form internationaler Rüstungskontrolle dar – mit höchster aktueller Brisanz, wie die Beispiele Iran und Nordkorea zeigen. Gemein sind allen diesen kontrollpolitischen Ansätzen zwei Aspekte: Erstens zementieren sie unter dem Motiv der Friedenswahrung bzw. Kriegsverhinderung die internationale Machtbalance – womit aus sehr unterschiedlichen Gründen nicht alle Akteure immer einverstanden sind. Und zweitens können sie im Ergebnis nur wirksam sein, wenn auch eine hinreichende Verifizierbarkeit und damit Vertrauensbildung gegeben ist – was in einigen waffentechnischen oder auch politischen Konstellationen schwierig ist.

Auch in der politikwissenschaftlichen Literatur sind Funktion und Auswirkung von Rüstungsmaßnahmen umstritten.

- Einerseits wird die Auffassung vertreten, Rüstung führe zwangsläufig zu mehr Unsicherheit und verschärfe das bereits in Kapitel 2.1 erläuterte ‚Sicherheitsdilemma'. Kern dieses Dilemmas ist die Erkenntnis, dass ein „aus gegenseitiger Furcht und gegenseitigem Misstrauen geborenes Unsicherheitsgefühl" die Staaten in einen „Wettstreit um Macht" führe und diese dazu bringe, „ihrer Sicherheit halber immer mehr Macht anzuhäufen, ein Streben, das unerfüllbar bleibt, weil sich vollkommene Sicherheit nie erreichen lässt" (Herz 1961: 130).

- Andererseits wird argumentiert, ein gewisses Maß an Rüstung sei erforderlich, um überhaupt sicherheitspolitisch handlungsfähig zu sein und damit nicht nur die eigene Souveränität wahren, sondern auch einen Beitrag zur Stabilität des internationalen Systems leisten zu können. Dazu gehöre zwangsläufig die angemessene Ausstattung von Streitkräften mit Waffensystemen und Ausrüstung. Selbst aber wenn ein Staat mit seinen Streitkräften ausschließlich ‚friedliche Zwecke' verfolgen würde und diese entweder zur defensiven Abschreckung nutzen oder in den Dienst internationaler Friedenssicherung – also ‚legitimer' Militäreinsätze – stellen würde, ist natürlich die psychologische Wahrnehmung durch andere Staaten zu beachten.

Beide Argumentationslinien sind in Theorie und auch Praxis gerechtfertigt. Entscheidend ist dabei, alle Perspektiven zu berücksichtigen: die eigene wie auch die der anderen Akteure. In der Sicherheitspolitik geht es eben um Potenziale im Sinne von Werkzeugen einerseits und handlungsleitende Intentionen andererseits. Erstere sind real, längerfristig stabil und damit auch strategisch solide bewertbar, während sich Letztere mitunter so schnell wie überraschend ändern können. Es ist eine der primären Aufgaben internationalen Handelns, hier eine gute Balance zu finden und zu halten. Kurzum: Es ist allgemein anerkannt, dass Staaten Militär unterhalten und dieses auch ausrüsten müssen; strittig ist, wann daraus Bedrohungen für andere Staaten bzw. die internationale Sicherheit resultieren und wie mit diesem Befund umzugehen ist.

Dementsprechend wird der Stellenwert von Abrüstung und Rüstungskontrolle unterschiedlich veranschlagt. Der damalige Direktor des VN-Instituts für Abrüstungsforschung (UNIDIR) bringt das Spannungsverhältnis auf folgende Formel: „Abrüstung kann zwar nur Früchte tragen, wenn die internationale Umwelt als zunehmend befriedet wahrgenommen wird. Aber es ist ebenso richtig, dass Abrüstung selbst Teil der internationalen strategischen Landschaft ist. Ihre Stellung und ihr Fortschritt kann zu ebenjenen Bedingungen beitragen und sie verstärken, die Sicherheits- statt Unsicherheitsperzeption erzeugen. Leider ist dieser Mechanismus ebenso schwierig in Gang zu setzen wie man in den entgegengesetzten Teufelskreis sehr leicht geraten kann" (Carle 1999: 17).

Die genaue Höhe der Verteidigungshaushalte ist dabei im Detail schwieriger zu beurteilen und international zu vergleichen, als es auf den ersten Blick scheinen mag. Zu den Schwierigkeiten zählen unter anderem die Fragen, was als Verteidigungsausgabe definiert wird (etwa Einbeziehung von Pensionslasten, paramilitärischen Kräften etc.), ob die Angaben den tatsächlichen Ausgaben entsprechen und auch wie Wechselkurse und Kaufkraftparitäten bewertet werden. All dies macht eine seriöse Vergleichbarkeit der zahlreichen Statistiken außerordentlich kompliziert. Es bietet sich daher an, auf die etablierten Berechnungsgrundlagen der beiden wichtigsten Forschungsinstitute zurückzugreifen: das britische ‚International Institute for Strategic Studies' (IISS), das jährlich die ‚Military Balance' herausgibt, sowie das ‚Stockholm International Peace Research Institute' (SIPRI), das ebenfalls ein Jahrbuch veröffentlicht.

Nach allen vorliegenden Daten wurden nach dem Ende des Ost-West-Konflikts offenkundig zunächst zahlreiche Erfolge im Abrüstungsbereich erzielt. Die Militärausgaben gingen zwischen 1990 und 1998 in fast allen Regionen der Welt (mit Ausnahme Ostasiens) zurück, die konventionellen und nuklearen Waffenarsenale wurden drastisch reduziert und zahlreiche Vertragswerke zur Abrüstung und Rüstungskontrolle konnten reaktiviert bzw. unterzeichnet werden. Spätestens mit dem 11. September 2001 zeichnet sich aber eine Trendwende ab.

Heute liegt der Anteil der Militärausgaben am weltweiten Sozialprodukt immer noch bei weit über 2 Prozent und damit um ein Vielfaches höher als die Aufwendungen für Entwicklungszusammenarbeit. Die globalen Rüstungsausgaben sind – prozentual betrachtet – damit zwar immer noch niedriger als in den Zeiten des Ost-West-Konflikts, aber zugleich deutlich höher als in den 1990er Jahren.

Folgende punktuell ausgewählte Fakten illustrieren diesen Trend und die aktuelle Lage:

- Die weltweiten Rüstungsausgaben sind zwischen 1996 (961 Mrd. US-Dollar) und 2010 (1559 Mrd. US-Dollar) wieder drastisch gestiegen. Im Jahr 2019 betrugen sie 1.917 Mrd. US-Dollar (gem. SIPRI), was dem höchsten Stand seit dem Ende des Ost-West-Konfliktes entspricht und gleichzeitig den größten jährlichen Zuwachs seit zehn Jahren markiert.
- Besonders bedeutsame Wachstumsraten in den vergangenen zehn Jahren weisen die Regionen Asiens auf (in Prozenten von 2010 bis 2019 gesamt, in Klammern das letzte Jahr 2018/2019): Zentralasien 63 (16), Ostasien 58 (4.6), Südasien 41 Prozent (6.4).
- Nach SIPRI-Zahlen (alle Zahlen in Mrd. US-Dollar) hatten folgende Staaten im Jahr 2019 die größten Militäretats: USA 732, China 261, Indien 71.1, Russland 65.1, Saudi-Arabien 61.9, Frankreich 50.1. Deutschland lag mit 49.3 an 7. Stelle, unmittelbar vor Großbritannien 48.7.
- Aufschlussreich sind auch die prozentualen Anteile am Bruttosozialprodukt des jeweiligen Landes. Hier liegen 2019 (in Klammern die Werte 2017 zum Vergleich) – wiederum nach SIPRI-Angaben – die USA bei 3.9 (3.1), China bei 1.9 (1.2), Indien bei 2.4 (2.1), Russland (4.3) und Saudi-Arabien bei 8.0 (2.6).
- Die USA wenden fast so viel wie die zehn folgenden Staaten zusammen für ihr Militär auf. Beim Anteil an den weltweiten Militärausgaben 2019 kommen die USA auf 38, China auf 14, Indien auf 3.7, Russland auf 3.4, Saudi-Arabien auf 3.2 und Deutschland (wie Frankreich) auf 2.6 Prozent.
- Die Wachstumsraten der absoluten Verteidigungsausgaben in den vergangenen zehn Jahren sind damit sehr unterschiedlich: In China liegen sie um plus 85 Prozent, in Russland bei plus 30 Prozent, in den USA bei minus 15 Prozent.

Wie oben bereits erwähnt, dürfen Rüstungsausgaben nicht eins zu eins mit Handlungspotenzial oder gar Handlungsabsicht gleichgesetzt werden. Neben den absoluten und prozentualen Zahlen und generell der jeweiligen geostrategischen Lageanalyse (siehe etwa Israel) sind vor allem andere Parameter wie etwa der Anteil für Personal oder Investitionen sowie die Art der Ausrüstung von zentraler Bedeutung. Auch die jeweiligen Fähigkeiten zum raschen Verlegen schlagkräftiger Verbände über große Entfernungen oder zum längeren Durchhalten robuster Operationen bestimmen fundamental die Optionen einer militärischen Machtprojektion sowie des Einsatzes militärischer Mittel insgesamt. China etwa hat in diesen Bereichen in den vergangenen Jahren erhebliche Fortschritte gemacht, worauf die Entwicklung von Flugzeugträgern und anderer Seemachtmittel, Luftabwehr- und Raketentechnologie, autonomen Waffensystemen etc. hindeutet. Auch Russland konnte in den vergangenen Jahren durch gezielte Investments militärische Handlungsmöglichkeiten gewinnen und damit die geostrategische Lage vor allem im Osten Europas wesentlich zu seinen Gunsten verändern.

Neben Erfolgen im Abrüstungs- und Rüstungskontrollbereich (u. a. das 2015 abgeschlossene Nuklearabkommen mit dem Iran, wenngleich die Trump-Administration im Mai 2018 aus dem Vertrag einseitig ausgestiegen ist) sind in Folge des weltpolitischen Umbruchs zahlreiche neuartige Risiken entstanden. So hat sich die Gefahr der unkontrollierten Verbreitung (Proliferation) von atomaren und biologischen Massenvernichtungswaffen samt Trägertechnologie weiter erhöht (s. Kapitel 3.10). Auch im Bereich der Verbreitung von Kleinwaffen ist eine rasante Zunahme zu verzeichnen – was die Lage insbesondere in den fragilen Staaten und in Bürgerkriegen verschärft. Zudem intensiviert sich 30 Jahre nach dem Ende des Ost-West-Konflikts auch außerhalb sicherheitspolitischer Expertenzirkel eine grundsätzliche Debatte über die bisherigen Instrumente der rüstungspolitischen Stabilität, die sich unter anderem in der Infragestellung, Nicht-Verlängerung oder gar Aufkündigung wichtiger etablierter Rüstungskontrollabkommen wie etwa des New-START-, des KSE-, des INF- und des Open-Skies-Vertrags, der Chemiewaffenkonvention sowie Diskussionen über Raketenabwehrpläne bis hin zur Zukunft des atomaren Nichtverbreitungsvertrages manifestiert. Für neue sicherheitspolitische Gefährdungen wie etwa in den Bereichen Cyber, Weltraum oder autonome Waffensysteme gibt es zudem noch keine erfolgversprechenden Rüstungskontrollinstrumentarien – auch wenn das enorm hohe Missbrauchspotenzial mit gravierenden Risiken für die Menschheit allgemein anerkannt ist. Vieles spricht für die Forderung, dass mehr als drei Jahrzehnte nach dem Ende des damaligen Ost-West-Konflikts nun eine durchdachte, regionale und global angelegte Rüstungskontrolle mit entsprechendem Durchsetzungsregime (wieder) eine Renaissance erfahren müsste.

Diskussionsfragen:
- Worin besteht das grundlegende Dilemma von Rüstung und Abrüstung?
- Welche Aussagekraft besitzen Statistiken zu Verteidigungsausgaben?
- Hat wirksame Rüstungskontrolle in der Welt von heute und morgen eine Chance?

3.10 Reiz und Gefahren der Nukleartechnologie

Nach dem Ende der Ost-West-Konfrontation und damit des bipolaren Gleichgewichts verlor ein bis dahin tragender Pfeiler der internationalen Sicherheitsdebatte vorübergehend rapide an Relevanz: die nukleare Abschreckung und damit die Rolle von Nuklearwaffen, die 1945 eine Revolution für die Kriegsführung begründeten. Die Vision einer nuklearwaffenfreien Welt, wie sie einflussreiche Nichtregierungsorganisationen wie die ‚Global Zero-Initiative' seit Langem gefordert haben und auch der damalige US-Präsident Barack Obama 2009 als längerfristiges Ziel verkündete, schien manchen durchaus realistisch. Inzwischen hat sich dieser Trend offenbar wieder umgekehrt, denn die etablierten Nuklearmächte modernisieren ihre Arsenale, andere Staaten schaffen neue Fähigkeiten auf diesem Gebiet, und die Rüstungskontrollvereinbarungen verlieren an Wirksamkeit – was im Ergebnis mehr nukleare Akteure und weniger Stabilität bedeutet (Munich Security Report 2018: 54).

Bei genauerer Betrachtung befinden wir uns heute in einer dritten Phase der militärisch nutzbaren Nukleartechnologie:

- Die erste beschränkte sich zeitlich auf den August 1945, also auf die US-amerikanischen Atombombenabwürfe über Hiroshima und Nagasaki. Sie steht für sich, denn sie beinhaltete den bisher einzigen tatsächlichen Einsatz einer Nuklearwaffe zu Kriegszwecken und endete mit der Kapitulation Japans. Dies bedeutete zugleich den Beginn einer der dringlichsten Fragen internationaler Sicherheitspolitik bis zum heutigen Tag.
- Die zweite Phase umfasste nahezu den gesamten Zeitraum des Ost-West-Konfliktes. Es war die große Zeit hochentwickelter Theorien nuklearer Abschreckung als sicherheitspolitisches „Allheilmittel" (Enskat 2014: 81) in einer von Bipolarität bestimmten Welt. Dabei führte sie zu einem Paradigmenwechsel in der strategischen Debatte um Politik und Krieg: Statt in Anlehnung an Clausewitz die Frage zu stellen, ob und wie sich ein Krieg erfolgreich führen lässt, ging es nun mit Blick auf die potenzielle gegenseitige Vernichtung darum, ihn unbedingt zu vermeiden (von Krause 2015: 3). Es

spricht einiges dafür, dass die gesicherte nukleare Zweitschlagfähigkeit der USA und der Sowjetunion dazu beigetragen hat, eine großangelegte militärische Konfrontation in Europa zu verhindern. Im Ergebnis wirkten die auf beiden Seiten massiv mit Nuklearsprengköpfen und unterschiedlichen Trägersystemen aufgerüsteten Arsenale als eine Art ultimativer Krisenstabilisator – auch wenn sich das mehrfach als hochriskant erwies.

• Seit den 1990er Jahren leben wir in einer neuen Phase. Sie ist generell von Multipolarität geprägt, und dies zunehmend auch auf dem Gebiet der militärischen Nutzung der Nukleartechnologie – was eine wirksame Kontrolle sehr viel komplizierter als bisher macht. Es gibt mehrere Indizien für diesen Befund: Die Zahl der Staaten, die offen oder verdeckt nach Nuklearwaffen streben oder sie bereits besitzen, hat sich erhöht – dies vor allem im asiatischen Raum. In den jeweiligen Nachbarstaaten entwickelt sich nahezu zwangsläufig die Diskussion, ob man als Antwort selbst entsprechende Fähigkeiten entwickeln müsse oder weiterhin auf den Schutz etwa des amerikanischen Schirms vertrauen darf. Der Zugang zur Nukleartechnologie und auch zu waffenfähigem Material wird über einzelne Staaten oder auch halb- und nichtstaatliche Akteure immer leichter. Nukleare Abschreckung und die Modernisierung der entsprechenden Einsatzmittel erlangen wieder eine zentrale Bedeutung bei den Großmächten, wie sich 2018 etwa aus der neuesten ,Nuclear Posture Review' der USA ablesen lässt. Insgesamt kann man folgern: Das Frage eines erneuten Einsatzes von Nuklearwaffen wird wieder komplexer und diffuser – und das Risiko damit unbeherrschbarer.

Zugleich befindet sich das internationale Kernwaffenregime mit Abrüstungs- und Nichtverbreitungsverträgen in einer tiefen Krise (s. auch Kap. 3.9). Es gab seit 1945 und vor allem im Kalten Krieg viele Versuche, mithilfe eines internationalen Regimes die Entwicklung, die Verfügbarkeit und den Einsatz von Nuklearwaffen und der dazu erforderlichen Trägermittel rechtlich zu beschränken. An erster Stelle steht der 1995 auf unbestimmte Zeit verlängerte Nichtverbreitungsvertrag (Non-Proliferation Treaty, NPT) von 1968, um den herum sich eine ganze Gruppe völkerrechtlicher Abkommen entwickelte – wie z.B. der Atomtestsperrvertrag (1963), der Weltraumvertrag (1967), der Meeresbodenvertrag (1971) sowie eine ganze Reihe regionaler Vereinbarungen, etwa zur Errichtung von kernwaffenfreien Zonen. Daneben spielten und spielen auch die bilateralen Rüstungskontrollvereinbarungen zwischen den USA und der Sowjetunion bzw. Russland eine zentrale Rolle: so etwa unmittelbar nach dem Ende der Ost-West-Konfrontation START I sowie 2010 das NEW START-Abkommen, das auf beiden Seiten die Zahl der einsatzbereiten Nuklearsprengköpfe auf 1.550 sowie der strategischen Trägermittel auf 800 beschränkt. Auch der INF-Vertrag aus dem Jahr 1987, der damals eine ganze Kategorie amerikanischer bzw. sowjetischer Raketen verbannt hat, ist hier zu nennen. Allerdings sind 2019 die USA aus dem INF-Vertragswerk infolge der Spannungen mit Russland mit der Begründung ausgestiegen, die russische Gegenseite verstoße mit seinen neuen Mittelstreckensystemen gegen die Abmachungen zur Reichweite solcher Waffen. Und auch der 2021 auslaufende NEW-START-Vertrag steht als letztes noch gültiges Atomwaffenabkommen unter dem hohen Risiko, im Zuge der Streitigkeiten nicht verlängert zu werden und sich damit aufzulösen.

Der von 191 Staaten (mit Ausnahme Indiens, Pakistans, Israels und des Süd-Sudans; der Status Nordkoreas ist auch nach dessen Austritt offen) unterzeichnete Nichtverbreitungsvertrag NPT bzw. Atomwaffensperrvertrag beruht auf drei zentralen Pfeilern:

- der nuklearen Nichtverbreitung;
- der Verpflichtung der fünf ‚offiziellen‘ Atommächte (USA, Russland, China, Großbritannien, Frankreich) zu nuklearer Abrüstung sowie
- dem Zugang für alle Vertragsstaaten zu einer friedlichen Nutzung der Kernenergie.

Nicht erfasst von den Bestimmungen sind allerdings De-facto-Nuklearwaffenstaaten wie Indien, Pakistan und – allerdings sich selbst nicht offiziell dazu bekennend – Israel, die allesamt nicht Mitglied im NPT-Vertragswerk sind. In der Praxis zeigen sich freilich noch weitere Probleme: Zum einen streben offenbar einzelne der bisherigen ‚nuklearen Habenichtse‘ wie der Iran oder Nordkorea (auch wenn Letztere inzwischen ihre Mitgliedschaft im NPT gekündigt haben) im Widerspruch zu ihren vertraglichen Verpflichtungen nach einer militärischen Nuklearfähigkeit oder haben bestimmte Schwellen auf dem Weg dorthin bereits überschritten. Zum anderen aber müssen sich die fünf Nuklearmächte vorwerfen lassen, sich bisher in keiner erkennbaren Weise von ihrer Abhängigkeit von Nuklearwaffen gelöst und eine dementsprechende Abrüstung eingeleitet zu haben. Kritiker sagen nicht zu Unrecht, es sei unglaubwürdig, eine nukleare Nichtverbreitung einzufordern, solange die offiziellen Nuklearwaffenstaaten ihre Fähigkeiten als unverzichtbar für die eigene nationale Sicherheit rechtfertigen (Adam 2017: 78). Eine festzementierte Zweitklassengruppierung vertrage sich auf Dauer nicht mit dem Grundsatz gleicher Souveränitätsrechte.

Die tatsächliche Wirkung von Nuklearwaffen auf die internationale Sicherheit wird in der Theorie nicht einheitlich bewertet. Man kann hier zwischen Befürwortern und Kritikern unterscheiden.

- Die Befürworter stellen fest, es habe seit dem Ende des Zweiten Weltkrieges weder einen nuklearen Einsatz noch einen großflächigen Krieg zwischen den Atommächten gegeben. Vielmehr dienten Nuklearwaffen einer Krisenstabilität, indem sie die Kosten für einen potenziellen Angreifer so enorm hochtreiben, dass dies eine nahezu unüberwindbare abschreckende Wirkung entfaltet. Die Nukleartechnologie habe in dieser Hinsicht einen geradezu revolutionären Effekt gehabt und eine Waffenkategorie ermöglicht, mit der Kriege eher verhindert anstatt führbar wurden – mit Stabilität als logischem Ergebnis (Wirtz 2016: 300). Diese Wirkungen kämen vor allem dann zum Tragen, wenn beide Seiten über ein ‚unverwundbares‘ Waffenarsenal. also über eine Zweitschlagsfähigkeit verfügen. Einige Analysten (z.B. Waltz 2012) gehen sogar so weit, dass sie auch das Streben neuer Länder nach Atomwaffen als unproblematisch beurteilen. Denn diese entwickelten dann in dieser Lesart mit ihrem neuen Status zugleich mehr Verantwortungsbewusstsein.
- Die Kritiker einer nuklearen Aufrüstung sind deutlich in der Mehrheit. Sie bestätigen in der Regel zwar eine gewisse stabilisierende Wirkung der nuklearen Abschreckung, verweisen aber auch auf die katastrophalen Folgen, falls diese Mechanismen versagen. Die Erfahrungen der Supermächte im Kalten Krieg seien eher eine Anomalie; damals habe die ganze Welt zudem mehrfach am Rande des Abgrunds gestanden (Wirtz 2016: 300). Und auch heute könne niemand einen versehentlich ausgelösten Nuklearkrieg ausschließen – verursacht durch menschlich-technisches Versagen oder unkontrollierte Eskalationsautomatismen. Wer vermöge schon zu sagen, ob immer alle Seiten verantwortungsbewusst mit ihren nuklearen Waffen umgehen und ob der für die Abschreckungsidee unverzichtbare Grundsatz rationalen Verhaltens immer die politischen Entscheidungen bestimmt? Hinzu komme die erhöhte Gefahr, dass infolge der gestiegenen Proliferation nuklearwaffenfähiges Material in die Hände von Terrororganisationen gerät – oder noch schlimmer: dass ein in seinem Inneren fragiler Nuklearstaat wie etwa Pakistan ‚kippt‘ und eine Regierung erhält, die weder menschliche noch völkerrechtliche Grundwerte anerkennt. Auch potenzielle Folgen einer technologischen Weiterentwicklung auf dem Feld der Künstlichen Intelligenz geraten mit Blick auf einen Nuklearkrieg zunehmend in den Fokus. Und schließlich bereitet der ‚Kaskadeneffekt‘ in der Verbreitung atomarer Mittel wachsende Sorge: Viele Staaten geraten zunehmend in ein Sicherheitsdilemma, wenn Nachbarn sich nukleare Fähigkeiten zulegen. Je mehr Parteien aber im Spiel seien, desto komplexer und risikoreicher werde Abschreckung und desto wahrscheinlicher eine nukleare Auseinandersetzung.

Im Ergebnis erkennen die Kritiker durchaus an, dass eine generelle Ächtung von Kernwaffen, wie sie seit 2017 im Rahmen der VN zurzeit 122 Staaten anstreben, ebenfalls Risiken auf regionaler oder globaler Ebene bereithalte. Aber sie argumentieren zugleich, die absehbaren Ungewissheiten in der heutigen Lage seien um ein Vielfaches höher (Booth 2007: 406). Vor allem sehen sie in der aktuell steigenden Zahl von Staaten, die nach Nuklearwaffen und dem entsprechenden Know-how streben, eine erhöhte Gefahr für die globale Sicherheit.

Vor diesem Hintergrund lohnt es, einen kurzen Blick auf mögliche Motive bisher kernwaffenfreier, aber technologisch zur Entwicklung von Nuklearwaffen fähiger Länder zu werfen. Es lassen sich hier grob zwei Antriebskräfte unterscheiden: zum einen die defensive Reaktion auf ein als bedrohlich empfundenes Umfeld, zum anderen der eher offensive Versuch, mittels Nuklearwaffen Vorteile nach außen oder ggf. auch nach innen zu erwerben. Zu der ‚defensiven' Motivgruppe zählt vor allem der bereits erwähnte Kaskadeneffekt, der auf einer Art Nachahmerzwang beruht, um die eigene Sicherheit und Souveränität gegenüber den als bedrohlich wahrgenommenen Absichten von Nachbarn aufrechterhalten zu können. Das spielte im indisch-pakistanischen Verhältnis stets eine Rolle, könnte nun aber auch im Mittleren Osten (etwa in Saudi-Arabien als Reaktion auf iranische Ambitionen) und vor allem im asiatischen Raum (etwa in Japan gegenüber Nordkorea) eine neue Phase eines regionalen nuklearen Rüstungswettlaufes auslösen. Mitunter lässt sich der Drang zu Nuklearwaffen auch als Mittel interpretieren, das eigene Überleben in Extremsituationen zu garantieren, wenn dies aufgrund des Kräfteverhältnisses oder der geostrategischen Lage konventionell als ungewiss erscheint (siehe Israel, oder – wenngleich unter anderen Vorzeichen – Nordkorea).

Die andere Motivgruppe setzt eher offensiv auf einseitige Vorteile, die der Besitz von Nuklearwaffen verspricht. An erster Stelle stehen hier Ansprüche auf eine regionale Vorherrschaft, die als Nicht-Nuklearmacht eher schwierig einzulösen wären. Im Iran dürfte dieser Gedanke attraktiv sein. Man verspricht sich damit einen deutlichen Prestigegewinn, einen höheren Status in den internationalen Beziehungen und letztlich mehr Durchsetzungsvermögen, um nationale Ziele zu erreichen. Auch das Treffen des damaligen US-Präsidenten Trump und Nordkoreas Kim Jong-un im Juni 2018 ist für Letzteren wohl genau aus diesen Gründen als enormer Erfolg zu werten. In besonders kritischen Fällen (wie möglicherweise wiederum Nordkorea) versprechen Nuklearwaffen auch eine gewisse ‚carte blanche' – also die Freiheit, gegenüber Nachbarn eine hochaggressive Politik zu betreiben, ohne dafür sanktioniert werden zu können. Fraglos beschleunigen diese Motive – egal, ob sie real sind oder nur unterstellt werden –

die Spirale einer nuklearen Aufrüstung und einer Zunahme an beteiligten Akteuren.

Im Ergebnis lassen sich drei Folgerungen ableiten: Zum ersten besitzen Nuklearwaffen ein Schadenspotenzial, welches das Überleben der gesamten Menschheit unter hohes Risiko stellt. Genau deshalb konnten sie zweitens bisher eine eher krisenstabilisierende Rolle in der internationalen Praxis einnehmen – weil ein konkreter Einsatz für alle Seiten katastrophal wäre. Es gibt aber drittens keine Garantie, dass dies immer so bleibt. Ganz im Gegenteil: Je mehr nukleare Akteure ,mitspielen', je ausgereifter die technischen Entwicklungen werden und je komplexer sich damit das strategische Entscheidungsfeld um nukleare Einsätze und Einsatzdrohungen gestaltet, desto höher wird das Risiko einer mangelnden internationalen Beherrschbarkeit der Kategorie nuklearer Waffen.

Diskussionsfragen:
- Ist nukleare Abschreckung auch für die Zukunft ein sinnvolles Konzept der Sicherheitsvorsorge?
- Unter welchen Voraussetzungen könnte die Vision ,Global Zero' realisiert werden? Ist sie überhaupt wünschenswert?
- Wie lässt sich der gegenwärtige Trend zu beschleunigter Proliferation brechen?

3.11 Künstliche Intelligenz und autonome Waffensysteme

Technologischer Wandel zählt zu den zentralen Bedingungen für Militär und internationale Sicherheitspolitik. So lassen sich die breite Nutzung des Schießpulvers im 15. Jahrhundert und der bisher einzige Abwurf von Nuklearbomben 1945 als maßgebliche Revolutionen der Kriegsführung betrachten. In beiden Fällen haben neuentwickelte Waffen sowie entsprechend angepasste Strategien und Doktrinen nicht nur Sieg und Niederlage, sondern auch Krieg und Frieden entscheidend mitbestimmt. Mit der Künstlichen Intelligenz (KI) wird nun das Fundament für staatliche Sicherheitsvorsorge erneut erschüttert, diesmal unter anderen Vorzeichen. Nicht eine weitere Steigerung tödlicher Feuerkraft, sondern eine geänderte Systemarchitektur der Gewaltmittel steht im Fokus. Der Paradigmenwechsel bezieht sich nun also nicht so sehr auf Werkzeuge als Hardware, sondern auf deren Programmierung und enge Vernetzung durch Software – und damit auf eine sprunghaft gestiegene ,Effektivität' ihres Einsatzes, indem bisher bekannte kognitive und reaktive Grenzen überwunden werden.

Der Diskurs um Wesen und Wirkung der KI für militärische Zwecke vermittelt ein uneinheitliches Bild. Im Kern steht die These, künftige Kriege würden tendenziell ‚entmenschlicht'. Einerseits werden im post-heroischen Sinne ‚humanere' Kriege mit weniger Opfern erwartet, andererseits eher das Gegenteil infolge der Ausblendung humaner Faktoren. Bei der Einschätzung der militärischen Relevanz der KI reicht die Bandbreite von überzogenem Optimismus über abwartende Gelassenheit bis hin zu tiefer Skepsis. Risiken werden teils übersehen oder klein geredet, teils konstruiert oder apokalyptisch überhöht. Breiter Konsens liegt hingegen in der Annahme, die Folgen für die internationale Sicherheitspolitik seien immens. Zugleich wird das Thema aus der öffentlichen Debatte bisher oft ausgeklammert. So finden sich in der KI-Strategie der Bundesregierung 2018 und auch in deren jüngster Fortschreibung 2020 kaum sicherheitspolitische Aussagen mit Substanz. Es lassen sich allenfalls Hinweise darauf entnehmen, welche allgemeine Bedeutung die KI für staatliche Verteidigungsvorsorge und die Zukunft der Bundeswehr besitzt und dass man daher Vor- und Nachteile umfassend abwägen wolle.

Zugleich nimmt der militärische Einsatz KI-basierter Technologie zu, auch wenn er erst am Anfang steht. Zwar gibt es heute kaum ein Industrieland, dessen Streitkräfte etwa für Zwecke der Aufklärung, der Logistik, der Überwachung unter Wasser oder der Luftverteidigung völlig auf KI und mit ihr verbundene Robotik verzichten. Von autonomen Waffensystemen im Sinne einer ‚starken KI', die den gesamten Prozess im Setzen, Finden und Bekämpfen von Zielen selbsttätig und selbstlernend durchlaufen und sich dabei der Kontrolle des Menschen völlig entziehen, kann allerdings keine Rede sein. Aktuell verbleibt der militärische Anwender stets ‚in-the-loop' oder ‚on-the-loop' – er löst also aktiv den Waffeneinsatz aus oder kann zumindest eingreifen und den ‚Aus-Schalter' drücken. Diese Erkenntnis ist auch maßgeblich etwa für die sehr kontrovers geführte deutsche Debatte um eine Bewaffnung der Drohnen Heron TP, die fernab von einer Bodenstation gesteuert werden, im Einsatzgebiet über einen längeren Zeitraum hinweg aufklären und identifizierte Ziele auf Befehl des in relativ sicherer Entfernung verbleibenden ‚Piloten' bekämpfen können. Befürworter verweisen dabei mit Recht auf den nötigen Schutz der eigenen Soldaten in den diversen Einsatzgebieten, während Kritiker – dies auch nicht ganz zu Unrecht – vor einem Einstieg in autonome Kriegstechnik warnen. Andere internationale Akteure sind da schon heute sehr viel weiter. Israel etwa verfügt mit dem Iron Dome über ein Raketenabwehrsystem, das hochgradig automatisiert ist und nahezu autonom agieren kann – was aufgrund der geostrategischen Lage des Landes auch einleuchtet.

Diese und andere Beispiele aus der Realität reflektieren eher den unteren Rand des KI-Potenzials, wie ein aktueller Blick auf die Experimentierlabors einiger Länder zeigt. Zu erkennen ist ein Trend in Richtung KI-basierter und miteinander vernetzter Waffensysteme mit immenser Speicherkapazität, die immer kleiner, reaktionsschneller, präziser, weniger verwundbar und insgesamt wirkungsvoller werden. Zwei spezielle Ansätze illustrieren das zunehmend breitere Spektrum: zum einen Schwärme von bewaffneten Mikrodrohnen – etwa in einer dreistelligen Zahl – zu befähigen, eng aufeinander abgestimmte Operationen durchzuführen (Offensive Swarm Enabled Tactics) und damit die gegnerische Verteidigung rasch zu überfordern. Das scheint ohne selbstlernende Systeme hohen Autonomiegrades kaum vorstellbar, da die nötige Koordination eines arbeitsteiligen Schwarms die menschlichen kognitiven Steuerfähigkeiten bei weitem übertrifft. Zum anderen wird parallel auch daran geforscht, wie etwa mithilfe einer direkten Kommunikation des menschlichen Gehirns mit komplexen Waffensystemen der Entscheidungsprozess auf eine neue Stufe gehoben werden kann (Brain-Computer-Interface). Letzteres lässt sich auch als Versuch interpretieren, den Menschen mithilfe einer Aufwertung seiner kognitiven Leistungskraft nun doch nicht endgültig ‚out-of-the-loop‘ zu nehmen. Die geschilderten Ansätze zielen damit auf zwei unterschiedliche Aspekte militärischer KI-Anwendung: zum einen – und hier liegt wohl das größere Potenzial – die stringente Autonomisierung von Waffensystemen, und zum anderen das Verbessern menschlicher Fähigkeiten in der Kriegsführung. Im ersten Fall wird der Mensch in seiner Unzulänglichkeit bewusst übersteuert und damit ausgeklammert, im zweiten auf eine höhere, quasi unmenschliche Stufe gehoben.

Freilich bewegen wir uns hier noch in der Grundlagenforschung. Das meiste ist Zukunftsmusik oder eher Spielwiese für Science-Fiction. Gleichwohl zeichnet sich ein vermutlich unabweisbarer Paradigmenwechsel in der Kriegsführung und damit auch in der Sicherheitspolitik ab. Denn die zu erwartenden Vorteile sind evident und nur allzu attraktiv für moderne Armeen der Zukunft. Robotik und Künstliche Intelligenz heben die Schlagkraft auf neue Ebenen, indem sie in jeder Duellsituation entscheidende Unterschiede mit Blick auf Tempo, Agilität, Präzision und Resilienz eröffnen und damit Asymmetrien schaffen. Sie erlauben den taktisch dezentralen Einsatz der Waffen unter gemeinsamer operativer Idee – was im Kern dem alten Lehrsatz General von Moltkes entspricht: ‚Getrennt marschieren, vereint schlagen‘. Zudem sind autonome Waffen immun gegen typisch menschliche Eigenschaften wie Müdigkeit, Vergesslichkeit, Furcht oder Willkür, aber auch Gewissensbisse oder Mitleid. Sie versprechen unbestechlich – sofern nicht von außen manipuliert – mittels der einprogrammierten Algorithmen zu funktionieren. Vor allem aber erhöhen sie Komplexität und Zeitdruck für den Gegner, reduzieren umgekehrt beides für die eigene Seite und schaffen damit Überlegenheit. Und schließlich: Sie erlauben, eigene Soldaten mit ihren kognitiven Grenzen aus der Systemarchitektur zu lösen, was zugleich das Risiko eigener Verluste – und damit gegebenenfalls auch Skrupel beim Einsatz militärischer Gewalt – verringert. Welcher Staat würde auf diese Vorteile für seine Armee verzichten? Als Treiber der KI wirkt damit die kaum widerlegbare Ratio: Militärtechnologischer Vorsprung verspricht Macht, Überlegenheit und auch Schutz – alles Ziele, die in einer von Antagonismen geprägten Welt durchaus verlocken. Wer umgekehrt den Weg nicht mitgehen kann oder will, kann seine Sicherheit und seine Interessen gefährdet sehen.

Eine bisher kaum diskutierte Überlegung, die freilich nur für einen Teil zwischenstaatlicher Konflikte zutrifft, kommt hinzu. In der klassischen Strategie galt bisher der Grundsatz, dass ein Angreifer in aller Regel einen deutlichen Vorsprung an Überraschung oder Überlegenheit – am besten beides – aufweisen müsse, um sich reelle Chancen in einer mit Waffengewalt ausgetragenen Konfrontation auszurechnen. Schon der preußische Kriegstheoretiker Carl von Clausewitz (2015: 616) beschrieb die verteidigende Form als die grundsätzlich stärkere und leitete seinen Befund, sehr verkürzt dargestellt, aus der These ab, dass anderenfalls der vermeintlich stärkere der Antagonisten immer angreifen wollen müsse – was empirisch zweifellos so nicht zutrifft. Solange diese Balance zwischen Angriff und Verteidigung allseitig als gültig angesehen wird und entsprechende Akzeptanz findet, kommt ihr durchaus eine friedensstiftende, stabilisierende Wirkung in den internationalen Beziehungen zu. Denn sie macht Angriffsstrategien vergleichsweise wenig erfolgversprechend, damit riskant und unattraktiv. Allerdings könnte die militärische Nutzung der KI diesen Befund früher oder später untergraben. Denn es wird absehbar schwerer oder gar unmöglich, sich erfolgreich gegen Angriffe zu wehren, die mit ihrer Komplexität und Dynamik alle Abwehrmaßnahmen rasch unterlaufen und deren Urheberschaft zudem oft verborgen bleibt. In der Konsequenz droht sich die Clausewitz'sche Lehre im Zeitalter der KI ins Gegenteil zu verkehren: Wer als erstes angreift, könnte einen entscheidenden Vorteil erhalten. Oder umgekehrt: Wer zögert, verliert. Was eine solch neue Nutzen-Kosten-Relation zwischen Offensive und Defensive für forcierte Rüstungs- und Eskalationsspiralen bedeutet, lässt sich in einer bi- oder multipolar geprägten Welt unschwer ausmalen. Dieser Befund alarmiert nicht zuletzt mit Blick auf nukleare Abschreckung und das Ziel, auf diesem hochsensiblen Feld jede Eskalation oder gar Anreize zu einem präventiven Erstschlag zu vermeiden. Insgesamt dürfte es bei all diesen strategischen Überlegungen auch kaum einen Unterschied machen, ob es sich jeweils um Demokratien oder Diktaturen handelt, da beide gleichermaßen ein vitales Interesse am eigenen Überleben und an souveräner Handlungsfreiheit leitet.

Der Wandel militärtechnologischer Realitäten wirft zudem ethische und rechtliche Fragen von Gewicht auf. In den Fokus gerät dabei die Rolle menschlicher Entscheider in gewaltsam ausgetragenen Konflikten. Kritiker befürchten, sie drohe marginal zu werden oder ganz zu verschwinden – wie es letztlich ja auch im Wesenskern autonomer Waffen liege. Unweigerlich führe dies zu Defiziten in der Verantwortung für militärisches Handeln sowie dessen Zurechnung. Denn wer sei denn im Fall von Verletzungen des Völkerrechts oder ethischer Grundsätze ex post zur Rechenschaft zu ziehen: Der abstrakte Staat, der Programmierer, die Waffe selbst? Diese Zuordnungslücke lade geradezu ein, es mit Verantwortung, Moral und Menschlichkeit nicht allzu genau zu nehmen. Unbestritten ist eine persönliche Schuld umso schwerer festzustellen, je autonomer ein Algorithmus entscheidet (Lenzen 2020: 65). Dennoch weisen Politik und Industrie damit verbundene Sorgen meist entschieden zurück und vertrauen darauf, dass im konkreten Einsatz die Entscheidungsgewalt fraglos stets einem Menschen zukomme – und dies sehr wohl strukturell sichergestellt werden könne. ‚Meaningful human control' sei in der Praxis nicht gefährdet, wie sinngemäß etwa die Linie Deutschlands mit Blick auf eine weitere materielle Ausstattung der Bundeswehr lautet. Der Mensch müsse stets das letzte Wort behalten, so lautet auch der breite Konsens in den Vereinten Nationen.

Im Prinzip lässt sich für den geltenden Stand der Militärtechnologie folgern: Solange es nicht eine ‚starke KI' im Sinne einer ‚Singularität' und damit eine unkontrollierbare Intelligenz von Maschinen gibt, ist pro forma die Kontrolle des Menschen über den Einsatz von Waffen gegeben. Allerdings beruhigt dieser Befund nicht restlos, da er zugleich immer mehr Illusionen unterliegt. Denn die formale Kompetenz ist das eine, die tatsächliche Eingriffschance das andere. Je komplexer ein kollektiver Verbund teilautonomer Waffensysteme ist, desto unmöglicher wird es dem kontrollierenden Menschen, die ‚Black Box' zu durchschauen und Fehler oder Manipulation zu erkennen – also die von Algorithmen gelieferten Ergebnisse nachzuvollziehen, zu bewerten und notfalls auch zu korrigieren. In hochintensiven Lagen unter extremem Zeitdruck reduziert sich seine Rolle dann de facto auf eine Scheinkontrolle. Natürlich ist dieses Problem schon bisher nicht unbekannt. Ohne ein gewisses Vertrauen in von innen wie außen bereitgestellte Informationen und ohne den Rat interner wie externer Fachleute kommt militärische Führung kaum aus. Dennoch hebt eine KI, selbst wenn sie nur ‚schwach' ausgeprägt ist, dieses Problem auf neue Stufen. Denn menschliches Entscheiden bedeutet ja im Kern, eine nachvollziehbare und begründete Auswahl zwischen Alternativen treffen zu können. Es kann aber nicht befriedigen, wenn eine Kontrolle sich darauf beschränkt, ein Ja-Nein-Dialogfeld auf dem Monitor zu bedienen (Dickow/Jakob 2018: 6).

Vor dem Hintergrund dieser Prognose wächst der Bedarf an einem Regelwerk, welches die Entwicklung, Einführung und Proliferation KI-basierter Waffensysteme kontrolliert, begrenzt oder gar ächtet. Seit 2014 ist dies ein Thema auf der Ebene der Vereinten Nationen und steht konkret auf der Tagesordnung im Rahmen der ‚Convention on Certain Conventional Weapons' (CCW), die bisher (2020) von 125 Staaten unterzeichnet wurde. Die Erfolgsaussichten scheinen freilich schlecht. Zwar sind die globalen Risiken allseits bewusst, falls alles realisiert würde, was militärtechnologisch machbar ist. Kaum jemand möchte eine neue Büchse der Pandora öffnen. Aber die unterschiedlichen Motive, Interessen und Bedrohungsperzeptionen derjenigen, die in der Völkergemeinschaft eine tragende Rolle spielen, lassen einen Konsens in Richtung einer als sinnvoll erachteten technologischen Fesselung kaum zu.

Im Kern entspricht dieser Befund dem sogenannten ‚Sicherheitsdilemma'. Abstrakt bedeutet das insbesondere für symmetrisch angelegte Duellkonstellationen: Jeder Akteur investiert in seinen eigenen Schutz, und sei dies auch nur zu rein defensiven Zwecken. Da aber die Kontrahenten kaum zwischen Potenzial und Absicht unterscheiden können und daher jede gegnerische Anstrengung als bedrohlich für sich selbst einschätzen, rüsten sie im Gegenzug ihrerseits auf, versuchen also zumindest ein subjektiv hinlängliches Gleichgewicht etwa in Art und Zahl ihrer Waffen zu erhalten – was letztlich unweigerlich in eine Spirale führt. Zwar muss Sicherheit auch in einer hochpolarisierten Welt keineswegs einem Nullsummenspiel entsprechen. Sie wird aber mangels hinreichenden gegenseitigen Vertrauens oft so empfunden. Wer also glaubt, er liege im Wettrennen um militärtechnologische Überlegenheit vorn, wird diese für ihn vorteilhafte Situation kaum aufzugeben bereit sein. Und umgekehrt: Wer Nachholbedarf und damit ein für ihn hochgefährliches Defizit feststellt, sieht sich gezwungen, so rasch wie möglich Anschluss zu finden. Im Ergebnis wirkt damit gerade das als revolutionär erachtete Potenzial der Künstlichen Intelligenz – in Verbindung mit Digitalisierung und Big Data – als eine Art neuer Brandbeschleuniger im globalen Rüstungswettlauf.

Es fehlt nicht nur am allgemeinen Willen, sich auf ein internationales Regelwerk zu verständigen. Schwierigkeiten liegen auch im Detail der Durchsetzung. Zum einen gilt KI als Schlüsseltechnologie für nahezu alle gesellschaftlichen Bereiche. Ihr Dual-Use-Charakter macht folglich jede Diagnose schwierig, ob es sich im konkreten Fall um zivile oder militärische Zweckbestimmungen handelt und später handeln könnte. Zudem werden ihre Anwendungen immer kostengünstiger, was eine Massenproduktion einschlägiger Waffen – quasi als ‚Kalaschnikows von morgen‘ – und damit auch deren Verbreitung auf dem internationalen Schwarzmarkt fördert. Und auch die Verifikation gestaltet sich deutlich schwieriger als bei herkömmlichem Kriegsmaterial. Panzer oder Kampfflugzeuge lassen sich zählen und sich nicht so leicht verstecken. Selbst Reaktoren zur Aufbereitung militärisch verwendbaren Nuklearmaterials bleiben kaum verborgen. Aber wie zählt und bewertet man Künstliche Intelligenz? Wie durchschaut man die einprogrammierten Algorithmen und die Datenbasis der Waffen? Wie öffnet man die Black Box zum Zweck der Kontrolle? Wie unterscheidet man offensive von defensiven Zweckbestimmungen? Wie bewertet man Cyberpotenziale für Angriffe auf kritische Infrastrukturen? Und wo setzt man Verbote an: Beim Einsatz der Machtmittel, oder bereits bei der Entwicklung oder Produktion?

Ein belastbares Fazit, was Künstliche Intelligenz mittelfristig bedeutet, lässt sich somit kaum ziehen. Zu diffus ist derzeit das Bild künftiger Technologiesprünge, zu dynamisch entwickeln sich Chancen wie Risiken, zu gravierend erscheinen potenzielle Folgen. Klar ist nur, dass mit dem technologischen Fortschritt der KI ein neuer Stresstest auf die internationale Sicherheitspolitik zukommt. Letztlich geht es für alle Akteure und die Völkergemeinschaft darum, nicht die Kontrolle über das zu verlieren, was Krieg und Frieden in existenzieller Weise mitbestimmt.

Diskussionsfragen:

- Was bedeutet eine militärische Nutzung der KI für die bisherige Balance zwischen Angriff versus Verteidigung und damit für künftige Strategien der Abschreckung?
- Was würde es bedeuten, wenn neben der bisherigen ‚schwachen‘ auch eine ‚starke KI‘ für Zwecke der Kriegsführung verfügbar wäre?
- Gibt es eine realistische Chance, erfolgreich die Entwicklung, Beschaffung und Nutzung der KI für militärische Zwecke auf internationaler Ebene zu reglementieren, und wenn ja wie?

4. Strategische Handlungsfelder

4.1 Diplomatie und Sanktionen

Krisen sind, wie schon mehrfach angedeutet, der Normallfall in der internationalen Politik. Nachdem zentrale Treiber für Unsicherheit analysiert worden sind, soll nun gefragt werden, was Sicherheitspolitik in dieser Lage leisten kann. Grundsätzlich gilt, dass Prävention die beste und wirksamste Form jedes Krisenmanagements ist (s. Kap. 4.6). Gleichwohl bleibt das Management akuter Krisen eine notwendige Aufgabe der internationalen Staatengemeinschaft oder einzelner Staaten. Allerdings ist dabei noch nicht gesagt, von wem, mit welchen Instrumenten, Mechanismen, Erfolgsaussichten und Erwartungen dieses betrieben wird. Hinzu kommt, dass die Wirksamkeit der diversen Versuche und Maßnahmen sehr unterschiedlich beurteilt wird. Eine solche allgemeine und vor allem situationsbezogene Bewertung spielt aber eine entscheidende Rolle bei der konkreten Auswahl der zur Verfügung stehenden sicherheitspolitischen Methoden, Konzepte und Mittel.

Ein wichtiges Instrument der Außenpolitik eines Staates ist seine Diplomatie. Sie ist nicht nur in aller Regel die erste Stufe des Krisenmanagements, sondern verliert auch in den weiteren Phasen einer Krise niemals ihre Relevanz. Auch wenn bereits seit dem Wiener Kongress (1815) zahlreiche Versuche unternommen wurden, die Rechtsstellung der Diplomaten und damit das diplomatische Handeln verbindlich zu regeln, und zudem das Völkergewohnheitsrecht einzelne Normen ausgebildet hatte, wurde diese Entwicklung erst im 20. Jhd. völkerrechtlich abgeschlossen. Die maßgebliche internationale Vereinbarung für diplomatisches Handeln ist das ‚Wiener Übereinkommen über diplomatische Beziehungen‘ (Wiener Konvention) vom April 1961, das 1963 durch die ‚Wiener Konsularkonvention‘ ergänzt wurde. Die Wiener Konvention stellt erstens einheitliche Rahmenbedingungen für die Arbeit der Diplomaten auf. So ist u.a. definiert, unter welchen Voraussetzungen ein Botschafter entsandt wird und welche Rechte das Botschaftspersonal im Gastland besitzt. Zweitens wird versucht, die diplomatische Arbeit gegen Beeinträchtigungen abzusichern. Dies bezieht sich nicht zuletzt auf die Unverletzlichkeit des diplomatischen Personals, von Gebäuden und Kommunikationsmitteln (die sogenannten ‚Immunitäten‘) und drückt sich etwa darin aus, dass die Amtsgebäude der Botschaft und die private Residenz des Botschafters als exterritoriales Gebiet betrachtet werden, die Mitglieder des diplomatischen Personals nicht der Gerichtsbarkeit des

Landes unterliegen und der Gaststaat für ihre Sicherheit verantwortlich ist. Ziel der Wiener Konvention ist mithin, das diplomatische Handeln nach international einheitlichen Regeln zu gestalten und eine Voraussetzung dafür zu schaffen, dass Staaten miteinander Beziehungen auch in Zeiten von Spannungen pflegen können.

Es lassen sich verschiedene Grundfunktionen diplomatischen Handelns ausmachen, die allesamt auch für sicherheitspolitische Fragen von Bedeutung sind:

- Kommunikations- und Vertretungsfunktion: Diplomaten sind Mittler zwischen den Verantwortlichen für die Außen- und Sicherheitspolitik eines Landes, die anderen Staaten offizielle Standpunkte und Strategien mitteilen und erläutern und damit Vertrauen schaffen und ggf. Konflikte bereits im Ansatz abschwächen oder lösen.

- Sammlerfunktion: Diplomaten sind Sammler und Verarbeiter von Informationen und Meinungsbildern quasi aus erster Hand, die das jeweilige Gastland berühren. Auch diese Funktion hat angesichts des verbesserten Informationszugangs an Bedeutung verloren, allerdings besteht nach wie vor Bedarf an realistischer Beurteilung der Faktenlage und verlässlichen Analysen auf der Grundlage direkter Kontakte.

- Konsularfunktion: Diplomaten sind Anwälte der eigenen Staatsbürger im Ausland wie auch Ansprechpartner für Bürger des Gastlandes in Visa-Angelegenheiten.

- Verhandlungsfunktion: Diplomaten sind Akteure in zwischenstaatlichen Verhandlungsprozessen zur Pflege und Ausgestaltung der bilateralen Beziehungen sowie zur Bearbeitung von zwischenstaatlichen Konflikten bzw. zur Interessenwahrnehmung eines Staates.

Diplomaten stellen darüber hinaus sicher, dass Staaten an multilateralen Institutionen und Konferenzen, die für die internationale Politik wie auch für die Lösung konkreter Konflikte immer bedeutsamer werden, erfolgreich mitarbeiten können. Hier bedarf es ebenfalls in multilateralen Verhandlungstechniken geschulter Diplomaten bzw. Experten wie Mitarbeitern des Entwicklungs-, Wirtschafts- oder Verteidigungsministeriums.

Begriffe wie ‚Kabinettsdiplomatie‘ oder ‚Geheimdiplomatie‘ (die im Übrigen nicht mit Formen der stillen Diplomatie, die nach wie vor in Krisen und Konflikten von unschätzbarem Wert sind, verwechselt werden darf) sind zumindest in demokratischen Staaten aus der Sprachwelt der Diplomaten verschwunden. Zugenommen hat hingegen die ‚Gipfeldiplomatie‘, die in einer zunehmenden Multilateralisierung der internationalen Politik begründet liegt und sich auch in einer wachsenden Bedeutung von internationalen Organisationen und Regimen zeigt (so wirkt z.B. Deutschland in rd. 200 internationalen Gremien und Organisationen mit).

Diplomatie ist also ein zentrales Instrument der Außen- und Sicherheitspolitik. Sie ist Voraussetzung dafür, dass Staaten und Regierungen miteinander in Kontakt treten und auf formalisierte, zivilisierte Art und Weise die gegenseitigen Interessen abgleichen und annähern bzw. auch durchsetzen können. Zunehmend haben sich in der internationalen Sicherheitspolitik auch sogenannte ‚Sonderbeauftragte‘, oft im Auftrag der VN, etabliert (Fröhlich 2013). Dies sind Experten, die in diesem Fall vom VN-Generalsekretär für konkrete Themen ernannt werden, um dort zu vermitteln. Ähnlich verhält es sich mit VN-Sondergesandten und VN-Sonderberatern, die entweder bei konkreten Krisen (etwa Syrien, Jemen oder Irak) oder aber für Themenbereiche (etwa für Kinder oder für sexuelle Gewalt in bewaffneten Konflikten) eingesetzt werden. Die von ihnen übernommenen Aufgaben wurden in den vergangenen Jahren ebenso wie ihre Zahl kontinuierlich erweitert (im Jahr 2018 gibt es etwa 100), und sie haben in einer Reihe von Krisen vermittelt – dies nicht immer mit Erfolg, aber doch als sichtbarer Versuch der Staatengemeinschaft, Spannungen mit diplomatischer Energie zu entschärfen oder gar zu lösen.

Freilich bieten diplomatische Methoden und Initiativen, die auf bilaterale oder multilaterale Verständigungs- und Kompromissbereitschaft abzielen, noch keine Garantie für den erwünschten Erfolg. Sie können auch versagen. Ein Instrument aus dem erweiterten Werkzeugkasten der Diplomatie – sozusagen eine potenziell nächste Stufe eines vergleichsweise ‚weichen‘ Vorgehens, um den eigenen Positionen Nachdruck zu verleihen – stellen Sanktionen dar, die durch Staaten oder auch internationale Organisationen verhängt werden können. In aller Regel werden sie von einer größeren Gruppe von Staaten gegen einen oder wenige Akteure mit dem vorrangigen Ziel verhängt, die Missbilligung eines bestimmten Verhaltens zum Ausdruck zu bringen. Über diese symbolische Funktion hinaus dienen Sanktionen jedoch vor allem der Abschreckung, der kurzfristigen (Konditionierung) bzw. langfristigen (Sozialisierung) Erzwingung von Verhaltensänderungen sowie strategischen Zwecken. Sanktionen können sich auf die unterschiedlichsten Bereiche beziehen, von der außenwirtschaftlichen Ebene (z.B. Embargos, Zölle, Ein- oder Ausfuhrbeschränkungen) über die politisch-kulturelle (Unterbindung politischer oder kultureller Kontakte) bis hin zur strafrechtlichen Ebene (Verfolgung von Einzelpersonen etwa durch Kriegsverbrechertribunale, wie sie für das ehemalige Jugoslawien und Ruanda eingerichtet wurden). Sanktionen sind in ihrem Grundgedanken weniger Strafmaßnahmen, sondern politische Druckmittel, mit denen andere Staaten zur Änderung ihrer Politik bewegt werden sollen. Nehmen die ‚Empfänger‘ die konkrete Sanktion als Bestrafung wahr, dann führt sie oft nur zu einer weiteren Verhärtung und konterkariert damit auf längere Sicht ihren eigentlichen Zweck mit Blick auf Deeskalation, Entspannung und friedliche Zusammenarbeit. Der Wirkungsweise von Sanktionen liegen zwei Modellannahmen zugrunde:

- Das eine Modell geht von der Auffassung aus, dass sich die Regierung des betroffenen Staates als rationaler Akteur verhält, der stets einen nüchternen Kosten-Nutzen-Vergleich anstellt. Übersteigen die negativen Effekte der Sanktionen die Gewinne, die der Staat aus der Fortsetzung seiner Politik zu ziehen hofft, werde er diese ändern.
- Das zweite Modell zielt auf den Aufbau politischen Drucks innerhalb des Ziellandes. Insbesondere von wirtschaftlichen Sanktionen ist immer auch die Zivilbevölkerung betroffen, die unter der zunehmenden Beeinträchtigung ihrer Lebensverhältnisse leidet. Dieses Leiden stärke tendenziell die oppositionellen Kräfte, schwäche die amtierende Regierung und zwinge sie auf diese Weise zu einer Veränderung ihrer Politik.

Beide Modellannahmen sind nur dann plausibel, wenn sie sich auf Staaten beziehen, die auf ein Minimum an internationalen Kooperationsbeziehungen angewiesen sind bzw. in denen zumindest Ansätze einer pluralistischen politischen Ordnung existieren. Regime, die ihren Machterhalt auf internationale Isolation und repressiver Unterdrückung ihrer Zivilbevölkerung aufbauen, sind vergleichsweise immun gegen diese Wirkungsweisen von Sanktionen. Ganz im Gegenteil stellt man in der Praxis mitunter fest (siehe Putins Russland), dass Sanktionen von außen die Bevölkerung eher zusammenschweißen und noch stärker an ihre eigene Regierung binden. In diesem Fall verfehlt dieses Mittel sein Ziel.

Sofern Sanktionen nicht eine Androhung von Gewalt bedeuten, sind sie völkerrechtlich zulässig und somit ein legales und weit verbreitetes Instrument internationaler Politik. Verbindlich sind jene Sanktionen, die der VN-Sicherheitsrat mit Verweis auf Kapitel VII der VN-Charta verhängt. In diesem Fall sind es souveränitätsbeschneidende Zwangsmaßnahmen, die von allen Staaten umgesetzt werden müssen. Meistens handelt es sich dabei um Waffenembargos, aber immer wieder auch um gezielte Maßnahmen, die sich gegen das Führungspersonal von Konfliktparteien richten (etwa die Sperrung des Zugriffs auf Auslandsguthaben sowie Reiseverbote). Effizienz und Effektivität von Sanktionen sind jedoch umstritten. Breit angelegte Handelsembargos erhöhen den Druck auf den adressierten Staat deutlich, haben jedoch teilweise gravierende humanitäre Folgen für die Bevölkerung (z.B. im Irak). ‚Smarte‘ oder gezielte Sanktionen hingegen, die auf die politische oder militärische Führung abzielen, führen meist in deutlich geringerem Ausmaß zur beabsichtigten Wirkung. Ein weiteres Problem ist die Frage, wann der richtige Zeitpunkt zur Aufhebung von Sanktionen gekommen ist. Um als politisches Mittel im Sinne einer erstrebten Verhaltensänderung des Zielstaates nützlich zu sein, wäre eine so flexible wie schnelle Anpassung an veränderte Rahmenbedingungen erforderlich. Wenn es dafür jedoch keinen sachbezogenen Anlass gibt – wie z.B. im Falle der EU-Sanktionen gegen Russland im Kontext des Ukraine-Konflikts – kann die Langwierigkeit durchaus eine generelle Schwächung des Instruments bewirken.

Diskussionsfragen:
- Ist unter den gegebenen Bedingungen internationaler Politik ‚Geheimdiplomatie' noch möglich oder sinnvoll und widerspricht sie der Forderung nach Transparenz in einer Demokratie?
- Inwieweit sind Sanktionen ein sinnvolles Mittel der internationalen Sicherheitspolitik? Wie dosiert und behutsam sollte dieses Instrument in der Praxis genutzt werden?
- Wie lassen sich Sanktionen so anwenden, dass sie nicht rückwärtsgewandt als Strafe, sondern als Anreiz zur Verhaltensänderung mit Blick nach vorn interpretiert werden?

4.2 Die klassische Rolle militärischer Macht

Die Anwendung militärischer Macht umfasst ein breites Spektrum. Es reicht von der individuellen oder kollektiven Verteidigung von Territorium (z.B. Korea 1950, Falklandinseln 1982, Kuwait 1991) über die Intervention in anderen Staaten (z.B. Afghanistan 2001, Irak 2003, Libyen 2011), den limitierten Einsatz wie dem Kampf gegen Piraterie (z.B. am Horn von Afrika), Stabilisierungsoperationen zur Durchsetzung von Friedensabkommen (z.B. Kosovo seit 1999 oder Afghanistan seit 2003) bis hin zu humanitären Hilfsaktionen. Ein tieferer Blick auf diese in ihrem Charakter so unterschiedlichen Varianten lohnt daher.

Als Ausgangspunkt kommt man beim Studium des Wesens militärischer Macht an den Lehren des Carl von Clausewitz kaum vorbei. Militär war bis zur zweiten Hälfte des 20. Jhd.s untrennbar und in einem nahezu synonymen Bezug mit dem Begriff des Krieges verbunden – erst mit der Perspektive völliger gegenseitiger Vernichtung und mit dem aus dieser Gefahr abgeleiteten Gebot einer Kriegsvermeidung hat sich das Verständnis der Kernrolle von Streitkräften erweitert (s. Kap. 2.1). Für Clausewitz war der Krieg ein grundsätzlich grenzenloser und zum Äußersten führender Akt der Gewalt, um den eigenen Willen durchzusetzen – also eine Fortsetzung der Politik mit anderen Mitteln. Den Streitkräften als ‚notwendige Bedingungen des Kampfes' (Clausewitz 1832) kommt in dieser Betrachtung eine zentrale Aufgabe zu: den Gegner wehrlos zu machen, also ihn zu entwaffnen und niederzuwerfen.

Auch wenn wir heute im Sinne einer erweiterten und zugleich vernetzten Sicherheitspolitik das Rollenspektrum von Streitkräften sehr viel breiter als noch zu Zeiten der napoleonischen Befreiungskriege fassen, so bedeutet das nicht, dass die Clausewitz'schen Thesen gänzlich überholt sind. Denn der ‚harte Kern' militärischer Aufgaben, also die traditionelle und operativ meist hochintensive Landesverteidigung, ist keineswegs obsolet geworden – auch wenn das nach dem Ende des Ost-West-Konflikts zumindest in Mitteleuropa mit offenbar weit überzogener, sich als nicht sehr realitätstauglich erweisender Euphorie vorübergehend so bewertet wurde. Allein ein Blick auf das deutsche Weißbuch 2016 zeigt, welche klassische Funktion die Bundesregierung den Streitkräften nach wie vor als zentrales, nach außen gerichtetes Instrument der Gewalt oder der Gewaltandrohung zuweist: Der an erster Stelle genannte Auftrag der Bundeswehr – was sich freilich in ihrer aktuellen Ausrichtung nur bedingt niederschlägt (Lahl 2016) – liege darin, Deutschlands Souveränität und territoriale Integrität zu verteidigen. Wenn man diesem Grundgedanken konsequent folgt, ist auch die theoretische Einordnung der Streitkräfte in die vier Dimensionen moderner Sicherheitspolitik (wie im Kapitel 1.2 beschrieben) angedeutet. Als Referenz (‚wessen Sicherheit?') ist hier der Staat angesprochen, als Sache (‚welcher Politikbereich') das Militär als Träger staatlicher Gewaltoptionen, als Raum (‚Sicherheit für welches geographische Gebiet?') das eigene oder alliierte Territorium und als Gefahrendimension der ‚Verlust staatlicher Existenz oder Selbstbestimmung'. Dies beschreibt insgesamt den klassischen Kern militärischer Macht.

Im Ergebnis führen diese Überlegungen dazu, dem Militär zwar nicht eine alleinige, aber dennoch originäre Rolle in der Sicherheitspolitik eines Staates oder einer internationalen Sicherheitspartnerschaft zuzuweisen. Wenn man als sicherheitspolitisches Minimalziel formuliert, Gewalt oder Gewalteinwirkung von außen zu verhindern, so kommt dem Instrument des Militärs notgedrungen nicht nur eine zentrale, sondern auch eine durch nichts anderes zu ersetzende Funktion zu. Mit der Aufstellung von Streitkräften – egal, ob dies ‚bedrohungsorientiert' oder ‚fähigkeitsorientiert' (Varwick 2017: 18) geschieht – macht der Staat also Gewalt oder Gewaltandrohung für sich funktional (Böckenförde 2014), um generell ein Mehr an eigener Sicherheit zu erreichen und speziell als Mindeststandard die eigene territoriale Integrität als eine zentrale Voraussetzung für Souveränität und staatliche Handlungsfreiheit zu erhalten. Diese für Streitkräfte kennzeichnende Aufgabe – siehe Clausewitz – muss keineswegs bewirken, das Sicherheitsverständnis eindimensional auf militärische Aspekte internationaler Beziehungen zu beschränken. Aber andererseits – und das droht mitunter vergessen oder kleingeredet zu werden – kommt ihr eine sinnstiftende Bedeutung für den Selbsterhalt eines jeden staatlichen Gebildes zu. Im Umkehrschluss erfährt dieser Grundgedanke auch innerhalb der Völkergemeinschaft eine zentrale Relevanz. Denn zwar verpflichtet die VN-Charta von 1945 alle Staaten, sich der Gewalt zu enthalten. Aber zugleich lässt sie zwei Ausnahmen ausdrücklich zu: die individuelle oder kollektive Selbstverteidigung sowie eine militärische Gewaltanwendung nach ausdrücklicher Bewilligung des Sicherheitsrats der VN. Damit ist der Charakter militärischer Gewalt als ‚ultima ratio' auch international hervorgehoben und normiert (s. Kap. 2.3 und 5.1).

Die Weltgeschichte kennt unzählige Beispiele für erfolgreiche oder erfolglose kriegerische Auseinandersetzungen zwischen Staaten, bei denen es letztlich um die Existenz einer der beiden Parteien ging. Ein besonders plastisches Fallbeispiel aus jüngerer Zeit ist der sogenannte ‚Sechs-Tage-Krieg' 1967. Man kann ihn als einen Prototyp des Einsatzes von militärischer Gewalt zum Zwecke der Existenzsicherung des eigenen Staates bezeichnen. Das Vorfeld und damit quasi die Wurzeln dieses Krieges lassen sich wie folgt – zweifellos sehr verkürzt sowie unter Ausklammerung einer komplexen Vorgeschichte – skizzieren: Die VN proklamierten 1947 einen Teilungsplan für Palästina, der im Folgejahr zur Gründung des Staates Israel führte und noch am selben Tag den ersten arabisch-israelischen Krieg auslöste, der schließlich zu einem höchst labilen Waffenstillstand unter erheblichen Gebietsgewinnen der israelischen Seite führte. Im Anschluss daran sah sich Israel einer ständigen existenziellen Gefahr ausgesetzt, sowohl verbal (der Existenzberechtigung des neuen Staates Israel wurde von arabischer Seite kategorisch widersprochen; vielmehr galt seine Vernichtung als das die arabischen Staaten verbindende und von ihnen offen artikulierte Ziel) als auch substanziell (die arabischen Streitkräfte waren in der Summe zahlenmäßig weit überlegen und die verteidigungspolitischen Bedingungen Israels mit Blick auf seine mangelnde geostrategische Tiefe extrem ungünstig). Regelmäßige Terroranschläge im Inneren bildeten einen sichtbaren Ausdruck dieser Bedrohung, die den jüdischen Staat Israel permanent nahe an den Abgrund führte.

Im Mai 1967 eskalierte die ohnehin höchst fragile Lage. Unter anderem besetzte Ägypten mit seinen Truppen die bis dahin demilitarisierte Zone des Sinai und sperrte den Zugang zum Golf von Akabar für die israelische Schifffahrt. Zeitgleich verstärkten auch Jordanien und Syrien ihre gegen Israel gerichteten militärischen Positionen. Auch wenn die tatsächlichen Angriffsabsichten der arabischen Staaten nicht eindeutig waren, so musste die israelische Seite ein konkret greifbares, unmittelbar bevorstehendes Risiko der eigenen Vernichtung als Staat und als Staatsvolk erkennen. Und strategisch war nicht zu übersehen, dass angesichts der überlegenen Ressourcen der arabischen Seite jedes weitere Abwarten die eigene Lage von Tag zu Tag zu verschlechtern drohte. Daher entschloss sich die israelische Führung zu einem ‚präventiven Verteidigungskrieg‘, der nur wenige Tage, nämlich vom 5. bis zum 11. Juni dauerte und mit der – teils nur temporären, teils dauerhaften – Besetzung der Sinai-Halbinsel, des Gazastreifens, des Westjordanlandes, der Altstadt Jerusalems und der Golanhöhen endete. Auch wenn politisch bis zum heutigen Tag trotz aller Bemühungen der internationalen Staatengemeinschaft keine Lösung gefunden werden konnte, so lässt sich zusammenfassend folgern: Der Sechs-Tage-Krieg 1967 (im arabischen Raum spricht man eher von Juni-Krieg) dient als eines der typischen Beispiele für die Nutzung militärischer Gewalt zum Zwecke eines genuinen Staatsziels, nämlich der Verteidigung der eigenen Existenz. Oder anders ausgedrückt: Ohne den tatsächlichen und gezielten Einsatz von Streitkräften wäre der Staat Israel damals vermutlich verloren gewesen. Es ist folglich kein Wunder, wenn bis zum heutigen Tag militärische Fragen zu den wichtigsten Themen in allen politischen Entscheidungsprozessen Israels zählen.

Trotz seiner für den Gebrauch militärischer Gewalt typischen Ausprägung ist der Sechs-Tage-Krieg nur ein Sonderfall. Denn nach den Erfahrungen der beiden Weltkriege mit ihren für die Zivilbevölkerung furchtbaren Folgen und mit dem Wissen um die noch katastrophaleren Risiken im Atomzeitalter hat sich ein neuer Schwerpunkt im sicherheits- und verteidigungspolitischen Denken herausgebildet: nicht nur in der Lage zu sein, Kriege erfolgreich zu führen und zu gewinnen oder zumindest nicht zu verlieren, sondern sie überhaupt zu verhindern (wie schon in Kap. 3.9 angerissen). Diese politische Strategie zielt auf Abschreckung – und auch dabei spielen militärische Mittel eine zentrale Rolle. Beide Ansätze – Verteidigung und Abschreckung – sind dabei eng verwandt und bedingen sich teilweise gegenseitig. Dennoch liegen unterschiedliche Ziele zugrunde, wie Michael Sheehan (2016: 193) analytisch beleuchtet hat: Verteidigung folgt zwei großen Zwecken, nämlich erstens der Abwehr eines gegnerischen Angriffs und zweitens der Minimierung der mit diesem Angriff verbundenen Schäden für die eigene Seite. Das oben angeführte Beispiel Israel veranschaulicht das sehr plakativ. Abschreckung wiederum folgt einer anderen Logik. Sie basiert auf der klar artikulierten Drohung einer Vergeltung, die für den Angreifer eine inakzeptable oder zumindest extrem ungünstige Kosten-

Nutzen-Relation bedeuten würde. Es geht also darum, dem potenziellen Angreifer aufzuzeigen, dass er zwar im Sinne Clausewitz' den von ihm angestrebten Zweck eines Krieges möglicherweise erreichen kann, dies aber nur zu einem auch für ihn nicht hinnehmbaren Preis. Abschreckung richtet sich mithin in dieser Theorie immer auf die Abwehr einer Aggression. Sie ist daher zu unterscheiden von einer Nötigung oder gar Erpressung durch militärische Machtprojektion, die zwar auch mit unverhüllten Drohungen arbeitet, dies aber für offensiv-aggressive Ziele jenseits reiner Vergeltung.

Natürlich besteht zwischen Verteidigung und Abschreckung ein enger innerer Zusammenhang. Verteidigung mag im Einzelfall zwar auch ohne Abschreckungsstrategie gelingen. Aber umgekehrt bedarf erfolgreiche Abschreckung mittels militärischer Gewaltandrohung zweier sichtbarer Voraussetzungen: zum einen selbst einen hinreichenden Grad der Verteidigungsfähigkeit (die durchaus auch offensive Mittel einschließen kann und meist auch muss) zu erreichen und zum anderen – was im Vorstadium eines militärischen Konflikts wohl noch bedeutsamer ist – die eigene Stärke und den Willen, sie notfalls auszuspielen, dem Gegner glaubhaft zu vermitteln. Diese letztere Bedingung führt im Zeitalter nuklearer Waffenarsenale, die das Potenzial zur völligen Vernichtung ganzer Kontinente besitzen, zu einer weiteren Problemlage. Denn wie macht man einem potenziellen Gegner klar, dass man im Falle dessen Angriffs die klare Perspektive des auch eigenen Verderbens der Option einer kampflosen Unterwerfung vorzieht? Damit ist das Phänomen der ‚Selbstabschreckung‘ berührt, wie es im Ost-West-Konflikt von pazifistischer Seite mit dem Slogan ‚Lieber rot als tot‘ sehr publikumswirksam bedient wurde. Im Ergebnis ähneln Abschreckungsstrategien auf dieser Ebene einem Schachspiel, bei dem jede Seite mehrere Züge vorausdenken und dabei die gegnerischen Aktionen oder Reaktionen vorab kalkulieren muss. Misslingt dies, so droht entweder ein Unterlaufen der Abschreckungssignale oder ein Eskalationsautomatismus in Richtung ‚worst case‘ (s. Kap. 1.2).

Im Ost-West-Konflikt wurden diese Strategien der militärischen Abschreckung nicht nur höchst kontrovers diskutiert, sondern auch angesichts des beidseitigen Potenzials an Nuklearwaffen auf strategischer, substrategischer und taktischer Ebene seitens der Nato in eine bis dahin ungeahnte Perfektion getrieben – von der ‚massive retaliation‘ der 1950er Jahre bis zur ‚flexible response‘ ab 1967/68 mit jeweils unterschiedlichen Varianten. Im Nachhinein lässt sich aus westlicher Sicht insgesamt die These vertreten, die Abschreckung sei erfolgreich gewesen, da der Kalte Krieg ohne eine große militärische Auseinandersetzung und ohne Aufgabe der eigenen Werte beendet werden konnte. Freilich stehen auch zwei Einwände im Raum: erstens die Frage nach anderen politischen Faktoren der historischen Entwicklung und zweitens das enorme Risiko, das mit einem etwaigen Scheitern der Nuklearstrategie zweifellos verbunden war und dessen Beherrschung rational handelnde Akteure auf beiden Seiten voraussetzte.

Das generelle Konzept militärischer Abschreckung lebt jedenfalls auch nach dem Ende des Ost-West-Konflikts weiter. Derzeit erfährt es sogar wieder eine Art Renaissance, vor allem mit Blick auf die als prekär eingeschätzte Lage etwa im Baltikum vor dem Hintergrund unklarer russischer Ambitionen. Eine hinreichende Verteidigung der östlichen Nato-Mitglieder mit rein konventionellen Mitteln ist aus geostrategischen Gründen schwierig bis unmöglich. Daher erhält auch das Instrument nuklearer Abschreckung ebenso wieder Gewicht wie die Aufgabe, den Zwang zu einer vorschnellen nuklearen Reaktion im Falle einer militärischen Eskalation auf dem Territorium eines der Bündnispartner zu verhindern. Eine entsprechende militärische Vorsorge mittels einer geeigneten Strategie zu entwickeln und diese mit geeigneten Kräften nach Raum und Zeit zu unterlegen, entspricht derzeit einem zentralen Interesse der westlichen Allianz (s. Kap. 5.3).

Zuletzt ist an dieser Stelle noch ein Einwurf angebracht, der die eigentlich so legitim anmutende ‚Verteidigungsargumentation' – also das Argument, dass Streitkräfte zur Verteidigung eingesetzt werden – bisweilen relativiert. Zunächst sei noch einmal an das bereits erwähnte Sicherheitsdilemma erinnert. Jede militärische Anstrengung zur Erhöhung der eigenen Sicherheit birgt die Gefahr, dass Dritte sie ihrerseits als bedrohlich wahrnehmen und sich zu einer – aus ihrer Sicht reaktiven – Aufrüstung oder Modernisierung genötigt fühlen. Die daraus entstehende Spirale schafft in der Regel nicht mehr, sondern weniger Sicherheit für alle und besitzt zwangsläufig ein konfliktverstärkendes oder mitunter gar kriegsauslösendes Potenzial. Dieser Effekt ist zwar meist unbeabsichtigt, aber dennoch kontraproduktiv mit Blick auf das Ziel einer hinreichenden Verteidigungsfähigkeit. Noch bedenklicher scheint es freilich, wenn das Etikett ‚Schutz und Verteidigung' als Deckmantel für latente Angriffsabsichten bewusst und planmäßig missbraucht wird. Auch hier verweist die Zeitgeschichte auf eine Fülle von Beispielen, angefangen etwa vom Überfall des nationalsozialistischen Deutschland auf Polen 1939 (‚seit fünf Uhr fünfundvierzig wird zurückgeschossen') bis hin zur Besetzung der Krim 2014 durch – in diesem Fall freilich hybride – russische Kräfte mit der fadenscheinigen Rechtfertigung, das Leben russischer Staatsbürger schützen zu müssen. So unvergleichbar diese Fälle sind, das Muster ist ähnlich und für die jeweiligen Nachbarstaaten hochbrisant: Verteidigungsmotive werden vorgeschoben, um der gewaltsamen Verfolgung eigener Interessen eine notdürftige Legitimation nach außen zu verleihen.

Besonders problematisch wird dieser Zusammenhang dann, wenn eine Militäraktion mit dem angeblich ‚präventiv' oder gar ‚präemptiv' erforderlichen eigenen Schutz begründet wird. Damit droht ein praktisch grenzenloser Missbrauch des Verteidigungsarguments. Das oben bewusst erwähnte Beispiel Israels 1967, bei dem der einzig erfolgversprechende Zeitpunkt des Beginns militärischer Operationen nachvollziehbar genutzt werden musste, um einer totalen Vernichtung zu entgehen, steht in dieser Hinsicht keineswegs stellvertretend für alle Fälle einer präventiven Kriegführung zum angeblichen Zwecke der Verteidigung.

Dieser Gedanke verdient daher noch nähere Betrachtung: Die rechtliche und politische Debatte um eine sogenannte ‚präventive' oder auch ‚präemptive Sicherheitspolitik' wirft zunächst die grundsätzliche Frage auf, unter welchen Voraussetzungen und für welche Fälle militärische Interventionen erlaubt sein sollen. Dabei lautet eine Überlegung, das Konzept der unmittelbaren Bedrohung müsse an die Fähigkeiten und Ziele der heutigen Gegner angepasst werden. Die der sicherheitspolitischen Strategie in der Zeit des Ost-West-Konflikts zugrunde liegende Philosophie der Abschreckung (deterrence) funktioniere unter den neuen Gegebenheiten so nicht mehr. Im Einzelfall müsse vielmehr ‚Abschreckung durch Bestrafung' (deterrence by punishment) zu ‚Abschreckung durch Verwehren' (deterrence by denial) erweitert werden. Denn werde militärische Gewaltanwendung prinzipiell als ‚ultima ratio' (also als letztes bzw. äußerstes Mittel) begriffen, könne der günstigste Augenblick verpasst werden, in dem bei einem Eingreifen mit vergleichsweise geringem Mittelaufwand – und möglicherweise schon mit einer glaubwürdigen Drohung – ein maximaler politischer Effekt erzielt werden könne. Je größer aber im Zeitalter der Verbreitung von Massenvernichtungswaffen die Bedrohung werde, desto größer sei das durch Untätigkeit entstehende Risiko und „desto zwingender das Argument für antizipatorische Selbstverteidigung, selbst wenn Unsicherheit darüber besteht, wann und wo der Feind angreifen wird. Die Vereinigten Staaten werden jedenfalls präemptiv handeln, um solche feindlichen Akte unserer Gegner zu vereiteln oder ihnen vorzubeugen" (White House 2002: Abschnitt V).

Die im deutschen Sprachgebrauch unübliche Unterscheidung zwischen ‚Präemption' (preemption) und ‚Prävention' (prevention) ist erläuterungsbedürftig und wird auch in der wissenschaftlichen Literatur sowie im Strategiepapieren unterschiedlich verwendet (s. auch Kap. 4.6).

- Von präventivem Handeln im Sinne einer ‚antizipatorischen Selbstverteidigung' ist dann zu sprechen, wenn dieses in einer Lage erfolgt, in der eine Angriffshandlung der gegnerischen Seite unmittelbar bevorsteht und keine diplomatischen oder anderen friedlichen Instrumente mehr zur Verfügung stehen.

- ‚Präemptive Selbstverteidigung' ist demgegenüber eine Kriegshandlung, die lediglich auf der abstrakten Annahme einer in der Zukunft zu erwartenden Feindseligkeit eines Gegners beruht. Sie ist damit zeitlich noch weiter vorverlagert (Hobe 2008: 339) und zielt darauf ab, die allgemeine Möglichkeit auszuschalten, Opfer eines gegnerischen Angriffs zu werden.

Als Maßstab zur Rechtfertigung präventiv-antizipatorischer Selbstverteidigungsmaßnahmen haben sich im Völkergewohnheitsrecht seit den 1840er Jahren die ‚Webster-Formel' bzw. die in ihr enthaltenen sog. ‚Caroline-Kriterien' etabliert. Sie gehen zurück auf einen Zwischenfall im Dezember 1837, als britische Soldaten das US-amerikanische Schiff Caroline kaperten und brennend die Niagara-Fälle hinabfahren ließen. Die britische Regierung behauptete, dass durch das Schiff US-Söldner unterstützt würden, die gemeinsam mit kanadischen Aufständischen gegen die britische Krone kämpften. Der Fall löste einen langen Briefwechsel zwischen dem damaligen US-Außenminister Daniel Webster und dem britischen Sondergesandten Lord Ashburton aus. Im Jahr 1842 legte Webster dar, unter welchen Bedingungen das britische Handeln zulässig sein könnte: „It will be for that government to show a necessity of self-defense, instant, overwhelming, leaving no choice of means and no moment for deliberation. It will be for it to show, also, that the local authorities of Canada […] did nothing unreasonable or excessive" (US Department of State 1848: 110).

Die in der ‚Webster-Formel' enthaltenen Kriterien des unmittelbar bevorstehenden Angriffs, zu dessen Abwendung keine Möglichkeiten für eine diplomatische Lösung mehr bestehen und dem durch geeignete und verhältnismäßige militärische Maßnahmen begegnet wird, sind über die Staatenpraxis der folgenden fast zweihundert Jahre Teil des Völkergewohnheitsrechts geworden (Gareis/Varwick 2014: 315f). Als klassischer Anwendungsfall zulässiger präventiver Selbstverteidigung gilt der oben beschriebene Sechs-Tage-Krieg 1967. Als Beispiel für einen unzulässigen präventiven Schlag wiederum kann die 1980 erfolgte Zerstörung des im Bau befindlichen irakischen Kernreaktors ‚Osirak' durch die israelische Luftwaffe gelten – ein Schlag, der durch den Sicherheitsrat umgehend verurteilt wurde. Auch der Angriff auf den Irak 2003 oder das Vorgehen der Türkei gegen die Kurden im Irak 2008 sowie 2018 in Syrien sind als solche Fälle zu werten. Zumindest ist ihre Rechtsgrundlage höchst zweifelhaft.

Auch wenn also Selbstverteidigung bereits vor Vorliegen eines bewaffneten Angriffs – also anders als es der Wortlaut des Art. 51 der VN-Charta vorsieht – im Einzelfall legitim sein kann, stellt sie die internationale Ordnung gleichwohl vor fundamentale Herausforderungen. Mit Blick auf den Irak-Krieg 2003 formulierte der damalige VN-Generalsekretär Annan die Sorge, dass eine präemptive Logik, falls sie übernommen wird, „zur Ausbreitung einer einseitigen und gesetzlosen Anwendung von Gewalt führen könnte, egal ob mit oder ohne Rechtfertigung" (Annan 2003: 117). Denn es bleibt offen, wer über die Angemessenheit solcher Militäreinsätze entscheidet, auf welcher völkerrechtlichen Grundlage sie durchgeführt werden und ob tatsächlich ein Ausnahmetatbestand vom allgemeinen Gewaltverbot der VN-Charta vorliegt. Es stellt sich zudem die Frage, ob mehr Stabilität erreicht werden kann oder aber ob die Unberechenbarkeit in der internationalen Politik zunimmt, wenn jeder Staat, der sich in irgendeiner Weise bedroht fühlt bzw. sich bedroht zu fühlen vorgibt, rechtlich befugt ist, bereits im Vorfeld eines vermuteten Angriffs über Zeitpunkt und Ausmaß seiner offensiven militärischen Maßnahmen zu bestimmen.

Diskussionsfragen:
- Ist militärische Verteidigung weiterhin eine unverzichtbare Voraussetzung staatlicher Existenz oder eine anachronistische Fehlinvestition?
- Erhält das Konzept der militärischen Abschreckung wieder eine neue Bedeutung im europäischen Kontext und welchen Kriterien muss es ggf. dabei genügen?
- Welche Leitgedanken sollten für eine rechtliche Zulässigkeit präemptiver militärischer Gewaltanwendung gelten?

4.3 Wege und Irrwege im internationalen Krisenmanagement

Die auf klassische Verteidigung gegen Angriffe von außen gerichteten Funktionen von Streitkräften decken das moderne Spektrum militärischer Macht in keiner Weise vollständig ab. Mit der Erkenntnis, dass erstens im Zeitalter der Globalisierung die Sicherheit eines Landes untrennbar mit dem Erhalt des internationalen Friedens verbunden ist und zweitens nicht zuletzt deshalb neben der staatlichen auch die ‚menschliche Sicherheit' (s. Kap. 1.1) an internationaler Relevanz gewinnt, hat sich seit 1945 Schritt für Schritt ein neues großes Aufgabenfeld entwickelt: das der sogenannten ‚Friedenssicherungseinsätze' sowie der sonstigen militärischen Beteiligung an der internationalen Krisenbewältigung. Diese Einsätze lassen sich in der Praxis der internationalen Politik sowohl von der Bezeichnung her als auch hinsichtlich ihrer Konzeption nur schwer einem einheitlichen Schema zuordnen. So sind etwa ‚VN-mandatierte' von ‚VN-geführten' Einsätzen sowie wiederum von Einsätzen, die außerhalb des engen rechtlichen Rahmens der VN-Charta durchgeführt werden (s. Kap. 5.1), voneinander zu unterscheiden. Bedeutsam ist zudem auch die Beobachtung, dass Regionalorganisationen wie Nato, EU oder Afrikanische Union zu zunehmend relevanten Akteuren geworden sind. Aber auch Deutschland engagiert sich nach dem Ende des Ost-West-Konflikts in hohem Maße: So waren von 1991 bis Mitte 2017 insgesamt über 400.000 deutsche Soldatinnen und Soldaten in 52 mandatierten Auslandseinsätzen involviert, dabei in Spitzenzeiten über 10.000 gleichzeitig (Glatz/Hansen//Kaim/Vorrath 2018: 9). In gewisser Weise spiegeln diese Befunde eine Entwicklung deutscher Sicherheitspolitik hin zu internationaler Normalität wider (s. Kap. 6).

Die internationale Friedenssicherung, deren Legitimation auf das Engste mit der VN-Charta verbunden ist, hat im Laufe der letzten Jahrzehnte eine Vielzahl von Varianten durchlaufen, die eine allgemeine Einordnung erschweren. Der Ursprungsgedanke des sogenannten ‚peacekeeping‘ lief darauf hinaus, im Falle internationaler bewaffneter Konflikte ein Mittel an der Hand zu haben, um als eine Art Puffer günstige Voraussetzungen zur Sicherung oder Wiederherstellung des Friedens vor Ort zu schaffen. Entsprechend waren – und sind im Prinzip auch heute noch in den klassischen Blauhelmeinsätzen – drei ‚eherne Prinzipien‘ maßgeblich, nämlich 1) Zustimmung aller Konfliktparteien, 2) Unparteilichkeit und 3) Anwendung von Gewalt ausschließlich zur Selbstverteidigung. Die damit signalisierte absolute Neutralität entspricht letztlich auch dem klassischen Nichteinmischungsgebot in die Angelegenheiten souveräner Staaten, auch wenn diese sich in einem bewaffneten Konflikt miteinander befinden.

Die Liste der Beispiele von VN-Friedensmissionen ist lang, ihre jeweilige Dauer höchst unterschiedlich und die Erfolgsbilanz gemischt (s. Kap. 5.1). Zu den wichtigsten gehören unter anderem der Nahe Osten (1948), Indien/Pakistan (1949), Suezkanal (1956), Kongo (1960), Zypern (1968), Golan (1978), Somalia (1992), Bosnien (1993), Kosovo (1999), Afghanistan (2001), Sudan (2007), Südsudan (2011) oder Mali (2013). Auch wenn sich im Laufe der Zeit der jeweilige Auftrag von bloßen Beobachtungsmissionen hin zu komplexen Operationen auch zum Schutz von Menschen verlagert bzw. erweitert hat, so läuft die Rechtsgrundlage im Wesentlichen stets auf das Kapitel VII der VN-Charta hinaus – also auf die Sicherung des Weltfriedens und der internationalen Sicherheit durch Zwangsmaßnahmen und nicht etwa auf das sehr viel ‚weichere‘ Kapitel VI der VN-Charta, in dem es um die friedliche Beilegung von Streitigkeiten geht. In Politik und Wissenschaft wurden unzählige Debatten geführt über zu umfangreiche und unklare Mandate, unzureichende Ressourcen und die heikle Frage, wieviel Gewalt eine Operation anwenden können muss oder maximal darf, um ihren Auftrag ohne Einbuße an Legitimität zu erfüllen.

Mit dem Ende des Ost-West-Konflikts hat sich dabei nach und nach eine neue Rechtfertigungsphilosophie für militärische Eingriffe zur internationalen Krisenbewältigung herausgeschält: die der ‚humanitären Interventionen‘. In einzelnen Fällen war der VN-Sicherheitsrat bereit, in Fällen massiver Menschenrechtsverletzungen eine Bedrohung des internationalen Friedens zu erkennen und entsprechend ein militärisches Eingreifen zum Zwecke eines sicheren Umfeldes zu billigen. Als Voraussetzung gilt dabei, dass schwerste Verletzungen des humanitären Völkerrechts vorliegen müssen und eine anderweitige Abhilfe ausscheidet. Es handelt sich also um eine Art Nothilfe, und dies in einer Situation, in der unterschiedliche Normen der Völkergemeinschaft miteinander konkurrieren: zum einen die Achtung der staatlichen Souveränität und des Gewalt- und Einmischungsverbots, zum anderen aber die Notwendigkeit, die universellen Menschenrechte zu schützen. Eng verbunden ist mit diesem letzteren Motiv die (in diesem Buch bereits mehrfach erwähnte) relativ neue und durchaus noch strittige normative Figur einer ‚internationalen Schutzverantwortung‘ (R2P, responsibility to protect). Sie zielt im Kern auf eine Art Paradigmenwechsel in der Rechtfertigungslogik: vom bis dahin diskutierten ‚Recht zum Eingreifen‘ hin zu einer sehr viel aktiveren ‚Verantwortung (der internationalen Staatengemeinschaft) zum Eingreifen‘, und zwar bei Vorliegen der vier Kriterien Ernst der Bedrohung, Redlichkeit der Motive, Einsatz als äußerstes Mittel und Verhältnismäßigkeit (Hobe 2008: 356). Im Prinzip klingt dies alles vernünftig, wenn man etwa an den Völkermord in Ruanda oder die Gräueltaten von Srebrenica denkt, die durch ein beherztes Eingreifen der Völkergemeinschaft vielleicht zu verhindern gewesen wären. Dennoch gibt es eine Reihe von Problemlagen um das Konzept ‚humanitärer Interventionen‘, wie am Fallbeispiel Libyen recht plastisch nachzuweisen ist (Biermann 2014).

An der katastrophalen Lage für die menschliche Sicherheit in Libyen gab es 2011 wenig Zweifel, vor allem auch vor dem Hintergrund der unverhüllten Drohung Gaddafis, ein Blutbad unter dem Teil der Bevölkerung, der sich gegen ihn stellt, anzurichten. Zwar war seine Ankündigung zum Zeitpunkt der Resolution 1973 des VN-Sicherheitsrats noch nicht real eingetreten, aber eine präventive Aktion – durchgeführt vor allem von britischen, französischen und amerikanischen Kräften – ließ sich vor allem mit Blick auf die prekäre Lage der Bevölkerung in und um Bengasi durchaus begründen. Allerdings bestanden von Anfang an Zweifel, ob das Eingreifen wirklich nur humanitären Motiven oder vielmehr ergänzend oder überlagernd auch anderen (z.B. ökonomischen oder allgemein machtpolitischen) Interessen diente. Auch bleibt offen, ob wirklich nur die vorwiegend aus der Luft geführten militärischen Operationen als äußerstes Mittel übrigblieben oder ob vielmehr auch während des Einsatzes andere, nicht-militärische Optionen erwogen und geprüft wurden. Hier lässt sich auch kritisch anführen, dass die strikte Forderung der Koalitionskräfte nach einem absoluten Machtverzicht Gaddafis von vornherein jeden Kompromiss im Sinne einer friedlichen Lösung unterlaufen musste. Im Ergebnis wandelte sich damit die tatsächliche Zielsetzung von einer ‚humanitären' Intervention hin zu einem ‚regime change', was wiederum weit über das ursprüngliche VN-Mandat und die Durchsetzung der vereinbarten Flugverbotszone hinausging. Die Folgen dieses Vorgehens liegen auf der Hand, und sie bilden bis heute und wohl auch noch auf absehbare Zeit eine schwere Hypothek für die Legitimität des Konstrukts humanitärer Interventionen: Die Lage in Libyen ist bis heute alles andere als stabil; sie ist geprägt von rapidem Staatszerfall, desolaten sozialen und politischen Strukturen, innerer Gesetzlosigkeit, von Kriminalität und Milizen, einem Aufkeimen des Terrorismus und einer verheerenden grenzüberschreitenden Wirkung auf die Nachbarstaaten und die ganze Region. Auch wenn es im Frühjahr 2011 aus damaliger Sicht gute Gründe für ein Eingreifen gegeben haben mag und es schwer zu beurteilen ist, wie sich die Lage entwickelt hätte, wenn es etwa tatsächlich zu schwersten und massenhaften Menschenrechtsverletzungen seitens des Gaddafi-Regimes gekommen wäre, so muss man im Nachhinein feststellen: Der Libyen-Einsatz war und ist insgesamt ein durchaus problematischer Einsatz und dient eher als Beispiel für die Gefahren des Missbrauchs humanitärer Motive denn als Blaupause für die Zukunft – insbesondere dann, wenn die Verantwortung für die Konfliktnachsorge, derer man sich samt der finanziellen und politischen Kosten im Vornherein stets bewusst sein muss, sträflich vernachlässigt wird.

Legitimitätsprobleme gab es auch im Falle des Einschreitens der Nato im Konflikt um das Kosovo 1999, allerdings hier deshalb, weil es an einer Billigung des Sicherheitsrates der VN mangelte. Auch im Fall Kosovo durfte zu Recht angenommen werden, dass nur eine militärische Intervention geeignet schien, die Fortsetzung einer menschlichen Katastrophe zu verhindern. Die lang andauernden gewaltsamen Auseinandersetzungen zwischen der serbisch-jugoslawischen Seite und den kosovarischen Befreiungskräften auf dem Boden der Republik Jugoslawien hatten bereits zu diesem Zeitpunkt zu Gräueltaten und Fluchtbewegungen größeren Ausmaßes geführt, und man befürchtete noch Schlimmeres bis hin zu ethnischen Säuberungen und Völkermord. Ein militärisches Eingreifen von außen zum Schutz der bedrohten Menschen war von daher durchaus zu rechtfertigen. Das völkerrechtliche Problem lag freilich in der Tatsache, dass im Sicherheitsrat der VN nicht mit einer billigenden Zustimmung der Veto-Mächte Russland und China zu rechnen war. Daher handelte die Nato ohne ein entsprechendes Mandat – eine Entscheidung, die später als ‚technically illegal but morally legitimate' charakterisiert wurde (Hobe 2008: 356). Wie auch immer man die rechtliche Frage bewertet, ohne VN-Mandat humanitär zu intervenieren, so liegt in jedem Falle das erhebliche Missbrauchspotenzial einer solchen Option auf der Hand. Denn sollte sich ein entsprechendes internationales Gewohnheitsrecht herausbilden – also etwa die Schutzverantwortung (R2P) als eine Art Freikarte für legitimes militärisches Eingreifen interpretiert werden –, so wäre dem Handeln von Staaten im ausschließlich eigenen Interesse und auf eigene Rechnung Tür und Tor geöffnet. Eine dazu passende Interpretation der Lage mit Blick auf angebliche humanitäre Pflichten lässt sich mit etwas Phantasie nahezu immer konstruieren, wie dies etwa auch 2014 beim Vorgehen Russlands auf der Krim geschehen ist. Dies wiederum kann und darf nicht im Sinne der friedenswahrenden Absicht der VN und ihrer Charta sein (s. Kap. 5.1).

Neben und oft in Ergänzung zu den humanitären Interventionen kommt auch sogenannten Stabilisierungseinsätzen im internationalen Krisenmanagement hohe praktische Bedeutung zu. Im Mittelpunkt steht dabei meist das Ziel, nach dem Zerfall eines Staates (s. Kap. 3.1) den geordneten Neuaufbau von politischen, militärischen und polizeilichen Strukturen zu unterstützen und hierzu für ein sicheres Umfeld gegen Aufständische oder Kriminelle zu sorgen. Es handelt sich also meist um einen Ansatz, den man eher als Krisennachsorge denn als ‚heißes Krisenmanagement' charakterisieren kann – auch wenn temporär und lokal die damit verbundenen Operationen durchaus kriegsähnliche Züge annehmen können. Auch diese Stabilisierungseinsätze können mit oder ohne VN-Mandat durchgeführt werden. Da es sich in beiden Fällen in der Regel nicht um einen Verstoß gegen das Nichteinmischungsgebot handelt, sondern der Einsatz mehr oder weniger ausdrücklich von den formalen Autoritäten des zu unterstützenden Staates gewünscht wird, spielt die Legitimationsproblematik eine weniger wichtige Rolle als die Frage, ob und wie der Auftrag der Friedenssicherung und des Staatsaufbaus praktisch erfüllt werden kann. Denn auch hier sind die bisherigen Ergebnisse sehr magerer und teilweise desillusionierender Natur, wie am Beispiel Afghanistan – ein Land, das fast als Synonym für ein Scheitern militärischer Gewalt von außen steht – kurz aufgezeigt werden soll.

Im 19. und 20. Jhd. waren es zunächst die Briten, die nach diversen Kriegen die Region am Hindukusch verlassen und die afghanische Unabhängigkeit akzeptieren mussten. Vorher zogen sie allerdings die bis heute gültige Grenze (die sog. Durand-Linie) zu Pakistan, die das Stammesgebiet der Paschtunen teilt und seither ihre Trennung bedeutet – mit Folgen, die für den konstruierten Vielvölkerstaat auch heute noch eine der zentralen Konfliktursachen darstellen. Auch die Sowjets haben in den 1980er Jahren leidvoll erfahren, wie schwer es ist, den Afghanen eine Regierungsform von außen gewaltsam aufzudrängen. Diese Erfahrungen wollte ab 2001 die Nato-geführte VN-Mission in Afghanistan nicht teilen. Stattdessen sollte das Land nach dem Sturz der Taliban und der Vertreibung Al-Qaidas so aufgebaut und unterstützt werden, dass es sich wieder zu einem anerkannten und innerlich gefestigten Mitglied der Völkergemeinschaft entwickeln kann. Dazu wurde diplomatisch, entwicklungspolitisch und vor allem militärisch enorm viel investiert – so standen zeitweise bis zu 130.000 Soldatinnen und Soldaten aus nahezu 50 Nationen im Rahmen der ‚International Security Assistance Force' (ISAF) vor Ort. Auf welches Ergebnis schauen wir aber heute? Hat sich das Engagement ‚gelohnt' im Sinne eines Gewinns an Sicherheit für die Afghanen und für die intervenierenden Staaten? Die aktuelle Lage ernüchtert zweifellos. Zwar kann man sehr wohl von einigen Erfolgen beim Aufbau des Landes sprechen (vom Gesundheitswesen über die Bildung bis hin zur Verkehrsinfrastruktur), aber insgesamt wurde keines der entscheidenden Ziele erreicht. Vor allem die nationale wie regionale Sicherheitslage, die als Voraussetzung für den weiteren Staatsaufbau gilt, ist immer noch höchst angespannt – mit teilweise negativem Trend. Auch vom Ziel einer guten Regierungsführung ist Afghanistan weit entfernt, von der grassierenden Korruption ganz zu schweigen. Unter dem Strich ist und bleibt Afghanistan ein ungelöstes Sicherheitsproblem. Nicht ohne Grund befürchten viele eine ‚never ending story' extrem kostenintensiver und zugleich vergeblicher Bemühungen von außen um das Land am Hindukusch – und entsprechend schwierig ist es in den westlichen Demokratien, den fortdauernden Einsatz öffentlich zu begründen. Nicht ohne Grund wurde vom 45. US-Präsidenten Trump ein vollständiger Abzug aus Afghanistan im Jahre 2020 angekündigt. Ob dieser Abzug durch seinen Nachfolger Biden tatsächlich vollzogen wird, bleibt abzuwarten.

Ziele und Nutzen militärischer Beiträge zur internationalen Krisenbewältigung – seien sie präventiver oder reaktiver Natur – stehen oft außer Zweifel, dies mitunter auch aus Gründen der Solidarität gegenüber Partnern. Allerdings zwingt die mehr als durchwachsene und teils enttäuschende Bilanz im Wesentlichen westlicher militärischer Machtprojektion im Dienste des internationalen Krisenmanagements zu einer ehrlichen und nüchternen Bestandsaufnahme sowie zu einer Anpassung bisher gültiger Grundannahmen. In der Praxis geschieht dies nicht oder meist nur zaghaft, und stattdessen lässt sich ein gewisser Hang zum ‚Schönreden' und damit zur Verschleierung eigener Fehler und Misserfolge feststellen. Aus der Fülle möglicher Ansätze einer offenen Bewertung bzw. zentraler Lehren lassen sich an dieser Stelle fünf exemplarisch hervorheben:

- Erstens machen internationale Kriseneinsätze nur Sinn, wenn eine gut durchdachte und von allen Beteiligten mitgetragene Strategie dahintersteht. Besonders wichtig ist dabei die enge Vernetzung zwischen militärischen und zivilen Akteuren und Konzepten, wobei als Faustformel gelten darf: so viel Militär wie unbedingt nötig und so wenig wie möglich. Auch ist zu vermeiden, dass Sicherheitsaspekte im engeren Sinn alles andere so dominieren, dass die eigentlichen politischen Ziele aus den Augen geraten.

- Zweitens fällt auf, dass in der Praxis der Einsatz militärischer Gewalt die angestrebten ersten Ziele zwar oft rasch erreicht (siehe Kosovo, Afghanistan, Libyen), aber sein Nutzen im weiteren Verlauf oft deutlich abnimmt. Es mangelt dann meist nicht nur am ‚langen Atem‘, sondern auch an übergreifenden und realitätsbezogenen Strategien für die weiteren Phasen einer Intervention. Bei den Operationen einer breiten internationalen Koalition gegen den ‚Islamischen Staat‘ (IS) bis 2019 wurden ähnliche Probleme sichtbar. Trotz oder paradoxerweise sogar wegen der militärischen Anfangserfolge gibt es zahlreiche Schwierigkeiten, etwa mit Blick auf die brisante Kurdenfrage unter Einschluss fast aller regionalen Akteure, für deren Bewältigung noch keinerlei tragfähige Konzepte in Aussicht stehen (s. auch Kap. 4.4). Es geht also darum, auch unerwünschte Neben- und Folgewirkungen eines Eingreifens frühzeitig zu berücksichtigen.

- Drittens fällt bei den militärischen Kriseneinsätzen der vergangenen 20 Jahre ein neuer Trend auf: Da die Streitkräfte der Interventionsstaaten zunehmend nach Kräften und Zeit überdehnt sind, werden mehr und mehr die Dienste privater Sicherheitsunternehmen oder auch örtlicher – mitunter wenig vertrauenswürdiger – Kräfte ergänzend in Anspruch genommen. Sofern dies etwa im Bereich der Logistik geschieht, ist das relativ unbedenklich. Sobald es aber Kernaufgaben – wie etwa robuste Schutzfunktionen – berührt, ergibt sich hier das Risiko, dass private Ziele und Handlungsweisen die international und staatlich legitimierten überlagern und damit die Gesamtstrategie in kontraproduktiver Weise untergraben. Das zu verhindern ist oft wesentlich für die Akzeptanz und damit den längerfristigen Erfolg der Einsätze.

- Viertens ist es ausgesprochen fragwürdig, ob der Versuch erfolgreich sein kann, in fremden Kulturkreisen das westliche Wertesystem als strikten Fixpunkt aller Bemühungen zu etablieren. Eine im Bewusstsein der Bevölkerung fest verankerte Staatsform kann sich auf Dauer nur von innen heraus entwickeln. Wird der Druck von außen auf Traditionen und den Willen der Menschen zu stark, finden sich die westlichen Soldaten, Diplomaten, Polizeiberater und Entwicklungshelfer allzu rasch in der gegen ihren Willen zugeschriebenen Rolle eines Besatzers wieder – womit ihr Auftrag letztlich undurchführbar wird.

- Fünftens kann ein internationaler Kriseneinsatz nur erfolgreich sein, wenn die sogenannte ‚Interventionsfalle‘ aufgelöst wird (Masala 2016: 38). Diese stellt die westlichen Regierungen vor das Dilemma, einerseits eine Intervention aus guten Gründen als notwendig zu erachten, andererseits aber mit Blick auf eine kritische Öffentlichkeit sie nicht so zu unterfüttern, wie dies für einen Erfolg nötig wäre. Halbherzige Ansätze sind meist zum Scheitern verurteilt, wie es das ‚Antibiotika-Axiom‘ anschaulich nahelegt: „Bricht man eine Antibiotikatherapie zu früh ab oder sind die Dosen zu gering, hat die Therapie keine Wirkung. Es besteht sogar die Gefahr einer Verschlimmerung, etwa durch Resistenzen" (Gujer 2015: 361).

Auch wenn letztlich immer nur eine Einzelfallbetrachtung zu seriösen Bewertungen führen kann, lassen doch die jüngeren Erfahrungen mit militärisch dominiertem Krisenmanagement eine beträchtliche Skepsis gegenüber ihrem längerfristigen politischen Nutzen zu. „Territorien lassen sich verteidigen oder erobern, Regime stürzen, aber politische Ziele nur schwer mit militärischer Gewalt erzwingen, besonders dann, wenn der Einsatz sich gegen nichtstaatliche Akteure richtet" (Rudolf 2017: 12). Einige Autoren sprechen gar von einer ‚Illusion der militärischen Interventionen‘. In dieser Perspektive haben die westlich geprägten vergangenen zwei ‚Dekaden der Interventionen‘ – insbesondere mit Blick auf Afghanistan (2001), Irak (2003) und Libyen (2011) – letztlich allesamt eine Art Scherbenhaufen hinterlassen. Mit seiner militärischen Interventionspolitik trage „der Westen einen großen Teil der Verantwortung dafür, dass die Welt heute ein unsicherer Platz ist, als sie es noch von dreißig Jahren war" (Masala 2016: 44). Eine solche Pauschalkritik ist sicher verkürzt und überzogen, aber offenkundig bleibt, dass sich die hochgesteckten Erwartungen in der Regel nicht erfüllt haben.

Diskussionsfragen:
- Unter welchen Voraussetzungen lassen sich humanitäre Interventionen rechtfertigen? Wie kann einem Missbrauch erfolgreich vorgebeugt werden?
- Welche Lehren sind aus den Fallbeispielen Libyen und Kosovo mit Blick auf Erfolg oder Misserfolg humanitärer Interventionen zu ziehen?
- Sind Stabilisierungseinsätze wie der in Afghanistan auf Dauer durchzuhalten, oder sollte der Westen hier weitgehende Zurückhaltung üben?

4.4 Rüstungsexportpolitik und Ertüchtigung

Rüstungsexporte und militärische Ausbildungshilfe waren schon immer bedeutsame Mittel, um gezielt Partner und andere Staaten zu unterstützen und damit eigene sicherheitspolitische Interessen zu wahren. Sie erhalten seit einigen Jahren mit der komplexen globalen Gesamtlage sowie den Schwierigkeiten militärischer Interventionen – selbst wenn diese gut begründet sind – eine neue Relevanz, nicht zuletzt auch infolge einer zunehmend kritischen Öffentlichkeit. Im Kern bieten sie einen Ansatz, militärische Machtprojektion gewissermaßen indirekt oder ‚auf leiseren Sohlen' zur Wirkung zu bringen. Mit diesem Instrument können unter Umständen – insbesondere im Vergleich mit einem direkten militärischen Vorgehen – mehrere Vorteile verbunden sein:

- Erstens wird mit gezieltem Waffenexport und Ausbildungshilfe das sicherheitspolitische Handlungsspektrum um eine selektive und im Idealfall proaktive Variante erweitert – auch mit Blick auf eine Übernahme internationaler Verantwortung.
- Zweitens kommt der Gedanke einer präventiven Sicherheitsvorsorge auf vergleichsweise kostengünstige Weise zum Ausdruck.
- Drittens verspricht dieser Ansatz in krisenanfälligen Ländern für eigenverantwortliche Stabilität zu sorgen, ohne dabei selbst eine gewisse Distanz zu unterschreiten und zudem in schwierige völkerrechtliche Fragen im Falle eines ansonsten ggf. als notwendig erachteten militärischen Eingreifens verstrickt zu werden.
- Viertens werden, wenn die Empfängerstaaten zur selbsttragenden Stabilisierung befähigt sind, Einsätze eigener Streitkräfte in Krisenlagen unwahrscheinlicher und damit auch eigene Opfer vermieden.
- Fünftens fördert der Export von Rüstungsgütern und/oder militärischem Know-how die außenpolitische Vernetzung mit den betroffenen Partnern, verstärkt die Kooperation und erlaubt damit auch eine Einflussnahme auf politische Prozesse.
- Sechstens ist dieser indirekte Ansatz nach innen wie außen hin deutlich weniger sichtbar und verpflichtend, was wiederum die eigene Bindewirkung und damit auch Verantwortung begrenzt hält.
- Und siebtens schafft die Summe der vorgenannten Gründe in konkreten Fällen eine Grundlage für eine parlamentarische und öffentliche Akzeptanz im eigenen Land.

Auf der anderen Seite können Rüstungsexporte und Ertüchtigungsstrategien sowohl aus generellen Erwägungen heraus als auch in konkreten Fällen durchaus problematisch und moralisch wie pragmatisch hoch umstritten sein – vor allem, wenn sie sich auf Krisenregionen richten. Ein grundsätzlicher Einwand zielt dabei darauf ab, dass die Weitergabe von militärischer Hardware und Know-how die Gefahr einer globalen Rüstungs- bzw. Bedrohungsspirale weiter erhöhe, bewaffnete Konflikte bisweilen erst ermögliche bzw. verschärfe und verlängere und damit unter dem Strich kontraproduktiv für das Ziel der internationalen Sicherheit sei (s. auch Kap. 3.8). Befördert werde dieser Zusammenhang zusätzlich durch ökonomische Interessenlagen, die sicherheitspolitische Aspekte zu untergraben drohen. Mit Blick auf akute oder auch potentielle Krisenregionen – wie dies derzeit vor allem in der gesamten Region des Nahen und Mittleren Ostens einschließlich des Nato-Partners Türkei gegeben ist – erhöhen sich fraglos solche Risiken, sofern sie sich nicht durch klare Strategien und ein restriktives Kontrollregime beherrschen lassen.

Beim Blick auf den weltweiten Handel mit schweren Waffen geben die Daten des ‚Stockholm International Peace Research Institute' (SIPRI) jährlich einen guten Überblick – auch wenn gerade in Fragen von Rüstungsexporten häufig über mangelnde Transparenz zu klagen ist. Nach Jahren eines global zu beobachtenden Rückgangs nach dem Ende des Ost-West-Konflikts steigerte sich der Waffenhandel nach 2003 wieder deutlich und erreichte etwa für 2019 ein Volumen von mehr als 80 Mrd. US-Dollar (SIPRI geht davon aus, dass die tatsächlichen Werte noch höher sind). Zuletzt nahm er zwischen 2015 und 2019 im Vergleich zum Vorzyklus (2010–2014) um rd. 5,5 Prozent zu, wobei auf die fünf größten Exporteure (USA, Russland, Frankreich, Deutschland und China) rd. 75 Prozent der weltweiten Waffenausfuhren fielen. Die USA nahmen dabei mit 36 Prozent einen einsamen Spitzenplatz ein, und dies mit zunehmender Tendenz. Während dort ein Zuwachs von 23 Prozent im Vergleich zum Vorzyklus (2010–2014) zu verzeichnen war, erhöhten sich die Ausfuhren aus Deutschland um 17 Prozent.

Sicherheitspolitisch noch wichtiger ist allerdings ein Blick auf die Empfänger der Lieferungen. Dabei fällt sofort auf, dass Länder in eher instabilen Regionen an der Spitze stehen. Die ersten drei Plätze nehmen Saudi-Arabien, Indien und Ägypten ein. Dies ist eigentlich kein erstaunlicher Befund, denn in Krisenregionen ist der gefühlte Bedarf an militärischen Gütern fraglos besonders hoch. Aber andererseits lässt sich mit Recht argumentieren, dass Waffenlieferungen großen Stils gerade dort eher das Gegenteil von Stabilität und Frieden zu fördern drohen. Besonders augenfällig ist die von SIPRI ermittelte Tatsache, dass sich im Mittleren Osten die Einfuhren an schweren Waffen 2015–2019 mit plus 61 Prozent mehr als verdoppelten. Saudi-Arabien verzeichnet hier einen Zuwachs von 225 Prozent, Ägypten von 215 Prozent und der Irak von 118 Prozent. Die entsprechenden Daten aus der Region Subsahara-Afrika (mit den größten Importeuren Nigeria, Sudan, Angola, Kamerun und Äthiopien – allesamt Staaten mit gravierenden inneren und äußeren Konflikten) hingegen weisen auf einen Rückgang von 22 Prozent im gleichen Zeitraum hin, wobei dort der in den genannten SIPRI-Daten nicht erfasste Import an Kleinwaffen eine sehr viel größere Rolle als anderswo spielen dürfte.

Deutschland verfolgt in seinem Selbstverständnis (BMWi 2017) – trotz der oben bereits erwähnten Position in der Spitzengruppe im internationalen Ranking – eine betont restriktive Rüstungsexportpolitik, die sich nicht an ökonomischen, sondern vorwiegend an außen- und sicherheitspolitischen Erwägungen orientiert. Formal wird jeder Einzelfall unter anderem nach den Vorgaben des Kriegswaffenkontrollgesetzes, des Außenwirtschaftsgesetzes, des internationalen ‚Arms Trade Treaty‘ sowie der eigenen politischen Grundsätze für Waffenausfuhren und der gemeinsamen Richtlinien der EU entschieden. Die offiziellen Kriterien umfassen z. B. die Vereinbarkeit mit internationalen Verpflichtungen, die innere Lage im Endbestimmungsland, den Erhalt der Stabilität in der Region und das jeweilige Risiko einer unerlaubten Weitergabe, das über Endverbleibserklärungen und ‚Post-Shipment-Kontrollen‘ minimiert werden soll. Vielfach wird aber von Kritikern ein deutliches Defizit zwischen Theorie und Praxis beklagt, etwa am Fall der Ausfuhr von Rüstungsgütern nach Saudi-Arabien und jüngst auch in die Türkei angesichts deren militärischer Engagements im Jemen bzw. in Syrien. Auch der Export von Kleinwaffen ist ein Thema, bei dem eine rechtliche und praktische Neujustierung diskutiert wird (Wallraff 2018).

Interessant ist ein Blick auf die Größenordnung der gesamten Rüstungsausfuhren aus Deutschland: Gingen im ersten Halbjahr 2018 rd. 40 Prozent an Partner aus EU und NATO sowie an Nato-gleichgestellte Länder (dazu zählen generell Staaten wie z. B. Australien, Japan oder die Schweiz), waren es im ersten Halbjahr 2019 rd. 60 Prozent. Diese Art von Ausfuhren ist – was offenkundig Sinn macht – grundsätzlich nicht zu beschränken. Für die andere Hälfte gilt offiziell der Grundsatz ‚keine Genehmigung‘. Zumindest bedarf es hier einer eingehenden Prüfung im Einzelfall anhand der oben genannten Aspekte, die sich – neben der Art des betrachteten Waffensystems (ein bekanntes Bonmot lautet: ‚Alles was schwimmt, geht‘) – vor allem auf das Empfängerland mit seiner inneren Verfasstheit, seiner außenpolitischen Rolle und seiner regionalen Lage beziehen. Denn es besteht regelmäßig ein ernsthaftes Risiko, dass einzelne Ausfuhren später dem Zweck einer Förderung von Frieden und Sicherheit und damit den deutschen oder europäischen Interessen zuwiderlaufen könnten. Daher sind solche Waffenlieferungen in der öffentlichen Auseinandersetzung entsprechend umstritten, wobei die Gegner argumentieren, Rüstungsexporte in eher konfliktträchtige Regionen führten in aller Regel nicht zu einer Beruhigung, sondern heizten im Gegenteil gewaltsame Auseinandersetzungen nur weiter an. Das Gegenargument lautet, Rüstung sei nur eine Folge, nicht aber die Ursache von Konflikten und könne unter bestimmten Voraussetzungen durchaus Sicherheit und Stabilität produzieren. Beide Linien lassen sich vertreten, wobei es immer auf den Einzelfall ankommt.

Mitunter sehr viel sichtbarer als Rüstungsexporte ist das Instrument der ‚Ertüchtigung' – vor allem, wenn diese sich auf Krisenregionen bezieht (wobei sie freilich gerade dort besonderen Sinn macht) und dafür ein spezielles Mandat erforderlich ist. Ertüchtigung bedeutet dabei eine Unterstützung (Ausstattung, Ausbildung, Beratung, Finanzierung etc.) der bewaffneten Sicherheitsorgane anderer Staaten mit dem Ziel, sie im Sinne einer ‚Hilfe zur Selbsthilfe' zur eigenverantwortlichen und nachhaltigen Stabilisierung zu befähigen. Sehr verkürzt formuliert, handelt es sich bei der Ertüchtigung um eine Schwerpunktverlagerung vom ‚Sicherheitsanbieter' zum ‚Sicherheitsberater' (Glatz/Hansen//Kaim/Vorrath 2018: 16). Dennoch ist auch diese Form einer militärischen Initiative nicht völlig problemlos, dies auch über die Frage hinaus, ob die Befähigung Dritter im jeweils konkreten Fall immer legal und legitim ist. Die Brisanz liegt daneben in der Tatsache, dass erstens meist ein Engagement eigener Soldaten vor Ort erforderlich ist, was damit zweitens eine hohe politische Bindewirkung auch jenseits der reinen Ertüchtigung erzeugt. Der Ausstieg aus einer solchen Operation fällt im Einzelfall sehr viel schwerer als etwa ein Unterbrechen von Rüstungslieferungen. Vielmehr übernimmt der Unterstützer – ob er dies will oder nicht – ein Stück weit eine parteiliche Rolle und damit eine offene Mitverantwortung für die Entwicklung der Sicherheitslage beim Empfänger, aus der vorzeitig sich zu verabschieden nur in Ausnahmen möglich und meist mit hohen politischen Kosten verbunden ist. In einem anderen Punkt ähneln sich allerdings Rüstungsexporte und Ertüchtigung: Es bleibt stets die Frage offen, ob die jeweilige Hilfe mit Waffen, Ausrüstung und Ausbildung auch dauerhaft ihrem ursprünglichen Zweck entspricht. Gerade in labilen Krisenregionen kann das oftmals aus guten Gründen bezweifelt werden.

Daher macht eine militärische Unterstützung in der beschriebenen und seit einigen Jahren immer öfter praktizierten Art nur Sinn, wenn sie über den Tag hinausreicht und vor allem nicht isoliert geplant, sondern in ein gut durchdachtes strategisches Gesamtkonzept eingebunden ist. Falsch wäre es auch, die ‚Ertüchtigungsinitiative' als Feigenblatt zu nutzen, um in einer Zeit, in der so oft eine internationale Verantwortung beschworen wird, unbequeme Entscheidungen zu einem aktiveren eigenen Engagement zu umgehen und quantitative wie qualitative Grenzen der eigenen Streitkräfte zu kaschieren. Wenn Ertüchtigung als gezielte Variante einer ‚low cost'-Sicherheitspolitik betrachtet wird, wäre das jedenfalls ein Missverständnis (Puglierin 2016) und genügte nicht dem hohen Anspruch dieses Instruments.

Die angeführten Risiken treten vor allem dann in den Vordergrund, wenn sich die Ertüchtigung weniger auf Prävention als auf das Bewältigen einer konkreten Krisenlage bezieht. Die Beispiele Mali und Nordirak sind vor dem Hintergrund diverser islamistischer Bedrohungen wie vor allem durch den sogenannten ‚Islamischen Staat' (s. Kap. 3.3) zweifellos zu rechtfertigen bzw. sogar zwingend. Beide Fälle werfen jedoch gravierende Fragen bei der Beurteilung dessen auf, wie sich die erlangte Hilfestellung in einer wesentlichen Lageänderung auswirkt. So bleibt die Frage eine ‚Exits' im Falle einer unerwarteten Konflikteskalation a priori oft unbeantwortet. Auch lässt sich etwa kaum vorhersagen, in welche Richtung sich – selbst wenn der ‚IS' eines Tages endgültig besiegt worden sein sollte – die inneren Spannungen im Irak weiter entfalten und dabei die Kurden ihre neugewonnenen militärischen Fähigkeiten zu Zwecken nutzen können, die dem europäischen Interesse an Frieden und Stabilität im Mittleren Osten zuwiderlaufen. Und auch der VN-mandatierten Nato-Mission ‚Resolute Support' in Afghanistan liegt eine gewisse Ungewissheit zugrunde, ob die in den Aufbau der dortigen Sicherheitsarchitektur investierten Mittel künftig immer im Sinne der primären Ertüchtigungsziele Verwendung finden oder ob früher oder später ein bedenklicher Kontrollverlust eintritt.

Im Grunde besteht auch im Falle des sicherheitspolitischen Instruments der militärischen Ertüchtigung eines der typischen Dilemmata: Einerseits erwächst aus internationalen Krisenlagen ein Zwang, reaktiv und quasi ‚aus der Not geboren' tätig zu werden, um Schlimmeres zu verhindern. Andererseits ist Ertüchtigung vor allem dann im Sinne eines Kosten-Nutzen-Vergleichs als besonders positiv zu bewerten, wenn sie so präventiv wie weitsichtig genutzt und strikt auf vertrauenswürdige Partner begrenzt wird.

Diskussionsfragen:

- Spielen bei Entscheidungen zu Rüstungsexporten in der Praxis stets außen- und sicherheitspolitische Kriterien eine primäre Rolle?
- Sind Rüstungsexporte in krisenanfälligen Regionen eher stabilisierender oder destabilisierender Natur? Auf welchen jeweiligen Kontext kommt es dabei an?
- Ist das Instrument der ‚Ertüchtigungsinitiative' mehr als nur der Versuch, sich möglichst weitgehend aus einer direkten Beteiligung an Konflikten herauszuhalten?

4.5 Entwicklungspolitik und Sicherheit

In seinem Millenniumsbericht an die Generalversammlung benutzte der damalige VN-Generalsekretär Kofi Annan (2000: 9f) zur Veranschaulichung der globalen Interdependenz die Metapher von der ‚Welt als Dorf'. Er unterstellte in einem Gedankenspiel, dieses Dorf habe lediglich 1.000 Einwohner und alle Eigenschaften der heutigen Menschheit seien darin in exakt demselben Verhältnis wie in der realen Welt mit mehr als sieben Mrd. Bewohnern vertreten. Rund 150 Einwohner würden dann in einem der wohlhabenden Viertel des Dorfes und etwa 780 in ärmeren Vierteln zum Teil mit Mangelernährung leben, weitere 70 in einer Übergangsgegend. Nur 200 Personen verfügten über 86 Prozent des gesamten Reichtums, während knapp die Hälfte der Dorfbewohner mit weniger als zwei US-Dollar pro Tag auskommen müsste. 220 Dorfbewohner wären Analphabeten, weniger als 60 Personen besäßen einen Computer, nur 24 hätten Zugang zum Internet und mehr als die Hälfte hätte noch nie ein Telefon benutzt. Einige Viertel des Dorfes wären vergleichsweise sicher, andere würden hingegen von organisierter Gewalt geprägt. Zunehmend hätten sich in den vergangenen Jahren Naturkatastrophen ereignet, von denen die ärmeren Viertel überdurchschnittlich betroffen gewesen wären, und gleichzeitig wäre die Durchschnittstemperatur angestiegen, was weitere Umweltkatastrophen auslösen würde.

Mit diesem so einfachen wie nachdenkenswerten Modell eines hochkomplexen Zusammenhangs ist die unmittelbare Verbindung zum Erfordernis einer sinnvollen globalen Entwicklung, die zugleich Frieden und Stabilität schafft, hergestellt. Schon an mehreren Stellen in diesem Buch wurde auf das Erfordernis hingewiesen, in einer modernen Sicherheitspolitik umfassend, vernetzt und strategisch zu denken und zu handeln. Langfristigkeit, Nachhaltigkeit und Prävention gelten dabei als einige der prägenden Stichworte in einem ‚erweiterten' Konzept. Damit liegen die engen Verknüpfungen mit der Entwicklungspolitik auf der Hand. Denn im Grundsatz gibt es keinen Zweifel an zwei Befunden:

- Zum einen bedarf ein erfolgreicher Entwicklungsansatz zwingend einer hinreichenden Sicherheit vor Ort. Friedlicher Wandel zum Zwecke der Wohlstandsmehrung braucht ein Minimum an politischer Ordnung und Stabilität. Wo Bürgerkriege toben, wo Terror den Alltag beherrscht, wo sozioökonomische Konflikte die Gesellschaften zerstören, kann auch noch so gut gemeinte Entwicklungspolitik keine nachhaltige Wirkung entfalten.
- Zum anderen ist Sicherheit auf Dauer nur dann zu gewährleisten, wenn die lokalen oder regionalen Bedingungen weder einen günstigen Nährboden noch Freiräume bieten für das Aufbrechen von Macht- oder Verteilungskonflikten aller Art. Die Bekämpfung von absoluter wie relativer Armut, so-

zialer Ungleichheit, Korruption, Misswirtschaft oder auch politischer Unterdrückung als zentralen Treibern gewaltsamer Auseinandersetzungen steht zugleich im Zentrum der Entwicklungsarbeit, vor allem in Zeiten der Globalisierung.

Damit gehen sicherheits- wie entwicklungspolitische Ziele in einem gewissen Sinne Hand in Hand. Und mehr noch: Ihre Wirkungen verstärken sich gegenseitig, sofern für eine sinnvolle Koordination gesorgt ist. Aus dieser Erkenntnis resultiert auch die oft genannte Forderung nach einer strategischen Allianz zwischen diesen beiden Politikbereichen mit ihren unterschiedlichen Philosophien, Akteuren und Handlungsansätzen. Unstrittig ist auch die Einschätzung, eine erfolgreiche Entwicklungspolitik sei letztlich die beste Konfliktprävention. Gleichzeitig wird diese gegenseitige Verzahnung nicht immer als unkritisch erachtet. Insbesondere entwicklungspolitische Akteure befürchten häufig eine ‚Versicherheitlichung' ihrer Arbeit. Dahinter steht zum einen die Sorge, Ressourcen könnten zugunsten sicherheitspolitisch besonders relevanter Länder oder Projekte umverteilt und das entwicklungspolitische Zielsystem entsprechend angepasst oder gar instrumentalisiert werden (Messner/Faust 2004). Zum anderen wird befürchtet, dass mit der Einbeziehung militärischer Ansätze die politische Neutralität entwicklungspolitischer Arbeit infrage gestellt wird und vor Ort an Akzeptanz verliert. Völlig unbegründet scheint das alles in der Praxis nicht; dennoch ändert es wenig an den potenziell großen Chancen klug vernetzter Ansätze.

Die ungelösten Aufgaben einer erfolgreichen Entwicklungszusammenarbeit und zugleich die hohen Hürden bei der Zielerreichung lassen sich am Beispiel Afrika wohl am besten illustrieren. Die Lage Afrikas – auch wenn sich Pauschalurteile in einem gewissen Maße immer verbieten – wird nicht selten als desolat und geradezu hoffnungslos bezeichnet (s. dazu auch Kap. 3.5 sowie 3.1). Allein die Feststellung des ‚Fragile States Index 2019', dass von den 54 Staaten Afrikas drei nahezu vollständig zerfallen sind und der höchsten Alarmstufe zugerechnet werden, spricht für sich. In allen internationalen Statistiken, die sich mit Armut, Misswirtschaft oder inneren Konflikten befassen, nimmt der afrikanische Kontinent eine prominente Rolle, wenn nicht gar eine Spitzenposition ein. Dabei ist Afrika keineswegs arm an Ressourcen und Potenzialen – im Gegenteil, man darf es als im Grundsatz höchst chancenreich bezeichnen. Der Rohstoffreichtum (Öl, Gold, Kobalt, Platin, Diamanten, Seltene Erden) ist enorm, und gleiches gilt für landwirtschaftliche Produkte (Kaffee, Kakao, Obst, Gemüse und vieles andere mehr) oder auch das Potenzial für Tourismus. Und trotzdem gilt Afrika insgesamt als das große Sorgenkind der VN und natürlich auch der Entwicklungsarbeit – dies nicht zuletzt auch mit Blick auf sein ungebremstes Wachstum der Bevölkerung, die sich bis 2050 zu verdoppeln droht. Zudem beansprucht keine andere Region die Institutionen und Mechanismen der internationalen Friedenssicherung mehr als Afrika – in sieben afrikanischen Staaten bemühen sich die VN um Friedenssicherung, dort dienen rd. vier von fünf VN-Blauhelmen und auch der Großteil der Militärmissionen der EU findet in Afrika (u. a. Mali, Somalia) statt. Unter dem Strich scheinen seit Jahrzehnten alle gewaltigen Anstrengungen vergeblich, den Kontinent an das Niveau der restlichen Welt auch nur annähernd heranzuführen. Im Gegenteil: Die Lage verschlechtert sich offenbar zunehmend.

Diese wenig optimistische Einschätzung wirft die Frage nach Ursachen auf. Oberflächlich betrachtet scheint klar, warum alle Hilfe von außen bisher versandete und große Teile Afrikas sich einfach nicht aus der Misere befreien können. Die Liste der Grundübel ist lang (Seitz 2009), auch wenn sich die einzelnen afrikanischen Staaten deutlich voneinander unterscheiden: Korruption und Vetternwirtschaft, inkompetente Eliten und Verwaltungen, Achtlosigkeit gegenüber der Bevölkerung, fehlendes Verantwortungsbewusstsein der Regierungen, innere Gerechtigkeitslücken, Ressourcenverschwendung, Kapitalflucht, gewaltsam ausgetragene innerstaatliche Konflikte und vieles mehr. Aber warum mag es nicht gelingen, vieles davon nachhaltig zu ändern? Einige Kommentatoren – und insbesondere afrikanische Politiker – verweisen dabei gern auf das Erbe des Kolonialismus, das immer noch nachwirke. Andere stellen fest, nach mehr als einem halben Jhd. der Unabhängigkeit ziehe dieses Argument nicht mehr; vielmehr sei die Lage für die Bevölkerung heute bisweilen noch schlechter als zu Kolonialzeiten. Und wiederum andere sehen Afrika als immer noch ‚geplünderten Kontinent', nach den Europäern jetzt eben durch einen ‚internen Kolonialismus' korrupter Diktatoren (Nuscheler 2012: 146). Und schließlich wird oft darauf verwiesen, dass Afrika auf dem Weltmarkt und in internationalen Gremien – also dort, wo die für Wohlstand entscheidenden Spielregeln beschlossen und Weichen gestellt werden – benachteiligt und unterprivilegiert sei.

Ähnlich vielfältig sind die entwicklungspolitischen Vorschläge, wie Afrika sich aus seiner schwierigen Lage befreien könnte und welche Art der Hilfestellung von außen dabei sinnvoll wäre. In letzter Zeit erhält – getrieben auch durch den Wunsch nach einer Eindämmung des Migrationsdrucks mittels der ‚Bekämpfung von Fluchtursachen' – die Forderung nach einem ‚Marshallplan mit Afrika' (BMZ 2017) Nahrung, der neue Wege in der entwicklungspolitischen Zusammenarbeit einschlagen will. In dem Konzept wird erstens die Rolle der Wirtschaft für den Entwicklungsprozess Afrikas betont und die Bedeutung von

Investitionen, Bildung, der Einbindung in Wertschöpfungsketten, der Schaffung eines Mittelstandes und des Abbaus von Handelsbarrieren seitens der Industrieländer hervorgehoben. Zweitens soll Entwicklungshilfe künftig auf diejenigen Länder konzentriert werden, die bereits gute Regierungsführung („good governance') aufweisen bzw. sich nachweisbar darum bemühen. So soll mit den Staaten intensiver zusammengearbeitet werden, die reformorientiert sind und das vor allem durch Verlässlichkeit, Rechtssicherheit und politische Beteiligung ihrer Bürgerinnen und Bürger unter Beweis stellen. Entwicklungshilfe soll entsprechend nicht länger nach dem Gießkannenprinzip erfolgen. Drittens zieht sich durch das Papier der ‚African ownership'-Gedanke, also dass es zur afrikanischen Entwicklung auch afrikanischer Lösungen bedarf – dies kommt bereits im Titel durch die Formulierung ‚mit' (und nicht etwa ‚für') Afrika zum Ausdruck.

Soweit dies allgemein bedeutet, auf eine breite Verbesserung der Voraussetzungen hinzuarbeiten, um in Afrika nachhaltigen Fortschritt in Stabilität und Wohlstand zu erreichen, stimmen die meisten Analysten gern zu. Wenn der Plan aber auf eine drastische Erhöhung der Geldmittel von außen abzielt, scheiden sich die Meinungen. Die meisten Kritiker weisen unter anderem darauf hin, dass auch 50 Jahre Entwicklungshilfe keinen selbsttragenden Fortschritt erbracht haben, die Abhängigkeit Afrikas vielmehr eher verstärkt und die Entwicklung einer tragfähigen Eigeninitiative verhindert wurde. Es seien also keine Wunder von einem ‚Marshallplan' zu erwarten (Varwick 2017a). Und einige Kommentare sprechen sogar davon, viel Geld bei mangelnder Kontrolle führe nur zu fatalen Ergebnissen (Seitz 2009: 61), indem es die Korruption anheize und zum Missbrauch geradezu einlade. Jedenfalls sei bisher kaum ein Fall bekannt, in dem Geld wirklich geholfen habe – oft sogar im Gegenteil. Dieser Befund ist bereits seit den 1980er Jahren in der Diskussion, als von „tödlicher Hilfe" gesprochen wurde (Erler 1985). Der ehemalige Diplomat Volker Seitz, der als Botschafter in mehreren Ländern Afrikas die dortigen Verhältnisse kennengelernt hat, drückt es so aus: „Das Modell der westlichen Entwicklungshilfe mit Hilfsgeldern und regelmäßigem Schuldenerlass seit Beginn der 60er Jahre ist gescheitert" (Seitz 2009: 52).

Damit drängt sich die Frage auf, wie überhaupt Entwicklungshilfe gestaltet werden kann und sollte, um die gewünschten Ziele zu erreichen. Sind die finanziellen Mittel für die Entwicklungspolitik gut angelegt, erfüllen sie also den erhofften Zweck auch im Sinne der mit ihnen verbundenen sicherheitspolitischen Interessen? Immerhin setzte z. B. die deutsche Bundesregierung im Jahr 2015 insgesamt 4.2 Mrd. EUR für die sog. ODA (‚Official Development Assistance') in fragilen Staaten ein. Insgesamt entwickelte sich die deutsche ODA-Quote (gemessen am Anteil der staatlichen ODA-Ausgaben am Bruttonationaleinkommen) in den vergangenen Jahren extrem nach oben und hat 2016 die international angestrebte Marke von 0,7 erreicht. Der Großteil davon fiel auf bilaterale, der kleinere Teil auf multilaterale Entwicklungszusammenarbeit. Hinzu kommen die noch weitaus größeren Leistungen aus Eigenmitteln von Nichtregierungsorganisationen an Entwicklungsländer, die 2016 insgesamt rd. 1,3 Billionen EUR betrugen – davon 443 Mrd. EUR allein an Afrika südlich der Sahara (BMZ 2017).

Die Fragmentierung der Entwicklungsausgaben in bilateral und multilateral sowie staatlich und nicht-staatlich ist dabei Ausdruck eines breiten und zum Teil unübersichtlichen Spektrums an Akteuren auf diesem Feld. Dieses reicht von internationalen Organisationen (z.B. die VN, die OSZE, aber auch die Weltbank, der Internationale Währungsfonds IMF und die zahlreichen VN-Unterorganisationen wie UNDP, UNEP, UNESCO, UNHCR, UNICEF etc. sowie als einer der wichtigsten Geldgeber die EU) über staatliche bzw. halbstaatliche Institutionen (in Deutschland neben der Bundesregierung z.B. die ‚Gesellschaft für Internationale Zusammenarbeit' GIZ) bis hin zu privaten Akteuren und Nichtregierungsorganisationen, welche unter anderem Stiftungen, Kirchen, Unternehmen und finanzkräftige Einzelpersonen umfassen. Bisweilen wird – mit einem eher negativen Unterton – von einer ‚Entwicklungsindustrie' mit einer auch auf Selbsterhalt gerichteten Agenda und Dynamik gesprochen. Jedenfalls besteht kein Zweifel daran, dass alle diese Akteure mehr oder weniger eigene Interessen verfolgen und sich an Konzepten und Strategien ausrichten, die untereinander und in der Summe nur bedingt kongruent sind.

Seit Langem steckt die internationale Entwicklungspolitik in einer tiefen Legitimations- und Sinnkrise, was auch ihre Wirkung auf sicherheitspolitische Ziele deutlich beeinträchtigt. Die Philosophien wurden seit der Mitte des vergangenen Jhd.s auch einem ständigen Wandel unterzogen, der sich in Grundzügen wie folgt beschreiben lässt:

- Von der inzwischen allein schon aus ökologischen Gründen als überholt geltenden Idee einer ‚nachholenden' Entwicklung, die sich am Vorbild der Industrieländer orientiert, hin zu einer ‚nachhaltigen' Entwicklung, die mehr und mehr den globalen Strukturwandel in den Fokus stellt.
- Von einer Orientierung an elementaren und regionalen Grundbedürfnissen, wie sie etwa der Armutsbekämpfung im Sinne der ‚Millennium Development Goals' (MDGs) der VN zugrunde liegt, hin zu einem eher struktur- und chancenorientierten Ansatz, der vor allem auch globale und umfassende Ziele wie Frieden oder ökologische Balance anstrebt.

- Von einem inputbezogenen Konzept, das den absoluten Mittelansatz der Entwicklungshilfe betrachtet, hin zu einem outputorientierten Versuch, mittels eines konsequenten Controllings die Ergebnisse zu messen.

Vor allem durch den letzteren Ansatz, also die harte Wirkungsanalyse, wurde ein durchgreifender und zugleich nicht überraschender Zusammenhang nachgewiesen: Je besser die in den staatlichen Strukturen der Zielländer gegebenen Rahmenbedingungen sind, desto höher ist die Wahrscheinlichkeit eines Erfolges der Unterstützungsmaßnahmen von außen. Daraus wurde auch der Schluss gezogen, dass Fortschritte in der Demokratisierung eines Staates seine sozioökonomische Entwicklung fördern – und umgekehrt. Diese Erkenntnis hatte seit den 1990er Jahren erhebliche Folgen für die konkrete Entwicklungs- und auch Sicherheitspolitik. Denn seither kommt dem Kriterium einer sogenannten ‚guten Regierungsführung' (Good Governance) und auch der Förderung demokratischer Strukturen eine hohe Priorität zu, die sich unter anderem in der Unterstützung beim Aufbau von Institutionen, der Professionalisierung der Verwaltungen, in Hilfen zur Korruptionsbekämpfung, der Durchsetzung von Bürgerrechten oder der Organisation von Wahlen niederschlägt.

Aus diesem Kontext ergeben sich zugleich mindestens drei schwer zu lösende Dilemmata für die Entwicklungspolitik – strategisch und in der Praxis:

- Zum ersten stellt sich die berechtigte Frage nach einer Prioritätenfolge der zu fördernden Länder. Stehen die Erfolgsaussicht und die Kooperationsbereitschaft beim Einsatz der meist beträchtlichen Mittel im Vordergrund oder orientiert man sich an der tatsächlichen Bedürftigkeit? Im ersten Fall profitieren die ohnehin schon vergleichsweise gefestigten und zu Zugeständnissen bereiten Länder – was man als durchaus ‚gerecht' werten darf. Die zwangsläufige Folge ist aber, dass dann diejenigen Länder zurückgelassen werden, die den Mindestansprüchen an gute Regierungsführung aus unterschiedlichen Gründen nicht genügen (wollen). Dies wiederum widerspricht dem Ansatz vieler Entwicklungspolitiker, die objektive Notlage der Menschen zum Ausgangspunkt der Hilfe von außen zu machen – auch wenn man dabei in Kauf nimmt, dass ein erheblicher Teil dieser Unterstützung nicht anzukommen droht.

- Zweitens ergibt sich in der Praxis vor Ort häufig ein ähnlicher Entscheidungsbedarf: Wer bietet sich als lokaler Ansprechpartner bei der Frage an, wo und wie die Hilfsgelder zu verteilen bzw. die Projekte zu planen sind? Setzt man in fragilen Staaten eher auf diejenigen staatlichen oder auch halbstaatlichen Akteure (wie Diktatoren, Warlords etc.), die über die nötige Macht zur Durchsetzung verfügen? Das könnte im konkreten Fall eine gewisse Effektivität der Entwicklungszusammenarbeit versprechen. Oder orientiert man sich an unseren Vorstellungen ‚vertrauenswürdiger' und ‚legitimierter' Partner, auch wenn diese eine sinnvolle Umsetzung der Entwicklungsprojekte mangels Machtpotenzial bisweilen eher nicht garantieren können? In der auch sicherheitspolitisch relevanten Frage des Aufbaus eines staatlichen Gewaltmonopols und der Förderung von Recht und Ordnung wie etwa derzeit in Afghanistan stellt sich das Problem in ganz ähnlicher Weise.

- Und drittens stellt sich oft die Frage nach einer sinnvollen Reihenfolge in der strategischen Zielsetzung. Was soll vorrangig angestrebt werden: rasches wirtschaftliches Wachstum zur Verbesserung der Lebensbedingungen vor Ort, Demokratisierung als Grundlage für nachhaltige Entwicklung oder ‚security first' als Voraussetzung für beides? Natürlich geht es auch hier um eine ausgewogene Balance, aber zugleich zwingt die Mittelknappheit zu einer gewissen Priorisierung mit den entsprechenden Folgen in der entwicklungs- und sicherheitspolitischen Praxis vor Ort.

Diese und andere Dilemmata nähren zugleich eine partielle Kritik an den jeweils verfolgten Ansätzen. Meist steht – neben der bereits erwähnten angeblichen ‚Versicherheitlichung' – der Vorwurf im Mittelpunkt, eine neoliberale Dominanz und Konditionierung in der Entwicklungshilfe sorge für wachsende Ungleichheit, denn sie bevorzuge letztlich die Industrie- und benachteilige die Entwicklungsländer. Daher sei bis heute das Ziel einer makro-ökonomischen Stabilität bei letzteren nicht erreicht (Poku/Therkelsen 2016: 268). Andere Kritiker wiederum stellen generell die Erfolgsaussichten in Frage und sprechen nicht ohne gewissen Zynismus gar von einer ‚Fehlentwicklungshilfe'.

Einiges an der Kritik ist wohl berechtigt. Auf der anderen Seite ist festzustellen, dass die Erwartungen an die Entwicklungspolitik sehr hoch – und vermutlich zu hoch – geschraubt sind. Es wäre unredlich zu versprechen, gleichzeitig alle der großen globalen Herausforderungen mit den eng beschränkten Mitteln lösen zu wollen: das Armutsproblem entschärfen, im Sinne präventiver Sicherheitspolitik den Frieden sichern, den Planeten vor dem ökologischen Kollaps bewahren, die Wohlstandsinseln vor Elends- und Umweltflüchtlingen schützen, weltweit der Marktwirtschaft und Demokratie Schützenhilfe leisten und schließlich auch noch die sozialpolitischen Kosten der Globalisierung auffangen (Nuscheler 2012: 23). Dennoch ist diese offenkundige Überforderung kein Grund, nicht über eine ‚Weiterentwicklung der Entwicklungsphilosophie' nachzudenken. Neue Ideen und Konzepte sind zweifellos gefragt.

Diskussionsfragen:
* Was ist erfolgversprechender: ‚security first' oder ‚development first'?
* Inwieweit sollte die Entwicklungszusammenarbeit ‚konditioniert' werden mit der Forderung nach dem Aufbau demokratischer Strukturen?
* Wie muss sich die Entwicklungspolitik weiterentwickeln, um einen messbaren Beitrag zur Lösung der großen globalen Herausforderungen leisten zu können?

4.6 Prävention und Resilienz

Prävention und Resilienz sind Schlüsselkonzepte moderner Sicherheitspolitik, setzen aber auf ganz unterschiedlichen Ebenen an. Während Prävention auf die Verhinderung oder zumindest die Abschwächung eines gewaltsamen Konfliktaustrags setzt, bezieht sich Resilienz eher auf staatliche und gesellschaftliche Widerstands- und Regenerationsfähigkeit mit Blick auf die Folgen von Katastrophen und herausfordernden Situationen. Beide Ansätze schließen sich nicht gegenseitig aus, sondern wirken weitgehend parallel und ergänzen sich dabei in der Praxis. Sie zielen jedoch auf unterschiedliche Aspekte: die Prävention auf Ursachen und vor allem Prozesse von Konflikten, die Resilienz hingegen auf deren unerwünschte Folgen. Es geht damit einerseits darum, sicherheitspolitische Risiken gar nicht eintreten zu lassen oder zu minimieren, und andererseits darum, in kritischen Lagen – falls die präventive Vorsorge nicht greifen sollte – robust und handlungsfähig zu bleiben. In der sicherheitspolitischen Praxis kommt daher beiden Konzepten hohe und gleichzeitige Bedeutung zu, auch wenn sie oft im Sinne schillernder Modebegriffe oder Schlagworte verwendet werden, ohne substanziell wirklich hinterlegt zu sein.

Konfliktprävention gehört folglich zwar zum gerne verwendeten Standardvokabular internationaler Organisationen und nationaler Regierungen, sie ist aber zugleich ein undankbares Geschäft. Denn ist sie erfolgreich, wird ihr Beitrag kaum festgestellt oder gar gewürdigt, weil auch ‚ex post' selten zweifelsfrei im Sinne eindeutiger Kausalbeziehungen nachzuweisen ist, welche Maßnahme tatsächlich dazu geführt hat, eine Krise oder einen Konflikt zu entschärfen und damit eine gewaltsame Eskalation zu verhindern. Zudem fällt der Aufwand für Prävention ex ante logischerweise immer dann an, wenn ein akuter Konflikt noch nicht vorliegt. Angesichts einer ausgeprägten Gegenwartsorientierung in der Politik wie in der öffentlichen Debatte fällt es aber schwer, Unterstützung für einen komplexen Aufwand zu leisten oder zu erhalten, von dem trotz hoher Kosten niemand weiß, ob er überhaupt einmal zum Erfolg führt. Das zeigte sich zum Beispiel bei der Abschreckung im Kalten Krieg als einer klassischen militärischen Variante der Prävention. Damals lösten die für erforderlich erachteten konventionellen wie nuklearen Anstrengungen, deren kriegsverhindernde Rolle nicht jeder akzeptieren wollte, zum Teil heftige gesellschaftliche Widerstände aus. Und auch im Nachhinein lässt sich ein konkreter Beitrag zur Überwindung des hochriskanten Ost-West-Konflikts zwar vermuten, aber nicht belegen. Umgekehrt lassen sich in vielen gegenwärtigen gewaltsamen Konflikten auch Beispiele für das Fehlen präventiven Denkens im weiteren Sinne finden, z.B. in Mali, Sudan oder Syrien, wo dieses Versäumnis vermutlich zu der heutigen prekären Lage beigetragen hat.

Aber auch wenn Prävention misslingt, kommt es in den wenigsten Fällen zu einer seriösen Analyse der Gründe für das Scheitern, sondern es werden meist nur allgemeine Schlussfolgerungen wie ‚zu spät' und ‚nicht entschlossen genug gehandelt' gezogen. Auch wird – in vielen Fällen mit gutem Recht – auf die Eigendynamik von Konflikten verwiesen, die sich von außen nur begrenzt beeinflussen lasse. Hinzu kommt, dass eine offene und konsequente Suche nach Versäumnissen – also nach Gründen für einen Mangel an präventiven Konzepten – für die jeweils Verantwortlichen als Schuldzuweisung empfunden und damit gerne untergraben wird. Lieber schiebt man, zumindest nach außen, eine unerfreuliche Entwicklung ins Feld des Unvermeidbaren und Unkontrollierbaren. Dabei wird schnell verdrängt, dass die Kosten erfolgreicher Prävention in aller Regel weit geringer sind als alle Aufwendungen zur Schadensbegrenzung im Falle eines Versagens.

Dies und die Schwammigkeit sowie inhaltliche Indifferenz dessen, was genau unter Prävention von Krisen und Konflikten zu verstehen ist, führen dazu, dass sie als politisches Konzept trotz anderslautender Rhetorik oftmals nur halbherzig und nachrangig angegangen wird.

Krisenprävention kann allgemein als ein systematisches und vorausschauendes Bemühen der internationalen Gemeinschaft oder einzelner Staaten um die Verhütung von gewaltträchtigen Krisen bzw. als ein Beitrag zur Transformation von gewaltsam ausgetragenen Konflikten in friedliche Lösungsmodi verstanden werden. Nicht die Vermeidung von Konflikten, sondern vielmehr die Beeinflussung derjenigen Prozesse, die zur Gewaltanwendung bzw. Gewalteskalation führen, liegt damit im Kern jeder Krisenprävention.

Eine Kategorisierung anhand verschiedener Konfliktphasen auf der Zeitachse unterscheidet die Verhinderung von gewaltsamen Konflikten im Sinne einer frühen bzw. primären Prävention (Entstehungsprävention) von der Verhinderung einer Eskalation bzw. Ausbreitung bereits eskalierter Gewaltkonflikte (Eskalationsprävention). Die Verhinderung des Wiederaufflammens bereits beendeter bzw. erstickter Konflikte bezieht sich hingegen auf die Phase der Friedenskonsolidierung nach einem akuten Konflikt (Konsolidierungsprävention). Damit wird zweierlei deutlich: Erstens: die Aufgabe der Prävention ist nie völlig erfüllt. Die noch heute praktizierte Krisennachsorge etwa nach Beendigung der gewaltsamen Konflikte auf dem Balkan darf man auch als präventive Vorsorge mit Blick nach vorn bewerten. Und zweitens: für jeden Punkt auf der Zeitachse lassen sich geeignete und ungeeignete Einwirkungsmechanismen definieren, die allerdings von Krise zu Krise unterschiedlich sein können. Es kommt also sowohl auf den Fall als auch auf den Zeitpunkt an.

Eine weitere hilfreiche Kategorisierung ergibt sich anhand der Begriffe operativer und struktureller Prävention:

- Die ‚operative Prävention' bezieht sich auf kurzfristige Maßnahmen, um eine Konflikteskalation zu verhindern bzw. zurückzunehmen. Instrumente können sowohl zivile Maßnahmen wie Vermittlungsangebote, Sanktionen, Anreize etc. als auch Maßnahmen aus dem Instrumentenkasten des militärischen Krisenmanagements auf den unterschiedlichsten Eskalationsstufen sein. Ein Beispiel hierfür ist das Bereitstellen von Waffen und Ausbildungsunterstützung für die irakischen Kurden, um diese gegen islamistische Angriffe zu schützen und damit die umkämpfte Region zu stabilisieren. Auch der Fähigkeitsaufbau mittels ‚Ertüchtigung' (s. Kap. 4.4) gehört also zum Werkzeugkasten der Prävention, sofern er nicht nur rein reaktiv erfolgt, sondern einem vorausschauenden Ansatz entspricht (damit sind allerdings auch Risiken für die eigenen Sicherheitsinteressen verbunden, wie im Kap. 4.4 angedeutet wurde).
- Die ‚strukturelle Prävention' bezieht sich hingegen auf mittel- bis langfristige Maßnahmen, die auf tiefer liegende Ursachen von Krisen und Konflikten zielen. Die Handlungsfelder und Instrumentarien sind auch hier höchst unterschiedlich: Armutsbekämpfung, nachhaltige Entwicklungspolitik, Weltumweltpolitik, Rüstungskontrolle, Förderung regionaler Integration, aber auch sicherheitspolitische Grundprinzipien wie etwa Abschreckung, Gleichgewichtspolitik, kollektive bzw. kooperative Sicherheit und das damit zusammenhängende Gewaltlegitimierungsmonopol der VN können hierzu gezählt werden. Das Spektrum ist also breit: Im Kalten Krieg entfaltete die glaubwürdige militärische Verteidigungsfähigkeit eine wohl mitentscheidende Wirkung der Prävention. Heute wiederum, in Zeiten großer Migrationsbewegungen in Richtung Europa, erhält etwa der Kampf gegen Fluchtursachen enorme strukturell-präventive Relevanz.

An welcher Kategorie auch immer man sich orientiert: Prävention ist in der Praxis so schwierig, weil sie nicht auf die konkret wahrnehmbare Gegenwart, sondern auf eine weitgehend ungewisse Zukunft zielt. Man kann – was zugegebenermaßen banal klingt – mit Recht behaupten, präventives Handeln sei umso erfolgreicher, je präziser und zugleich weitreichender der Blick erfolgt. Oder anders ausgedrückt: Je enger der Zeithorizont gefasst wird und je schwammiger die Analyse ist, desto mehr weicht Prävention zwangsläufig einer bloßen Reaktion. Diese Tatsache weist auf eine Strategiefähigkeit als Grundbedingung erfolgreicher Prävention hin. Ohne eine überzeugende Strategie, die das eigene Denken und Handeln mit weitem Blick voraus steuert, bleibt Prävention ein Wunschgedanke. Es lässt sich daher folgern, es handle sich um Geschwister: Strategien dienen der Prävention, und Prävention ist umgekehrt die entscheidende Triebfeder für Strategien in einer auf die friedliche Lösung von Konflikten angelegten Sicherheitspolitik.

Es versteht sich von selbst, dass eine Strategie allein noch kein Garant für den erwünschten Präventionserfolg ist. Ihr Wert hängt zunächst mit der Qualität ihres methodischen Instrumentariums zusammen, insbesondere mit der Früherkennung, der Prognosefähigkeit und einer treffsicheren Analyse der Wirkzusammenhänge. Darüber hinaus geht es aber auch um das Handlungsvermögen und den Handlungswillen, was wiederum von vielen Faktoren abhängt: Auf der politischen Entscheidungsebene spielen die Interessenlage, Kosten-Nutzen-Kalküle sowie die innergesellschaftliche Unterstützung eine Rolle, auf der Ebene der Struktur des internationalen Systems setzen Konstruktionsmerkmale wie das Souveränitätsprinzip und das Verbot der Einmischung in ‚innere Angelegenheiten' wirksamer Prävention enge Grenzen.

Ein strukturelles Problem jedweder präventiven Politik ist die oft beklagte Lücke zwischen dem frühzeitigen Erkennen einer Krise (‚early warning') und dem frühzeitigen Handeln zur Abwendung einer Krise (‚early action'). Das Wissen über Konfliktursachen und diejenigen Faktoren, die einen Konflikt in eine Krise und dann möglicherweise in Gewalt münden lassen, ist vielfältig. Dies gilt sowohl für die strukturelle wie auch für die operative Dimension. Es ist eher die Ausnahme, dass Krisen oder Kriege überraschend ‚ausbrechen', sie haben vielmehr in aller Regel einen langen Vorlauf, der analysierbar ist und von verschiedenen Einrichtungen und Akteuren auch analysiert wird. So ist der Zusammenhang zwischen globaler Ungleichheit, Armut, Perspektivlosigkeit und dem Zerfall staatlicher Strukturen seit langem bekannt. Dennoch stehen trotz aller Bekenntnisse zu einer ‚globalen Strukturpolitik' den weltweiten Verteidigungsausgaben von mehr als 1.900 (2019) Mrd. US-Dollar (das entspricht rd. 2.5 Prozent des Weltsozialproduktes) lediglich rd. 153 Mrd. Dollar staatliche Ausgaben für Entwicklungshilfe (ODA) gegenüber – was einem Verhältnis von rd. zehn zu eins entspricht. Das bereits vor Jahrzehnten deklarierte Ziel der Industrienationen, 0.7 Prozent ihres Sozialprodukts für Entwicklungszusammenarbeit und damit letztlich für das präventive Bekämpfen von Konfliktursachen auszugeben, wird lediglich in Einzelfällen erreicht (s. Kap. 4.5). Aber auch Regionalkonflikte wie z. b. der Nahostkonflikt oder die Spannungen in Ost- und Südasien sind vielfach analysiert und in ihrem Bedrohungspotenzial für die internationale Sicherheit hinreichend beschrieben worden, ohne dass eine tragfähige Lösungsstrategie präventiver Natur in Sicht wäre.

Noch drastischer lässt sich die operative Lücke zwischen ‚early warning‘ und ‚early action‘ an zwei konkreten Krisen beschreiben, deren Hintergründe inzwischen gut dokumentiert sind. Beide weisen auf eklatante Entscheidungsschwäche bzw. Handlungsarmut hin.

• Im Falle des Völkermordes im ostafrikanischen Zwischenseengebiet gab es zahlreiche Frühwarnungen. Die französische Opération Turquoise im Sommer 1994 erfolgte erst, nachdem trotz der Präsenz einer VN-Blauhelm-Mission über 800.000 Menschen ermordet worden waren. Die VN gehen davon aus, dass die Dislozierung von etwa 5.000 Soldaten nach Ruanda im April 1994 ausgereicht hätte, um den Völkermord aufzuhalten.

• Auch im Falle der Kosovo-Frage in den 1990er Jahren mangelte es nicht am Wissen um den Konflikt und an Vorschlägen zu seiner Lösung, sondern an einer gemeinsamen Strategie. So dauerte es nach der Aufhebung der Autonomie des Kosovo und den darauf folgenden gravierenden Menschenrechtsverletzungen fast ein Jahrzehnt, bis sich die internationale Gemeinschaft zum robusten Handeln entschloss. Zahlreiche Vermittlungsbemühungen waren zuvor gescheitert. Das militärische Eingreifen der Nato im Frühsommer 1999 war dann kein präventives Handeln mehr, sondern bereits eine Reaktion auf eine humanitäre Katastrophenlage, die sich lange angekündigt hatte. Die Früherkennung des Konfliktes auf Expertenebene führte also nicht zeitgerecht zu entsprechenden politischen Entscheidungen.

Die internationale Gemeinschaft hat aus dem Scheitern zahlreicher Präventionsbemühungen aber durchaus gelernt. Zwar wird auch nach dem Schock des 11. Septembers 2001 die strukturelle Prävention weitgehend vernachlässigt. Es hat sich aber immerhin die Erkenntnis durchgesetzt, dass ‚schwarze Löcher der Weltpolitik‘ im Sinne von Staaten oder Regionen, die ohne jede Einmischung von außen im Chaos versinken, nicht mehr akzeptabel sind und früher oder später zu einer Bedrohung der eigenen Sicherheit werden können (s. auch Kap. 3.1). Die Notwendigkeit so präventiver wie nachhaltiger Strategien ist also unumstritten – was nicht bedeutet, dass sie kraftvoll umgesetzt würden oder es sie überhaupt gebe. Erkannt wurde darüber hinaus auch, dass ein Instrumentarium nötig ist, um auf operativer Ebene schnell und gut vorbereitet in konkrete Krisen einzugreifen. Ob dies dann auch mit dem erforderlichen politischen Willen geschieht, ist eine andere Frage.

Als Fazit bleibt daher die Erkenntnis, dass der Präventionsgedanke an die Spitze der außen- und sicherheitspolitischen Prioritätenliste gesetzt werden muss. Das zentrale Hindernis für die Verhütung von Konflikten und deren gewalttätiger Eskalation liegt aber weniger in einem Mangel an vorausschauender Erkenntnis, sondern vielmehr – neben einem nur rudimentären Instrumentenkasten – in einem Mangel an politischem Handlungswillen zur frühzeitigen Abwendung von Krisen. Die Überlegung, wie dieser Wille aufgebracht, mobilisiert und von einer ‚Kultur des Reagierens' zu einer ‚Kultur der Prävention' transformiert werden kann, sollte die politische Praxis stärker als bisher bestimmen.

Resilienz setzt, wie bereits angedeutet, auf einer anderen Ebene an: der Widerstandsfähigkeit gegenüber eingetretenen Katastrophen im Sinne eines konsequenten Folgenmanagements. Zu Ende gedacht, fördert sie im Ergebnis nicht nur das eigene Überleben, sondern besitzt gerade deshalb auch präventiven Charakter. Abschreckung im militärischen Bereich kann etwa ohne robuste Resilienz nur schwer funktionieren.

Bei der Resilienz geht es nach dem Weißbuch 2016 der Bundesregierung unter anderem um „den Ausbau der Widerstands- und Adaptionsfähigkeit von Staat und Gesellschaft gegenüber Störungen, etwa durch Umweltkatastrophen, schwerwiegende Systemfehler und gezielte Angriffe" (49). Ziel sei es, „Schadensereignisse absorbieren zu können, ohne dass die Funktionsfähigkeit von Staat, Wirtschaft und Gesellschaft nachhaltig beeinträchtigt wird" (ebd.). Die Krisenfestigkeit des eigenen Handelns in Extremlagen ist damit in den Rang eines der wichtigsten Gestaltungsfelder deutscher Sicherheitspolitik erhoben worden. Entscheidend befördert haben diesen Gedanken dabei zwei Erkenntnisse der jüngeren Zeit, die eng mit der Globalisierung verwoben sind:

- zunächst das Ausmaß, in dem die sicherheitspolitische Lage im Inneren und Äußeren komplex und dynamisch – und damit kaum aktiv steuerbar – geworden ist,
- und dann die Sorge um die zunehmende Abhängigkeit und damit Verwundbarkeit moderner offener Gesellschaften in einem hochtechnisierten Umfeld und mit verdeckt agierenden Akteuren aller Art.

Präventive Vorsorge allein reicht jedenfalls nicht mehr aus, um den vielfältigen und zum Teil sehr diffusen Risiken zu begegnen. Vielmehr bedarf es zusätzlich auch eines Schutzes, falls ein ‚Ernstfall' eintritt. Im Prinzip mag das wie eine Art

Kapitulation vor der Wirklichkeit anmuten; es ist aber zweifelsfrei nötig. Die neuen und längst nicht überblickbaren bzw. beherrschbaren Risiken im Cyberraum sowie den Themen Terrorismus und Klimawandel lassen keinen anderen Weg zu. Dies bezieht sich einerseits auf das frühzeitige und systematische Identifizieren von Verwundbarkeiten, andererseits auf eine umfassende Sicherheitsvorsorge. Ganz unterschiedliche Konzepte wie Zivilschutz, Schutz von kritischer Infrastruktur sowie Schutz vor Propaganda und ,fake news' spielen dabei eine Rolle.

Der Resilienzansatz weist indirekt auch auf ein Phänomen hin, das seit zwei Jahrzehnten immer mehr in den Fokus rückt: die Unmöglichkeit, noch trennscharf zwischen innerer und äußerer Sicherheit zu unterscheiden (s. dazu ausführlicher Kap. 2.4). Wer mag schon mit Bestimmtheit sagen, woher etwa ein Cyberangriff erfolgt und auch wer der Aggressor ist? Ähnlich verhält es sich mit der Frage, ob ein terroristischer Anschlag von innen oder von außen verursacht ist. Diese Beispiele zeigen auch auf, wie eng alle Akteure und Instrumente in der Sicherheitspolitik zusammenwirken müssen – und zwar nicht nur in einer akuten Krisenlage, sondern auch weit zuvor bei der Formulierung gemeinsamer Strategien und der Schaffung einer eng verzahnten Sicherheitsarchitektur. Resilienz erlaubt keine Lücken. Ihre Wirkung bemisst sich in einer hochinterdependenten modernen Gesellschaft am jeweils schwächsten Glied. Sie muss daher gut ausbalanciert sein und lässt sich nur gemeinsam im Verbund herstellen und aufrechterhalten.

Diskussionsfragen:

* Wie lässt sich eine höhere politische Bereitschaft zu präventivem Handeln fördern?
* Worin liegt der substanzielle Zusammenhang zwischen Prävention und Resilienz?
* Bedeuten Anstrengungen im Sinne hoher Resilienz eine Kapitulation vor den Risiken?

5. Ausgewählte Akteure der Sicherheitspolitik

5.1 Vereinte Nationen – zentraler Akteur oder marginalisiert?

Die Organisation der Vereinten Nationen (VN) hat in den gut 75 Jahren seit ihrer Gründung 1945 ihre Zusammensetzung und Tätigkeitsfelder erheblich ausgeweitet, ohne dass es bisher zu grundlegenden Änderungen in der Charta selbst gekommen wäre. Von damals 51 Gründerstaaten ist sie auf 193 Staaten angewachsen, und von einer Organisation, die in erster Linie den Krieg als Mittel der Politik ächten sollte, ist sie zu einem globalen Forum gewachsen, in dem alle grundlegenden Weltprobleme thematisiert und mit dem Ziel einer Lösung teilweise auch aktiv angegangen werden. In der internationalen Politik besteht gleichwohl weitgehender Konsens über den Bedarf einer Reform der VN, weil Strukturen und Verfahren nicht mehr den weltpolitischen Realitäten des 21. Jhd.s entsprechen. Gleichzeitig wird von den VN zunehmend verlangt, eine ordnungspolitische Lücke in der globalisierten Welt zu füllen. Dieser Widerspruch zwischen den realen Möglichkeiten und den hochgesteckten Erwartungen erzeugt ein Klima gefühlter und auch tatsächlicher Überforderung und bewirkt oft ungerechte Bewertungen der wichtigen Arbeit der VN.

Die multidimensionale Arbeit der VN lässt sich – abgesehen von Zuständigkeiten in weiteren Materien samt angrenzender Politikfelder – in insgesamt drei Hauptfelder einteilen: 1) Aufgaben im Bereich der Sicherung des Weltfriedens und der internationalen Sicherheit, 2) Aufgaben im Bereich des Menschenrechtsschutzes und der Fortentwicklung des Völkerrechts und 3) Aufgaben in den Bereichen Wirtschaft, Entwicklung und Umwelt. Nach den Erfahrungen mit dem Völkerbund und vor dem Hintergrund zweier Weltkriege, massiver Verletzungen der Menschenrechte sowie der fatalen Folgen der Weltwirtschaftskrise wurde mit den VN ein neuer Versuch unternommen, das internationale System zu regulieren und dauerhafte Sicherheit zu schaffen. Dies kann gewiss als großer Fortschritt in der Geschichte der internationalen Politik bezeichnet werden. Allerdings ist der Ruf nach Reformen am System der VN fast so alt wie die Organisation selbst. Die Frage, ob und wie eine adäquate Weiterentwicklung gelingen kann, richtet sich dabei an erster Stelle an die Mitgliedstaaten, weil nur sie die Macht zu Veränderungen besitzen.

Die VN sind insofern eine klassische intergouvernementale Organisation, d.h. sie können nur so weit agieren, wie es die sie tragenden Staaten nach Abwägung der eigenen Interessen gestatten. Zu unterscheiden ist zwischen internen Organisationsrechtsreformen und ‚Verfassungsänderungen', die eine Änderung der Charta erfordern. Die Hürden für Letzteres sind extrem hoch – neben einer Zweidrittelmehrheit in der Generalversammlung und der Ratifizierung durch eine entsprechende Mehrheit von Mitgliedstaaten hat jedes der ständigen Mitglieder im Sicherheitsrat ein Vetorecht dagegen. Viele der seit Jahren diskutierten Themen sind deshalb vertagt und damit auf die lange Bank geschoben. In verlässlicher Regelmäßigkeit steht deshalb immer wieder ein Teil der Reformvorschläge auf der Tagesordnung diverser Arbeitsgruppen der Generalversammlung und des Sicherheitsrates – ohne realistische Aussicht auf einen Konsens.

In verschiedenen Reformberichten in der Hochphase der VN-Reformdiskussion unter dem damaligen Generalsekretär Kofi Annan (1997–2006) wurde gefordert, die Mitgliedstaaten müssten die VN besser auf die Herausforderungen der Globalisierung einstellen und dabei insbesondere drei strategische Prioritätsbereiche in den Blick nehmen: Freiheit vor Not (‚Entwicklungsagenda'), Freiheit vor Furcht (‚Sicherheitsagenda') und Schaffung einer ökologisch bestandsfähigen Zukunft (‚Umweltagenda'). Doch von den Berichten blieb nach den Diskussionen in den Mitgliedstaaten sowie den wenig ambitionierten Entscheidungen anlässlich des 60-jährigen Jubiläums der VN im Herbst 2005 in der Generalversammlung nicht viel übrig (Gareis/Varwick 2014: 295–353). Politische Bedeutung im Sinne einer breiten und nachhaltigen Implementierung der zahlreichen Ideen ist auch zum 70-jährigen Jubiläum im Herbst 2015 nicht erkennbar – und auch die aktuellen Reformdiskussionen leiden unter diesem Mangel.

Die Reformdebatte konzentriert sich im Bereich der Sicherheitspolitik seit Jahren mit unterschiedlichen Realisierungschancen auf zwei Bereiche:

• Erstens die Reform des Sicherheitsrates: Unabhängig von der Zielvorstellung formulieren sämtliche Reformvorschläge deutliche Kritik an der Zusammensetzung dieses zentralen Gremiums, das nach Art. 24 der Charta zuständig für die Wahrung des Weltfriedens und der internationalen Sicherheit ist. Die Mehrheit der VN-Staaten hält die Zusammensetzung und die Privilegien der fünf ständigen Mitglieder für nicht mehr legitim und angesichts der weltpolitischen Realitäten des neuen Jahrtausends auch für anachronistisch.

Eine Erweiterung ist aber aus mindestens zwei Gründen schwierig: Zum einen gibt es zwischen ‚Nord' und ‚Süd' keinen Konsens über die Kriterien für einen ständigen Sitz (obgleich die Charta in Art. 23 Abs. 1 solche für die nichtständigen Mitglieder nennt). Insbesondere Deutschland und Japan argumentieren mit ihrer Wirtschaftskraft, während andere auf die Größe ihrer Bevölkerung hinweisen (so hat allein Indien dreimal mehr Einwohner als die gesamte EU). Zum anderen bedingt eine veränderte Zusammensetzung nach Art. 108 und 109 einer Änderung der Charta, was nur mit zwei Dritteln der Stimmen der Generalversammlung und der Zustimmung aller ständigen Mitglieder des Sicherheitsrates erreichbar ist. Trotz einer erheblichen Intensivierung der Reformdebatte seit Beginn der 1990er Jahre ist bislang keine Formel gefunden worden, die eine konsensfähige Grundlage für eine Reform des Sicherheitsrats beinhaltet. Die Suche nach einer tragfähigen Grundlage wird neben hohen institutionellen Erfordernissen durch eine dreifache inhaltliche Anforderung erschwert. So soll die Repräsentativität verbessert (Erhöhung der Mitgliederzahl, um einen repräsentativen Querschnitt aller Weltregionen zu erreichen), gleichzeitig die Legitimität verbessert (Schaffung eines möglichst ‚legitimen‘ Entscheidungsfindungsmechanismus) und schließlich die Effektivität erhöht werden (Verbesserung der Entscheidungsfindung und der Chancen für eine Umsetzung der Beschlüsse in die Praxis).

• Zweitens die Reform der Friedenssicherung und Friedenserzwingung: Die ursprüngliche und durchaus erfolgreiche Ausrichtung der VN auf die Verhinderung zwischenstaatlicher Kriege mit dem Wandel des Kriegsbildes in Richtung innerstaatlicher Auseinandersetzungen hat sich radikal verändert. Spektakuläre Fehlschläge wie Ruanda, Somalia, Srebrenica oder Sierra Leone haben den Reformdruck in diesem Bereich erhöht. Gemäß Kapitel VII der Charta stünde den VN zwar ein hinreichendes Instrumentarium an Maßnahmen bei Bedrohung oder Bruch des Friedens zur Verfügung; in der Praxis wurde aber von diesen Bestimmungen bisher kaum Gebrauch gemacht. Nach den Vorschlägen einer wegweisenden Expertengruppe unter dem Vorsitz des ehemaligen algerischen Außenministers Lakhdar Brahimi vom August 2000 sollten die VN-Truppen in Zukunft grundsätzlich ein robustes Mandat erhalten und nur in Einsätze geschickt werden, wenn die Regeln dafür eindeutig sind sowie hinreichende Führung und gute Ausrüstung sichergestellt werden können. Zudem sollte gemäß des Konzeptes eines ‚Standby-Arrangement-Systems‘ eine schlagkräftige multinationale Streitkraft bereitgestellt werden, auf die bei Bedarf schnell zugegriffen werden kann. Insgesamt sollte damit das System der Friedenssicherung effektiver werden und auch der vorbeugenden Diplomatie sowie der Friedenskonsolidierung mehr Aufmerksamkeit geschenkt werden. In diesem Zusammenhang wird auch über die Frage nach einer internationalen Schutzverantwortung/R2P im Falle gravierender innerstaatlicher Missstände diskutiert.

Die Gesamtzahl der VN-Friedensmissionen beläuft sich seit Gründung der VN auf über 72. Derzeit (2020) sind in 13 VN-geführten Friedensoperationen mehr als 84.000 militärische und 16.000 zivile Friedensschützer im Einsatz. Dabei ist zwischen ‚VN-geführten Missionen' – also den von den VN selbst verantworteten sogenannten ‚Blauhelmmissionen' – und ‚VN-mandatierten Missionen' – also solchen, die die VN nicht selber durchführen, aber der Sicherheitsrat das Mandat dazu erteilt – zu unterscheiden. Vor allem aber veränderte sich die Qualität der Einsätze (Koops 2015). Die frühen Missionen waren überwiegend auf eine Rolle als Puffer zwischen den regulären Armeen der Kriegsparteien ausgerichtet. Doch seit mehr als zwei Jahrzehnten sind die ‚Blauhelme' vor allem auch mit den Folgen innerstaatlicher Auseinandersetzungen wie Bürgerkriegen, Vertreibungen und großflächigen Menschenrechtsverletzungen bis hin zum Völkermord konfrontiert. Ob sie zu diesem Zweck deutlich robuster als bisher aufzustellen sind und auch ein entsprechendes Mandat benötigen, wird intensiv diskutiert und ist Gegenstand von zahlreichen Reformberichten (so etwa der im Jahr des 70. VN-Jubiläums tagenden Expertenkommission zur Überprüfung der VN-Friedenssicherung oder verschiedenen Reforminitiativen des seit 2017 amtierenden Generalsekretärs Guterres). Eine Wunderheilung der VN-Krisenpolitik ist von all dem kaum zu erwarten – eher, wie Torsten Benner (2015) es formuliert, ein ‚Weiterhumpeln' (s. Kap. 4.3). Eine weitere offene Frage bleibt, ob der Sicherheitsrat auf diesem Feld tatsächlich das Monopol hat oder inwieweit es akzeptabel ist, wenn in Sonderfällen – wie etwa beim Einsatz der Nato in Jugoslawien im Jahr 1999 – auch ohne eindeutiges Mandat des Sicherheitsrates eingegriffen wird.

Insgesamt ist heute offen, in welche Richtung sich die VN entwickeln. Einerseits lässt sich argumentieren, dass in den vergangenen Jahren in der internationalen Politik ein Milieu entstanden ist, in dem zentrale Bestimmungen und Normen der Charta Referenzpunkte geworden sind. Sie werden zwar nicht immer eingehalten, der Rechtfertigungsdruck im Falle der Regelverletzung hat aber enorm zugenommen. Selbst große Mächte können sich diesem durch die internationale Öffentlichkeit verstärkten Druck kaum entziehen. Andererseits gilt es, sich von unrealistischen Erwartungen an die VN zu verabschieden. So ist das Spannungsverhältnis zwischen den Zielen und Grundsätzen der VN-Charta auf der einen und der politischen Realität auf der anderen Seite offenkundig. Wesentliche Grundsätze der Charta basieren mithin auf Regeln, die in der Praxis internationaler Politik immer aufs Neue relativiert, verändert oder schlichtweg systematisch missachtet werden. Der souveränen Gleichheit aller Staaten steht ein ausgeprägtes Machtgefälle, der Pflicht zur friedlichen Streitbeilegung allgegenwärtige Gewalt im internationalen System gegenüber; und trotz des Allgemeinen Gewaltverbots nehmen sich Staaten immer wieder das Recht auf unilaterale Gewaltanwendung. Zudem erzwingt die Globalisierung grundlegender Problembereiche eine Neudefinition staatlicher Souveränität, was aber letztlich der Charta und dem festgeschriebenen Verbot der Einmischung in die inneren Angelegenheiten der Staaten zuwiderläuft.

Der anhaltende Reformbedarf der Weltorganisation sollte aber nicht den Blick dafür verstellen, dass die VN für die Stabilität des internationalen Systems unverzichtbar sind. Tragfähige Antworten auf die zentralen Menschheitsprobleme sind im 21. Jhd. allenfalls multilateral zu geben, und in dem Geflecht multilateraler Regime und Organisationen spielen die VN eine herausragende Rolle. Einer erneuerten Weltorganisation kommt daher die Aufgabe zu, die in der Charta formulierten Ziele und Grundsätze einzulösen. Wenn die Mitgliedstaaten die VN darin nicht stärker unterstützen, wird der Erfolg allerdings ausbleiben. Ohne eine von allen getragene, durchgreifende und nachhaltige Reformanstrengung werden die drei großen Dilemmata – Legitimität, Durchsetzung und Mittelknappheit – der VN weiterhin ungelöst bleiben.

Diskussionsfragen:

- Ist das heutige Konstrukt der VN noch hinreichend, um Sicherheit in der Welt zu gewährleisten?
- Wie könnten Legitimität und Durchsetzungsfähigkeit des VN-Sicherheitsrats besser verankert und ausgebaut werden?
- Wie entwickelt sich die Rolle der VN als zentrale Organisation in der internationalen Sicherheitspolitik?

5.2 Europäische Union – vom Zwerg zum Mitspieler mit Gewicht?

Ausgangspunkt für eine sicherheitspolitische Bewertung der Europäischen Union ist die deutliche Diskrepanz zwischen ihrer Rolle als Wirtschaftsmacht und als politische Macht. Die EU trägt das Etikett, sie sei ein ökonomischer Riese, aber ein politischer und vor allem militärischer Zwerg. Sie ist mit 446 Mio. Einwohnern und einem Bruttoinlandsprodukt von rd. 14 Billionen EUR bezüglich der Wirtschaftskraft ähnlich stark wie die USA, im Welthandel nimmt sie eine herausragende Stellung ein, mehr als die Hälfte der weltweit gewährten öffentlichen Entwicklungshilfe stammt von der EU und ihren Mitgliedstaaten.

Auch im sicherheitspolitischen Bereich gilt zwar, dass kein EU-Mitgliedstaat seine Sicherheit alleine gewährleisten kann, und nur noch wenige unter ihnen verfügen über ein breites Fähigkeitsprofil, politisch wie militärisch. Bereits

1999 sprach der damalige Hohe Vertreter für die gemeinsame Außenpolitik, Javier Solana, davon, die europäische Sicherheits- und Verteidigungspolitik (GSVP) bewege sich ‚mit Lichtgeschwindigkeit‘, bereits seit 2004 gibt es eine EU-Verteidigungsagentur und bereits 2005 wurden EU-Battlegroups beschlossen, die aber noch nie eingesetzt worden sind. Auch die Bilanz der bisherigen europäischen Anstrengungen beim sogenannten ‚pooling and sharing‘ – also der synergetischen Zusammenlegung von Fähigkeiten – ist ernüchternd. Nicht zuletzt durch die Erweiterung auf heute 27 Mitgliedstaaten sind auch die ohnehin heterogenen außen- und sicherheitspolitischen Interessen und Prioritäten der Mitgliedstaaten weiter divergiert. Während etwa Frankreich und Belgien noch deutliche Prioritäten in Afrika haben, gilt das sicherheitspolitische Interesse der mittel- und osteuropäischen Mitgliedstaaten stärker Osteuropa. Umstritten bleibt auch, ob die GSVP sich auf zivil-militärische Einsätze konzentrieren oder perspektivisch auch auf Operationen von Streitkräften im obersten Spektrum ausrichten soll. Anders formuliert: Die strategischen Kulturen der Mitgliedstaaten bleiben sehr unterschiedlich und behindern gemeinsames Handeln.

Andererseits spielt die EU im internationalen Krisenmanagement eine zunehmend aktive Rolle. Mit der Einrichtung der GSVP hat die EU zudem Fähigkeiten zu „Missionen außerhalb der Union zur Friedenssicherung, Konfliktverhütung und Stärkung der internationalen Sicherheit" (Art. 42 (1) EUV) auf ihre eigene Agenda gesetzt. Die GSVP ist integraler Bestandteil der Gemeinsamen Außen- und Sicherheitspolitik (GASP) und nutzt daher dieselben intergouvernementalen Beschlussfassungsmechanismen. Hierüber kann die EU sowohl zivile als auch militärische Operationen einleiten. Seit Beginn der 2000er Jahre hat die Union so in über 30 Einsätzen weltweit zum Krisenmanagement beigetragen, wobei der Großteil auf den westlichen Balkan und Afrika entfiel. Für die Durchführung ist die EU allerdings vollständig auf die Ressourcen ihrer Mitgliedstaaten angewiesen. Mangels eigener Kräfte oder gar einer ‚Europäischen Armee‘ gilt das Freiwilligkeitsprinzip, d.h. jeder Mitgliedstaat entscheidet selbst, ob und in welchem Maße er eigene Kräfte entsenden will.

Solange diese gegenseitige Bindewirkung so lose bleibt und die europäischen Nationen keine Einigkeit über die Frage erzielen, wann, wie und wofür Streitkräfte zukünftig eingesetzt werden, wird sich an dieser Ausgangslage nur wenig ändern. Das Problem ist mithin politisch: Es fehlt am Willen, die bestehenden Instrumente zu nutzen. In sicherheitspolitischen Fragen bleibt die EU einstweilen eine ‚Macht im Konjunktiv‘. Schlimmer noch: Die EU ist spätestens ab 2008 im Zuge der Wirtschafts- und Finanzkrise abermals in eine Phase der Beschäftigung mit sich selbst eingetreten – die seit fast einem Jahrzehnt anhält und durch die Covid-19-Pandemie weiter andauert bzw. verschärft wird. Die EU bleibt damit ein nach außen fragmentierter Akteur, der in jeder Krise um den inneren Zusammenhalt ringen muss und bereits dabei viel Reibungsverlust erzeugt. Das Festhalten an staatlichen Souveränitätsansprüchen – die eigentlich so gar nicht mehr vorhanden sind – bleibt also das größte Hindernis für Fortschritte in Europa. Es lässt sich von einem ‚Souveränitätsparadoxon der EU‘ sprechen, das kurzfristig kaum auflösbar erscheint.

Auch die im November 2017 initiierte engere Zusammenarbeit der Europäer im Verteidigungsbereich (PESCO) bietet einen breiten Interpretationsspielraum. Sie ist ein Schritt in die richtige Richtung, aber aller Voraussicht nach kein Quantensprung. Die EU hatte im Bereich der Sicherheitspolitik bisher immer sehr viel mehr Ambitionen als Willen und Fähigkeiten – und es bleibt zu befürchten, dass es diesmal auch nicht sehr viel anders ist. Auch die von Frankreich im Jahr 2017 vorgeschlagene ‚Europäischen Interventionsinitiative‘ (EI2), die bewusst als eine Art ‚Koalition der Willigen‘ ohne Bezug zu den EU-Strukturen angelegt ist, ist ein Beleg dafür, dass von wichtigen Staaten der Fokus eher auf Handlungsfähigkeit als auf etablierte Strukturen gelegt wird (Mölling/Major 2018). Wie könnte also der Schritt von wohlklingender Rhetorik zu durchgreifender realer Substanz gelingen?

Die Erfahrungen mit dem Lissabonner EU-Vertrag haben gezeigt, dass institutionelle Reformen politische Probleme zwischen den Hauptakteuren der GSVP, den Mitgliedstaaten, nicht lösen können. Ein wichtiges Hindernis sind die Vorbehalte der Nationen, die nur ungern bereit sind, die Entscheidungsgewalt über den Einsatz ihres Militärs mit den Partnern zu teilen. Erst wenn insbesondere die großen Fünf – Deutschland, Frankreich, Polen, Italien und Spanien – sich einigen, sind substanzielle Fortschritte möglich. Hierfür müssten sie aber zumindest partiell zur Aufgabe ihrer Entscheidungshoheit über Struktur und Einsatz der Streitkräfte und damit letztendlich zum Hinterfragen des Fundaments staatlicher Souveränität bereit sein, was mittelfristig kaum mehr als eine europäische Utopie darstellt. Das heißt: Nur über eine tatsächlich gemeinsame europäische Politik in diesen politischen Fragen lässt sich letztlich auch in militärischen Aspekten Einigung erzielen, und da ist noch nicht sehr viel Bewegung erkennbar. Wer aber Multinationalität, Arbeitsteilung, effizienten Einsatz knapper Mittel und vor allem eine höhere sicherheitspolitische Wirkung will, der muss Hürden im innerstaatlichen Entscheidungsprozess abbauen. Die Stärkung der gemeinsamen Handlungsfähigkeit kann nur durch einen teilweisen Verzicht der Mitgliedstaaten auf ihre nationale Souveränität gelingen. In diesem Sinne haben einige Länder mit traditionell ausgeprägtem Parlamentsvorbehalt bereits Verfahrensvereinfachungen beschlossen. Beispiele sind etwa Tschechien (die Regierung kann einen Einsatz von bis zu 60 Tagen im Rahmen der ‚Battlegroups' entscheiden und muss das Parlament nur unterrichten), Ungarn und Rumänien (trotz Parlamentsvorbehalt entscheiden die Regierungen allein über alle Einsätze, die auf Nato- und EU-Beschlüssen beruhen) sowie Dänemark und Italien (pauschale Zustimmung zur Entsendung nationalen Personals in multinationalen Stäben). Das Schwergewicht Deutschland ist da sehr viel restriktiver.

Im Ergebnis geht es für Europa darum, sein Potenzial stärker als bisher in eine Waagschale zu werfen. Wenn das gelingt, werden zwar daraus zwangsläufig Friktionen innerhalb der bisher für die harten Fragen der Sicherheitspolitik zuständigen Nato resultieren, da die Amerikaner einen geschlossenen europäischen Block nicht gewohnt sind. Wenn aber die GSVP an Bedeutung gewinnt, dann ist es zwingend notwendig, dies mit einem neuen politischen Anlauf zu verbinden und die transatlantische Klammer relevant zu halten, um einem Auseinanderdriften der transatlantischen Beziehungen mit auch für die europäische Sicherheit schädlichen Folgen entgegenzuwirken.

Mit dem Ausscheiden Großbritanniens aus der EU verliert ein traditioneller Blockierer einer engeren verteidigungspolitischen Zusammenarbeit im EU-Rahmen (insbesondere hinsichtlich des Aufbaus eines strategischen Hauptquartiers der EU) seine Vetomöglichkeiten. Soll dies nicht zu einer Abkoppelung der EU von der Nato im Sinne einer Duplizierung von Strukturen bzw. eines Konkurrenzverhältnisses führen, resultiert daraus abermals erhöhter Druck zu einer engeren strategischen Partnerschaft mit den USA. Denn der Grad an sicherheitspolitischer Eigenständigkeit insgesamt bzw. innerhalb der Nato gehört zu den schwierigsten Themenfeldern. Dabei geht es im Wesentlichen darum, inwieweit die EU einen Teil der Aufgaben, die bisher die Nato wahrgenommen hatte, übernehmen kann und will. Mit der Konkretisierung der GSVP stellt sich also die Frage nach ihrem Verhältnis zur Nato neu. Die zentrale Frage ist, ob die EU eine Art ‚Zweigstelle' der Allianz für besondere Aufgaben wird oder ob ein großer Teil dessen, was an sicherheitspolitischen Aufgaben auf die Europäer zukommt, nicht doch besser, schneller und effizienter von der Nato geleistet werden kann. Diese Frage kann nach heutigem Stand noch nicht endgültig beantwortet werden, denn es ist zum einen offener denn je, ob es die EU schafft, sich zu einem einheitlichen politischen Akteur zu entwickeln. Zum anderen ist auch noch nicht ausgemacht, ob die USA dauerhaft eine ‚europäische Macht' bleiben wollen und an formalen Allianzen mit ihren europäischen Partnern interessiert sind (s. Kap. 5.3 und 5.4).

Insgesamt fehlt es trotz einiger Fortschritte immer noch an visionären Plänen für eine bessere innereuropäische Arbeitsteilung bis hin zu pragmatischen Schritten in Richtung einer europäischen Armee auf der gemeinsamen Agenda – deren Umsetzung freilich sehr viel Geduld erfordert. Die Verflechtung und die gegenseitige Abhängigkeit der EU-Staaten untereinander sind bereits heute derart hoch, dass ein solch großer Sprung hin zu einer ‚Europaarmee' – deren operativer Einsatzwert im Vergleich zu homogeneren nationalen Streitkräften allerdings noch offen bzw. eine Frage der organisatorischen Kreativität ist – ohnehin eines Tages die logische Folge des europäischen Integrationsprozesses sein dürfte. Im mutlosen Klein-Klein verharren oder den großen Sprung wagen, so ließen sich die Alternativen zuspitzen. Denn die GSVP kann nur in dem Maße funktionieren und wachsen, wie sich die gesamte EU zu einem einheitlichen politischen Akteur entwickelt. Die GSVP hat mithin zwar Türen geöffnet und erste Schritte ermöglicht. Um aber die angemessenen Handlungsmöglichkeiten Europas in internationalen Sicherheitsfragen und damit im Sinne der eigenen Interessen auszuschöpfen, ist ein weiterer Riesenschritt notwendig.

Das Ziel ist eigentlich unstrittig: Europa sollte endlich auch auf dem Feld der Sicherheitspolitik und insbesondere der gemeinsamen Verteidigungsanstrengungen ‚erwachsener' werden. Es müsse im Rahmen seiner globalen Verantwortung mehr investieren, mehr zu leisten bereit sein und dabei mit einer gemeinsamen Stimme sprechen. Über den Weg dorthin besteht allerdings teils tiefer Dissens. Die Debatte über die Stärkung der europäischen Handlungsfähigkeit dreht sich dabei zunehmend um den schillernden Begriff der „strategische Autonomie". Darunter wird die Fähigkeit verstanden, gemeinsam sicherheitspolitische Prioritäten zu formulieren und über die Mittel – also die institutionellen, materiellen und politischen Voraussetzungen – zu verfügen, diese als Europäer souverän umzusetzen. Der Begriff ist allerdings mit vielen Fragezeichen verbunden. So ist unklar, was dies genau bedeutet, ob die EU dafür genügend und die richtigen Mittel hat, ob die wichtigen Mitgliedstaaten wie Deutschland und Frankreich darunter das Gleiche verstehen, was das für die NATO bedeutet und welche Rolle die EU tatsächlich in der Sicherheitspolitik spielen kann und soll. Frankreich etwa setzt dabei traditionell sehr viel weitreichendere Akzente als Deutschland, das mit Blick auf die realen Fähigkeiten Europas einerseits und den transatlantischen Zusammenhalt andererseits eher pragmatisch agieren und sich keinen ‚Illusionen' hingeben möchte. Neben Unterschieden in der Substanz variieren beide Ansätze auch in der zeitlichen Reichweite der Visionen. Die einen sehen Europa früher oder später auf sich gestellt, nicht zuletzt, weil die USA ihren Fokus immer mehr auf Asien richten. Die anderen setzen auf den festen

Bestand des kulturellen und gesellschaftspolitischen Kitts westlicher Demokratien und daher auf das unveränderte Interesse der USA an ihren europäischen Partnern, das selbst in der isolationistischen Politik Trumps zumindest spürbar blieb. Es bleibt offen, welcher der beiden Denkansätze sich in den kommenden Jahren durchsetzt und die weiteren Weichenstellungen einer europäischen Sicherheitsarchitektur bestimmt. Klar ist nur, dass eine baldige Richtungsentscheidung überfällig ist, falls Europa aus seiner Nischenrolle befreit werden soll.

Diskussionsfragen:
- Was bedeutet die Klassifizierung der EU als ‚Macht im Konjunktiv'?
- Ist die EU eine Konkurrenz für die Nato bzw. sollte sie das sein?
- Wäre die Schaffung einer ‚Europäischen Armee' ein sinnvoller Schritt zu mehr Handlungsfähigkeit in der europäischen Sicherheitspolitik?

5.3 Transatlantisches Bündnis – auf der Suche nach Sinn und Orientierung

Die Bedeutung des transatlantischen Bündnisses unterliegt einem erheblichen Wandel und die transatlantische Sicherheitspartnerschaft wird derzeit unter heftigen Spannungen neu austariert (Varwick 2017). Die Nato bildet bis heute nicht nur die zentrale, auch vertragliche Klammer zwischen den Partnern auf den beiden Seiten des Atlantiks, sondern sie entspricht trotz aller Unterschiede der Mitgliedstaaten auch einer festen Wertegemeinschaft – selbst wenn diverse innenpolitische Entwicklungen, etwa in der Türkei, in Ungarn und auch in den USA dieses Fundament durchaus in Frage stellen können. Die Nato ist zudem einer der wenigen handlungsfähigen sicherheitspolitischen Akteure, die zu komplexen militärischen Operationen im gesamten Aufgabenspektrum – von der Bündnisverteidigung bis zu der vollen Bandbreite von Einsätzen im internationalen Krisenmanagement – in der Lage sind. Zugleich wirkt sie über den gemeinsamen militärischen Planungsprozess und die integrierte Militärstruktur einer Renationalisierung der Sicherheits- und Verteidigungspolitik entgegen, was zusammen mit einer hohen Transparenz nach innen eine isolierte strukturelle Nichtangriffsfähigkeit der meisten Mitglieder bedeutet.

Allerdings hat der ‚Trump-Schock' allen Staaten nochmal vor Augen geführt, dass in der Sicherheitspolitik auch eine gewisse Rückbesinnung auf die eigene, nationale Handlungsfähigkeit geboten ist und Bündnisse in aller Regel nur Zweckbündnisse auf Zeit und niemals unantastbar sind. Die USA können ihre Interessen und Ziele in (fast) jedem Fall auch unilateral verfolgen (s. Kap. 5.4) und für die kleineren Bündnispartner scheidet rein nationales militärisches Handeln als Alternativoption aus. Aber für die größeren Mitgliedstaaten – Deutschland, Türkei, Frankreich, Großbritannien, Spanien, Italien, Polen – sieht das schon anders aus. Auch wenn in allen genannten Fällen der transatlantische oder zumindest der europäische Verbund das Handlungspotenzial vervielfältigt (bzw. bei Lichte betrachtet: erst schafft) und es deshalb in ihrem Interesse bleibt, diese Dimension zu stärken, kann erwartet werden, dass notfalls über die Bündnisbelange hinaus – und möglicherweise künftig sogar verstärkt – auch national gedacht und agiert wird.

Die Zukunft der Allianz als handlungsfähiges Bündnis und sicherheitspolitischer Kristallisationspunkt ihrer Mitgliedstaaten ist mithin nicht so sakrosankt, wie dies noch zu Zeiten des Ost-West-Konflikts empfunden wurde. Der Grund für diese These liegt letztlich in zwei zentralen Strukturproblemen der Allianz verankert. An erster Stelle steht die Frage, ob es noch eine gemeinsame oder zumindest eine vorherrschende Bedrohungswahrnehmung in der Allianz gibt. Unterschiedliche Einschätzungen bei zentralen Themen wie Gewichtung der unterschiedlichen Aufgaben, Blick nach Osten versus Blick nach Süden, Zuständigkeit für neue sicherheitspolitische Fragen wie Terrorismusbekämpfung, Cyber- und Energiesicherheit u. a. m. lassen es fraglich erscheinen, ob alle Partner noch das gleiche Verständnis von Sicherheit und der daraus ableitbaren Prioritäten der Bündnisaufgaben haben, was aber beides entscheidend für eine gemeinsame Sicherheitspolitik ist. Generell lässt sich sagen, dass zwischen den Mitgliedstaaten nicht nur unterschiedliche Auffassungen darüber herrschen, was eine Bedrohung ist bzw. ob eine Bedrohung vorliegt oder nicht, sondern auch die Wahl der Mittel höchst unterschiedlich beurteilt wird.

Ein zweites – und eng mit dem ersten Punkt verbundenes – Strukturproblem der Allianz zielt auf die Frage, was die Mitgliedstaaten der Nato gemeinsam machen können bzw. wollen und was sie entsprechend finanzieren möchten. Insbesondere wird vielfach die Forderung erhoben, allen Mitgliedern verstärkt die Möglichkeit einer flexiblen Teilnahme an Nato-Missionen einzuräumen. Dies ist zwar faktisch (und auch vertraglich) schon heute so, denn die Beistandspflicht gilt nur bei Artikel 5 – und auch dann in seiner praktischen Ausgestaltung nach Ermessen jeder Regierung. Sollte es aber die generelle Entwicklung der Nato widerspiegeln, würde es auf eine deutliche Änderung der Bündnisgrundlagen hinauslaufen: Das Konsensprinzip könnte aufgegeben und die integrierte Militärstruktur modifiziert werden; zugleich würden Nichtmitglieder stärker am Entscheidungsprozess der Allianz beteiligt. Aus solchen Ad-hoc-Koalitionen, die die Nato-Ressourcen nutzen möchten, würden aber – so notwendig sie im Einzelfall sein mögen – gleichwohl unerwünschte Konsequenzen entstehen, denn der ‚casus foederis‘ wäre damit unscharf. Daraus resultierte jedoch, dass die ‚kollektive Rationalität‘ von Bündnisentscheidungen kein stabilisierendes Element der internationalen Ordnung mehr bliebe, sondern vielmehr das Sicherheitsdilemma verschärft würde. Denn allein die gegenwärtige Art der Entscheidungsfindung in der Nato sichert ein hohes Maß einer solchen kollektiven Rationalität und lässt hegemonialen Missbrauch (trotz einer im Inneren quasi hegemonialen Struktur) kaum zu. Wenn aber Ad-hoc-Handeln nicht nur im Einzelfall denkbar, sondern bereits konzeptionell eingeplant ist, resultiert daraus bei anderen Akteuren auch außerhalb des Bündnisses Misstrauen mit der Folge möglicherweise neuer Konfliktformationen.

Für die Rolle der Nato in der internationalen Sicherheitspolitik sind insbesondere drei Aspekte zu beachten, die nicht immer im Zentrum der politischen Aufmerksamkeit stehen, aber bei einer Bestandsaufnahme berücksichtigt werden sollten:

- Erstens hat sich die Nato über ihren ursprünglichen Zweck der Abwehr einer Bedrohung hinaus zu einer Institution entwickelt, die allgemeine Risiken bewältigt und trotzdem weiterhin ihre ursprüngliche Aufgabe erfüllt – ein notwendiger Prozess, allerdings mit Nebenwirkungen. Mit dem Ende der Ost-West-Konfrontation hat sich auch das Profil von Allianzen verändert. Schon bei ihrer Gründung benutzte die Nato den Begriff ‚kollektive Selbstverteidigung‘ unter Berufung auf die VN-Charta. Damit rückte auch die internationale Sicherheit – und nicht nur die Sicherheit des Bündnisgebiets – in den Fokus ihres Interesses. Sie stellt zugleich eine Verbindung zwischen der kollektiven Verteidigung ihrer Mitglieder und der kollektiven Sicherheit her, deren Träger in erster Linie die VN sind und mit deren Charta gemäß Artikel 1 Nordatlantikvertrag jeder Einsatz der Nato in Einklang stehen muss. Die Konsequenzen aus der nicht immer konfliktfreien Beziehung zwischen Nato und VN sollten auch unter dem Aspekt der Erwartungsverlässlichkeit mit großer Sensibilität diskutiert werden. Das Dilemma ist gleichwohl, dass es durchaus Fälle geben kann, in denen militärisches Handeln nicht auf Grundlage eines klaren Mandats des VN-Sicherheitsrats erfolgt. Davon abgesehen, dass es immer klüger ist, auf der Grundlage eines solchen Mandats zu agieren, kann es Situationen geben, in denen der Sicherheitsrat durch Vetodrohungen oder tatsächliche Vetos gelähmt ist – und trotzdem die Bewertung einer konkreten Krise unabweislichen Handlungsbedarf signalisiert. Anders formuliert: Im Spannungsfeld zwischen realpolitisch begründetem Handeln im Nato-Rahmen und dogmatischer Beachtung der völkerrechtlichen Spielregeln der VN-Charta muss sich die Nato auch künftig (wie im Fall Kosovo im Jahr 1999 geschehen) die Option für Ersteres offenhalten. Dies kann sich natürlich immer nur auf einen eng definierten und glaubwürdig legitimierten Ausnahmefall beziehen und bedarf neben intensiven Diskussionen in allen Mitgliedstaaten eines transparenten öffentlichen Diskurses. Aber nur in einer völkerrechtlichen Idealwelt bietet die VN-Charta einen stets funktionsfähigen Rechtsrahmen.

• Zweitens steht die Nato seit spätestens 2014 vor einem Spagat: einerseits Russland durch eine Neubewertung der Bündnisverteidigung von (weiterem) militärischen Abenteurertum abzuschrecken, ohne damit die Chancen auf eine Rückkehr zu einem konstruktiveren Verhältnis zu untergraben, und zugleich andererseits die grundsätzliche Fähigkeit zum internationalen Krisenmanagement auch ‚out of area' aufrechtzuerhalten oder gar auszubauen – eine Gratwanderung, die den Verbündeten viel abverlangt. Im Vorgriff auf Kap. 5.5 sei hier mit Blick auf Russland schon gesagt: Die ab 2005 insbesondere von Deutschland vorgeschlagene Strategie der ‚Annäherung durch Verflechtung' geht in die richtige Richtung. Das politische Ziel war und ist klar: Russland zur (erneuten) Kooperation zu ermutigen, was allerdings leider einstweilen gescheitert scheint. Schon mit dem Zerfall der Sowjetunion blieb die Frage nach den Grenzen des russischen Einflusses im postsowjetischen Raum unbeantwortet: Sollte etwa Staaten wie Georgien oder der Ukraine eine Nato-Beitrittsperspektive abgesprochen werden, weil Russland dadurch einen Einflussverlust befürchtet, oder muss nicht für alle souveränen Staaten das Prinzip der freien Bündniswahl gelten? Anders und allgemeiner gewendet: Wie viel destruktive Politik Russlands kann und soll akzeptiert werden, ohne dass dies Konsequenzen für partnerschaftliche, auf Solidarität beruhende Beziehungen mit Dritten hätte? Die nun eingeleitete moderate, aber dennoch ohne Zweifel ernst gemeinte Rückversicherungspolitik der Nato ist insofern ein nachvollziehbarer Ansatz. Gleichwohl wird im Rückblick möglicherweise deutlicher, von wie vielen Fehlannahmen die Beziehungen zwischen dem Westen und Russland geleitet wurden. „Die Ukraine-Krise ist schlicht die Rechnung dafür, dass wir unser Klassenziel bei der Anbindung Russlands an den Westen und das westliche Bündnis nicht erreicht haben" (Ischinger 2014: 19). Realistische Theoretiker mahnten schon früh mehr Rücksichtnahme der Nato auf russische Befindlichkeiten an und brachten vielfach Verständnis für ‚Einkreisungsängste' durch eine Ausdehnung des Westens unter der Führung der USA auf (Hacke 1997, Mearsheimer 2014).

- Drittens erzwingen der ungeklärte gemeinsame Status der EU-Staaten im Bündnis und die absehbar erodierende Rolle der USA für europäische Sicherheit einen Selbstfindungsprozess Europas in Sicherheitsfragen (s. Kap. 5.2), dies mit offenen Konsequenzen für die Allianz. Die Beziehungen zwischen Nato und EU dürften auch in Zukunft nicht einfach und auch nicht konfliktfrei sein. Allerdings wäre es angesichts der weitgehenden Mitgliederkongruenz beider Organisationen, der Tatsache des ‚single set of forces‘ wie auch der anspruchsvollen internationalen sicherheitspolitischen Problemagenda völlig unangemessen, wenn sich beide in einer Art internem und zugleich fruchtlosem ‚Schönheitswettbewerb‘ übten, anstatt wirksame Impulse zur Stabilisierung des internationalen Systems wie auch effektive Beiträge zur Lösung sicherheitspolitischer Probleme zu leisten. Eine konstruktive ‚Zwei-Pfeiler-Allianz‘ wird sich nicht einfach so ergeben, sondern es hängt in erster Linie vom europäischen Gestaltungswillen ab, wie relevant die Bindewirkung der Nato bleibt.

All dies zusammengenommen bedeutet, dass der Rollenfindungsprozess der Nato in dem neuen sicherheitspolitischen Umfeld zwar vorangeschritten, aber alles andere als abgeschlossen ist. Die Nato bleibt dennoch eines der wenigen ordnenden Elemente in der ‚internationalen Un-Ordnung‘ – selbstverständlich kein hinreichendes, aber doch im militärpolitischen Bereich ein notwendiges. Ihre grundsätzliche Befähigung zur Konfliktregulierung nach innen, zur Verteidigung des Bündnisgebietes wie auch ihre Handlungsmöglichkeiten im militärischen Krisenmanagement machen sie für ihre Mitglieder wie für internationale Stabilität gleichermaßen wichtig. Auch wenn wie immer in der Politik gilt, dass die strukturprägenden Ereignisse letztlich nicht vorhersehbar sind: Die Erfahrungen aus sieben Jahrzehnten Nordatlantischer Vertragsorganisation sprechen dafür, dass die Allianz eine gute Chance hat, auch weiterhin relevant zu bleiben, und ihr das Schicksal einer Reihe von Bündnissen und politischen Organisationen erspart bleibt: der Abstieg in die Bedeutungslosigkeit.

Diskussionsfragen:
- Wie ist die Zukunft der Nato als handlungsfähiges Bündnis zu bewerten?
- Was bedeuten Koalitionen der Willigen für den Zusammenhalt in der Allianz?
- Gibt es noch eine gemeinsame Sicht auf sicherheitspolitische Fragen zwischen den Bündnispartnern?

5.4 USA – zwischen Nabelschau und globaler Verantwortung

Das 20. Jhd. lässt sich im Rückblick ohne Übertreibung als das ,amerikanische Jahrhundert' bezeichnen. Es zeichnete sich durch eine singuläre Machtfülle der Vereinigten Staaten von Amerika aus, mit der sie die Rolle eines Hegemons spielen konnten, die zugleich von einer Reihe an Staaten freiwillig und geradezu bereitwillig akzeptiert wurde. Freilich war es eine bipolare Ordnung, mit der Sowjetunion als machtpolitischem Gegenpart. Aus Eigeninteresse schufen die USA nach dem Ende des Zweiten Weltkriegs ein auf Institutionen basierendes internationales System und engagierten sich aktiv in diesem System. Dabei waren und sind die Handlungen der USA natürlich im Einzelfall umstritten und angreifbar bzw. wurden kontrovers diskutiert – als Beispiele seien nur der Vietnam- oder Irak-Krieg genannt. Für das ,westliche Lager' war die Rolle der USA gleichwohl zentral für die Wahrung der nationalen Sicherheit aller. Für Deutschland etwa galt das geradezu existentiell, aber auch andere Staaten ,unterwarfen' sich aufgrund einer rationalen Interessendefinition gerne einem gewissen US-amerikanischen Führungsanspruch.

Der Abgesang auf die USA als die führende Gestaltungsmacht in den internationalen Beziehungen ist so alt wie die prägende Rolle der USA selbst. Während jedoch in den vergangenen Jahrzehnten dieser Befund regelmäßig von jenen vorgebracht wurde, die den USA mangelnde Gestaltungsfähigkeit – entweder aufgrund vermeintlicher eigener Schwäche oder des relativen Machtzuwachses anderer – attestierten, lieferte mit der Wahl von Donald Trump zum 45. Präsidenten der USA im Jahr 2016 die politische Führung des Landes selbst die Argumente für einen abnehmenden Gestaltungswillen in zentralen Fragen der internationalen Politik. Wir erlebten wohl die (zumindest vorübergehende) Abkehr von dem jahrzehntelangen außenpolitischen Konsens der USA, nach welchem eine stabile, liberale internationale Ordnung ein System sei, von dem insbesondere die USA selbst profitieren. Die politischen, wirtschaftlichen und militärischen Kosten als Garantiemacht dieses Systems wurden offenkundig als zu hoch betrachtet. Daraus resultieren erhebliche, ja geradezu fundamentale sicherheitspolitische Konsequenzen.

Obwohl bereits der Vorgänger Trumps, Barack Obama, mit der Devise ,nation building at home' angetreten war und die internationale Rolle der USA durch eine gewisse Zurückhaltung geprägt war, hat die Wahl Trumps zu großer Besorgnis bei nahezu der gesamten transatlantischen Expertenriege geführt. Karl Kaiser (2017: 1) etwa, langjähriger Kenner der transatlantischen Beziehungen, sieht im „Rückzug von einer auf Werten begründeten weltpolitischen Ordnungsfunktion der USA" die gravierendste Folge des Machtantritts Trumps, „der mit einer Mischung von Ignoranz, Inkompetenz und Absicht die bestehende Ordnung zerstört". Wer die Hoffnung hatte, Trump habe sich lediglich einer iso-lationistischen Rhetorik bedient, um Präsident zu werden, mit der aber niemand in den USA Präsident sein kann, wurde bereits in seiner Inaugurationsrede vom Januar 2017 eines Besseren belehrt: „From this day forward, a new vision will govern our land. From this moment on, it's going to be America First" (Trump 2017). Wichtige Berater haben zwar klargestellt, ‚America First' bedeute nicht Rückzug von der Welt im Sinne von Isolationismus. Die Welt ist aber im Ver-ständnis dieser Administration keine globale Gemeinschaft, sondern eine Are-na, in der Nationen, Nichtregierungsakteure und Unternehmen miteinander um Vorteile streiten (McMaster/Cohn 2017).

In der Geschichte der amerikanischen Außenpolitik ist es zunächst einmal nicht ungewöhnlich, dass sich sehr unterschiedliche Grundvorstellungen und Paradigmen abwechseln. Unterschieden werden können:

- ein ‚pragmatischer Realismus' (Truman, Bush sen.), der auf Machtgleichge-wicht und internationale Stabilität durch US-Engagement zielt,
- ein ‚liberaler Internationalismus' (Wilson, Obama), der besonders an multi-lateralen Institutionen und liberalen Prinzipien wie Freihandel orientiert ist,
- ein geradezu ‚missionarischer Neokonservatismus' (Bush jr.), der eine libe-rale internationale Ordnung durch den massiven Einsatz amerikanischer Macht, auch militärisch, zu sichern versucht, und schließlich
- ein ‚amerikanischer Nationalismus' (zuletzt unter Präsident Jackson 1829 – 1837), der einen engen, isolationistischen Interessenbegriff zugrunde legt und Multilateralismus fundamentalkritisch sieht. Viele Beobachter be-zeichnen die Außenpolitik Trumps als ‚Jacksonian'.

Die Wahl von Joe Biden zum 46. Präsidenten der USA wird nicht dazu führen, dass alle Konflikte mit den USA verschwinden, aber es sind doch zentrale Än-derungen zu erwarten. Dennoch sind die USA polarisiert und tief gespalten. Der Trump'sche Politikansatz fand die Unterstützung von rund der Hälfte der Wäh-lerinnen und Wähler – und niemand kann sagen, ob die USA bei einer nächsten Wahl wieder in unilaterale Reflexe verfallen. Die Vereinigten Staaten werden mit Blick auf ihre enormen inneren Aufgaben zudem weitgehend mit sich selbst be-schäftigt sein, weshalb Außenpolitik wohl nicht zu den ersten Prioritäten der neuen Administration gehören dürfte. „Nation building at home" (so hatte es schon Obama formuliert) prägt vermutlich auch die kommenden Jahre. Den-noch kann es sich kein amerikanischer Präsident leisten, internationale Fragen völlig auszublenden – und hier wird es einen Unterschied machen, wer Präsident ist, strukturell bei Themen wie Klimapolitik, der Rolle von multilateralen Prozessen und Handelsfragen und erst recht in einer internationalen Krisensituation. Mit Joe Biden kehren gewiss nicht die guten alten Zeiten im transatlantischen Verhältnis zurück, aber vieles wird mit ihm doch einfacher. Jedenfalls dürfte es mehr Bereitschaft geben, eine transatlantische Linie auszuloten und dabei Gemeinsamkeiten wieder stärker zu betonen. Die USA bleiben in dieser Welt die ‚Indispensables‘, die unentbehrliche Nation. ‚Unentbehrlichkeit‘ meint dabei nicht die klassische Vorstellung, nach der ohne die Unterstützung der USA jedes multilaterale Bemühen von Rang scheitern muss. Dafür gibt es in der ‚post-Western world‘ zu viele einflussreiche Akteure und Gegenbeispiele (z.B. die Asian Infrastructure Investment Bank). Unentbehrlichkeit meint auch nicht die klassische Intonation der ehemaligen US-Außenministerin Albright: ‚we stand tall and we see further than other countries into the future‘. Sie gilt vielmehr insbesondere für das Militärpotenzial – die USA sind für mehr als 30 Prozent der weltweiten Ausgaben für Rüstung verantwortlich, sie verfügen über rd. 1000 Militärstützpunkte in allen Teilen der Welt und sind infolgedessen global wie keine andere Nation zur Projektion militärischer Macht fähig. Dieser Mix an Fähigkeiten – die es den USA auch heute noch ermöglichen, nahezu jedes ernsthafte Interesse notfalls im Alleingang zu verwirklichen – ist weiterhin singulär, auch wenn der Abstand zu ‚den anderen‘ in den vergangenen Jahren kleiner geworden ist.

Nimmt man also alle drei Ebenen des von Joseph Nye (2011) sogenannten dreidimensionalen Schachbretts internationaler Macht zusammen – militärische, ökonomische und kulturelle Machtressourcen –, so ist die Stellung der USA insgesamt so stark, dass Zweifel an der Existenz einer durchweg multipolaren internationalen Ordnung begründet sind (s. Kap. 2.2). Der Wandel in den Rahmenbedingungen dieser Unentbehrlichkeit ist gleichwohl beträchtlich: So ergibt sich der steigende politische Einfluss der Schwellenländer wie China und Indien geradezu zwangsläufig aus deren demographischem Gewicht, das bei steigender Wirtschaftskraft pro Kopf zunehmend auch zu einer relevanten ökonomischen und geopolitischen Dimension führt. Einige Vorstellungen im sogenannten politischen Westen wie der Glaube an global universell gültige Menschenrechte und die damit verbundene Vorstellung, sich bei Bedarf massiv in innere Angelegenheiten anderer Staaten einmischen zu dürfen oder zu müssen, hatten ihren (vorläufigen) Höhepunkt bereits vor Trump überschritten. Gleiches gilt wohl auch für das normative Selbstverständnis von Demokratie und individueller Freiheit oder für die Annahme, autoritäre Staaten bildeten immer eine latente Quelle unterschiedlicher Bedrohungen wie Terrorismus, Proliferation von Massenvernichtungswaffen und religiösem Fundamentalismus. Auch gehört die Idee dazu, ökonomische Liberalisierung und Freihandel seien immer und überall im Sinne der Interessen aller Beteiligten, was zur Förderung der politischen Transformation und zur zunehmenden Einbettung der Staatenwelt in ein dichtes Netz von Interdependenzen führt. Kurzum: Der sogenannte ‚Washington-Konsensus‘ war theoretisch überzeugend, in der Praxis internationaler Politik hat er jedoch an Strahlkraft verloren.

US-amerikanische Ordnungsvorstellungen sind also insgesamt stärker herausgefordert, als das mit dem Ende des Ost-West-Konflikts vorstellbar schien. Eine pragmatische Wende in der Weltpolitik wurde durch den ‚Trumpismus‘ mithin verstärkt, aber nicht kausal verursacht. Die monetären Kosten und politischen Risiken eines klassischen ‚Indispensable‘ bedürfen eines Grades an Gestaltungswillen, der künftig von vermutlich niemandem mehr aufgebracht werden will, kann und wird. In der Konsequenz sehen auch ausgewiesene und nüchterne Transatlantiker wie die deutsche Bundeskanzlerin zu Recht eine veränderte Rolle der USA. In ihrer berühmten Bierzelt-Rede bei München sagte sie im Mai 2017: „Und die Zeiten, in denen wir uns auf andere völlig verlassen konnten, die sind ein Stück vorbei, das habe ich in den letzten Tagen erlebt. Und deshalb kann ich nur sagen: Wir Europäer müssen unser Schicksal wirklich in unsere eigene Hand nehmen. Natürlich in Freundschaft zu den Vereinigten Staaten von Amerika […]. Aber wir müssen wissen, wir müssen selber um unsere Zukunft kämpfen, als Europäer für unser Schicksal" (Merkel 2017).

Es gilt jedoch zugleich, die Kräfteverhältnisse in der internationalen Politik nicht vollkommen falsch einzuschätzen und damit zu falschen Strategien zu gelangen. In dieser Situation entspricht es also dem vitalen Interesse der westlichen Welt, dass die USA sich nicht vollkommen zurückziehen – und das geht tatsächlich nur dann, wenn die Europäer mehr als bisher in ihre eigene sowie die internationale Sicherheit investieren (s. Kap. 5.2).

Diskussionsfragen:
- Worauf beruht die singuläre Macht der Vereinigten Staaten von Amerika? Ist sie zukunftsträchtig?
- Sind die USA in der internationalen Politik dauerhaft auf dem Rückzug oder handelt es sich derzeit nur um eine Episode?
- Was bedeutet die veränderte Rolle der USA für die internationale Politik und speziell für die westliche Welt?

5.5   Russland – Partner oder Gegner?

Spätestens mit der Rede des russischen Staatspräsidenten auf der Münchner Sicherheitskonferenz 2007 (Putin 2007) wurde ein Paradigmenwechsel russischer Außenpolitik eingeleitet, der im Westen eine neue und zugleich alte Frage aufkommen ließ: Soll Russland ein Partner sein und möchte es – so wie dies allseits nach dem Ende des Ost-West-Konflikts gehofft und beurteilt wurde – auch als solcher gesehen werden, oder ist das Land wieder als Gegner oder zumindest als wenig freundlicher Rivale zu betrachten? Oder anders gesagt: Gibt es für Europa eine Sicherheit ‚mit‘ oder nur ‚gegen‘ Russland? Nach den Erfahrungen 2008 (Georgien) und 2014 (Ukraine) sowie Russlands Eingreifen in den syrischen Bürgerkrieg zugunsten der Gewaltherrschaft Assads ab 2016 scheint diese Frage im letztgenannten Sinne beantwortet zu sein – wenigstens vorläufig. Russland ist offenkundig wieder zu einem ernstzunehmenden und offenbar auch selbstbewussten Akteur auf der internationalen Bühne geworden, und das leider nicht zum Nutzen der Stabilität in Europa und den angrenzenden Regionen.

Russland spielte in der europäischen Geschichte meist eine Sonderrolle, allein schon wegen seiner Größe. Es gehört unzweifelhaft zu Europa, ist aber zugleich eine asiatische Macht und steht daher in gewissem Sinne auch außerhalb. Es ringt mit seiner Rolle in der Grundfrage, ob es sich nach Osten oder nach Westen orientieren sollte. Diese Entscheidung ist auch in der Gegenwart so bedeutsam wie offen. Eine Hinwendung nach Osten birgt das Risiko, angesichts eines rapide erstarkenden Chinas früher oder später zu dessen Juniorpartner zu werden. Eine Öffnung nach Westen hingegen erschwert zum einen die Tatsache, dass die Europäer dies nicht zu den russischen Konditionen und auch nicht zulasten der transatlantischen Beziehungen akzeptieren. Zum anderen wird sie durch die russischen Wahrnehmungen der Realität untergraben, die ein völlig anderes Bild zeichnen als diejenigen des Westens. Es gibt eine ganze Reihe von Ereignissen der jüngeren Zeitgeschichte, deren Narrative sich diametral voneinander unterscheiden und damit nicht nur zu einem gegenseitigen Entfremdungsprozess geführt haben, sondern eine vernünftige Verständigung verhindern: das Ende des Kalten Krieges, der Zerfall der Sowjetunion, die Osterweiterung der Nato und der EU, die Anerkennung der Republik Kosovo, die Interventionen im Irak und in Libyen, die farbigen Revolutionen in den ehemaligen Sowjetrepubliken und einiges andere mehr.

Im Ergebnis verweist Russland gerne auf einen angeblich legitimen Anspruch als alleinige Ordnungsmacht in seinem nahen Umfeld und es unterstellt dem Westen eine traditionell anti-russische Politik sowie eine notorische Verwendung von rechtlichen oder moralischen Doppelstandards. Gleich als wie sachlich begründet man diese und andere russische Empfindungen erachtet: Sie müssen als Fakt hingenommen werden. Oder wie der frühere deutsche Außenminister Joschka Fischer treffend schreibt: Der „Phantomschmerz über den verlorenen Supermachtstatus erklärt sehr viel besser die gegenwärtige russische Politik als so manch scheinbar rationales Kalkül" (Fischer 2018: 57). Solange diese so gegensätzlichen Perzeptionen sich nicht annähern und einen für beide Seiten halbwegs akzeptablen Ausgleich erleichtern, ist ein erneutes Aufleben einer Partnerschaft nur schwer zu erreichen. Im Gegenteil zeigt ein tieferer Blick auf die innenpolitische, volkswirtschaftliche, militärische und außenpolitische Lage Russlands, wie sehr in der Summe die Werte, Prinzipien und Denkansätze von denen des Westens wegdriften.

In seinem Inneren gilt Russland seit jeher als rückständig, mit regelmäßig autoritären, zentralistischen und auch totalitären Strukturen sowie einem nur schwach entwickelten Rechtsbewusstsein – wobei eine leidensfähige und passive Bevölkerung diesen Zustand in erstaunlicher Weise erträgt. Der Kurs Putins weicht von diesen Kontinuitätslinien nur unwesentlich ab. Auch hinter seinem Modell der ‚gelenkten Demokratie' stehen eine betonte Zentralisierung im Sinne nationalistischer und vertikal ausgerichteter Konzepte, ein repressiver Umgang mit Minderheiten und Oppositionen sowie eine beschnittene Meinungs- und Medienfreiheit. Zugleich ist Russland, das unter einer besorgniserregenden demographischen Entwicklung und einer geringen durchschnittlichen Lebenserwartung der Bevölkerung leidet, auch nach dem Zerfall des Sowjetreiches ein Vielvölkerstaat geblieben, mit immer noch 22 Republiken, die zusammenzuhalten eine schwierige Aufgabe ist und einen starken Staat erfordert.

Das ökonomische Bild knüpft hier unmittelbar an und zeigt ebenfalls traditionelle Züge, die bereits das Zarenreich prägten. Das volkswirtschaftliche Grundmuster ähnelt einem typischen Rentierstaat. Es leitet sich im Kern aus einem riesigen Raum mit gewaltigen Bodenreserven und natürlichen Ressourcen (früher Holz und Eisenerz, heute Öl und Gas), der Verfügbarkeit vergleichsweise billiger Arbeitskräfte und zugleich einem Mangel an Kapitalinvestitionen ab. Dementsprechend war Russland nie zu Innovationen, zur Überwindung einer Monostruktur, zur Entwicklung moderner Technologien (mit Ausnahme der Rüstung und von Prestigeprojekten im weiteren Sinne), zur Intensivierung der Produktion oder zu einer Förderung des Wettbewerbsgedankens gezwungen, was im Ergebnis eine ökonomische Verspätung bewirkte, die offenbar noch immer nicht überwunden ist. Zugleich scheint Russland unbeirrt auf eine Monopolmacht hinsichtlich seiner Stellung als internationaler Energielieferant zu setzen. Konsequent forciert es den weiteren Ausbau der Pipelines in Richtung Westen, inzwischen aber auch nach China (‚Kraft Sibiriens‘). Große Teile Europas – vor allem im Osten und Nordosten – sind nahezu vollständig von russischen Öl- und Gaslieferungen abhängig, trotz aller Anstrengungen zu einer Diversifizierung von Energiequellen, -einfuhren und -routen. Unter dem Strich darf man die volkswirtschaftliche Kraft Russlands – das 2020 mit einer Bevölkerungsgröße von gut 146 Mio. ein Bruttoinlandsprodukt wie Spanien mit 46 Mio. Einwohnern erwirtschaftet hat – wegen ihrer Einseitigkeit und damit Verwundbarkeit als höchst prekär bewerten – wobei die jüngsten Finanzkrisen und vor allem die westlichen Sanktionen eine extrem schwierige Lage noch sehr viel schwieriger gemacht haben.

In sichtbarem Gegensatz zu den wirtschaftlichen Problemen Russlands steht die Entwicklung seiner militärischen Fähigkeiten. Auch das ist historisch bezeichnend, lag für Russland doch stets eine hohe Priorität in einer schlagkräftigen Armee. So wird Churchill die Aussage zugeschrieben, er sei überzeugt, dass die Russen „nichts so sehr bewundern wie Stärke und nichts mehr verachten als Schwäche, insbesondere militärische Schwäche" (Marshall 2015: 19). Heute wird Russland erneut verdächtigt, seinen „strategischen Großfehler" (Fischer 2018: 105) zu wiederholen, nämlich einseitig auf militärische Macht zu setzen. Mit Blick auf die realen Zahlen ist diese Gefahr allerdings begrenzt: Nach Angaben des IISS gab Russland 2019 gut 65 Mrd. US-Dollar für sein Militär aus, was 3.9 Prozent seines Bruttoinlandsprodukts entspricht – im Vergleich zu den USA (730 Mrd. US-Dollar) eine überschaubare Summe. Dennoch ist festzuhalten, dass Russland seit etwa einer Dekade enorme Anstrengungen unternimmt, sich dem früheren militärischen Potenzial aus Sowjetzeiten wieder zu nähern – vor allem im Bereich der Nuklearwaffen, der Luftverteidigung, der Raketentechnik, der Spezialkräfte und nunmehr auch neueren Methoden hybrider Kriegführung.

Das für sich genommen beunruhigt nur bedingt. Aber diese Ambitionen in Richtung starker Streitkräfte erhalten besondere Relevanz durch die Beobachtung, dass die heutige russische Führung offenbar bereit ist, ihr Militärpotenzial dort auch offensiv einzusetzen, wo sich aus geostrategischen Erwägungen scheinbar günstige Gelegenheiten ergeben – militärisches ‚Muskelspiel‘ als Verlängerung der Politik im Clausewitz'schen Sinne also. Ein anderes Motiv darf aber auch nicht gänzlich übersehen werden: Russland wurde zwar nie in seiner Geschichte von Westen her erobert, aber einige Male sehr wohl vorübergehend überrannt (zuletzt von der deutschen Wehrmacht mit Millionen Opfern). Hier mag eine Erklärung für die aus westlicher Sicht eher paranoid anmutende Bedrohungsperzeption und die vehement beteuerte russische Aussage liegen, die

Betonung militärischer Stärke und deren konsequenter Ausbau dienten ausschließlich defensiven Interessen.

Damit ist der Bogen zur außenpolitischen Grundrichtung des heutigen Russlands gespannt. Inzwischen hat sich Russland im Konzert der globalen Mächte wieder weit nach vorn gespielt, trotz – oder im Sinne einer Ablenkung vielleicht eher wegen – seiner innenpolitischen wie ökonomischen Differenzen. Vor allem ist es seinem ehrgeizigen Ziel, als internationaler Akteur der ersten Reihe wieder ernst genommen zu werden, so selbstbewusst wie rigide nahegekommen. Erkauft wird dieses Ergebnis allerdings mit einem auf Demonstration von (militärischer) Stärke setzenden Vorgehen, das auf Partnerschaften, Reputation, Rechtsbewusstsein und Wertetreue nur dann Rücksicht nimmt, wenn dies den eigenen, kurzfristig betrachteten nationalen Interessen dient. Ob diese bemerkenswert kaltschnäuzige, risikofreudige Außenpolitik fernab jeder erkennbaren Selbstkritik einer durchdachten Strategie folgt oder lediglich die Reflexe ausgeprägter Minderwertigkeitsgefühle widerspiegelt, bleibt noch offen. Fest steht allerdings, dass Putin, der 2018 mit großer Mehrheit zum vierten Mal zum Staatspräsidenten gewählt wurde, es sehr geschickt versteht, dort ein politisches Vakuum entschlossen zu füllen, wo es sich öffnet.

Drei Denkmuster aktueller russischer Außenpolitik bestimmen offenkundig seine Agenda:

- Erstens der Glaube an eine quasi angeborene Rolle einer Ordnungsmacht in Russlands Peripherie – nicht nur, aber auch wegen der 18 Mio. (Kappeler 2016: 10) dort lebenden ethnischen Russen.
- Zweitens die Ansicht, internationale Politik sei nach wie vor ein Nullsummenspiel zwischen gewichtigen Akteuren auf Augenhöhe und müsse auch entsprechend praktiziert werden.
- Und drittens der – trotz offenkundiger transatlantischer Differenzen bisher gescheiterte – Versuch, den Westen mit dafür geeigneten Initiativen und verdeckter Informationsarbeit zu spalten.

Die ‚eingefrorenen Konflikte‘ an der West- und Südflanke Russlands, also von Transnistrien über Süd-Ossetien bis in die Ost-Ukraine, unterstreichen diese außenpolitische Philosophie. Das russische Hauptziel, quasi als Vetomacht in seinem geographischen Interessenraum eine weitere Ausdehnung der Nato und der EU zu verhindern und damit eigene Einkreisungsängste zu lindern, scheint mit ihnen bis auf weiteres erreicht (Gloger 2018). Die Idee aber, gemeinsam synergetische Gewinne für alle in einer Lage zu erreichen, deren übergreifende globale Herausforderungen wie nie zuvor eine enge Zusammenarbeit erfordern, kann dabei kaum durchdringen.

Im Rückblick werden möglicherweise aber auch viele Fehlannahmen in den Beziehungen zwischen dem Westen und Russland deutlich (s. Kap. 5.3). Russland hat frühzeitig klar gemacht, dass es die westliche Politik als massive Verletzung seiner Interessen versteht. Und ebenso natürlich muss der Westen selbstkritisch prüfen, ob er bei seiner Strategie seit 1990 von falschen Voraussetzungen ausgegangen ist. Wie eine Lösung der verfahrenen Lage vor dem Hintergrund und auch jenseits der Krise um die Ukraine seit 2014 zu erreichen ist, bleibt eine offene Frage. Es spricht wenig dafür, dass dies auf dem Wege eines Entgegenkommens gegenüber den selbst definierten russischen Sicherheitsinteressen gehen könnte. Denn das würde bedeuten, dass das mit militärischer Gewalt geschaffene Denken in Einflusszonen akzeptiert und auf die Prinzipien der ‚Charta von Paris' aus dem Jahr 1990 (u. a. freie Bündniswahl, Beachtung der territorialen Integrität der Staaten) verzichtet würde.

Russland ist insofern auf dem Irrweg und wird das eines Tages auch erkennen (müssen). Bis es so weit ist, muss jedoch das Schlimmste verhindert werden, und in diesem Sinne sind die Bemühungen der Nato ab 2014, die Verteidigungsfähigkeit wieder ins Zentrum zu rücken, nachvollziehbar (Varwick 2017: 184f). Die Zukunft der europäisch-russischen Zusammenarbeit ist somit ungewiss – trotz des immer noch unbestreitbaren Vorrats an gemeinsamen Bindungen und Interessen. Sie dürfte nicht zuletzt von der noch völlig unbeantworteten Frage abhängen, wohin sich Russland längerfristig bewegt: in Richtung Europa, also eigentlich seines historischen Erbes, oder in Richtung Asien, wo immerhin der Großteil seines Territoriums verankert ist. Die Anstrengungen Putins, mit seiner Idee eines ‚Greater Eurasia' eine Art Gegengewicht zur Nato und zur EU zu schaffen, und ihr bisher magerer Erfolg in der politischen Umsetzung signalisieren diesen Entscheidungsbedarf. Vieles dürfte davon abhängen, wie sich China künftig gegenüber Europa positioniert und welche Chancen und Risiken sich damit für Russland ergeben.

Diskussionsfragen:

- Inwiefern spiegelt die aktuelle russische Außen- und Sicherheitspolitik historisch angelegte Kontinuitätslinien und Narrative wider?
- Wie ist der Anspruch Russlands auf die Rolle einer Ordnungsmacht in seiner nahen Peripherie zu bewerten?
- Stellt Russland eine militärische Bedrohung des Westens dar und wie könnte eine politische Strategie der Entspannung aussehen?

5.6 China – Konsequenzen des Aufstiegs

Der Aufstieg der Volksrepublik China vom Entwicklungsland zu einer der führenden Wirtschaftsnationen gehört zu den bedeutendsten und bemerkenswertesten Entwicklungen im internationalen System der vergangenen Jahrzehnte. Während China vor Beginn der Reform- und Öffnungspolitik in den späten 1970er Jahren weder die Grundbedürfnisse seiner riesigen Bevölkerung (im Jahr 2020 rd. 1.4 Mrd. Menschen) befriedigen noch eine sichtbare internationale Rolle spielen konnte, ist das Land heute eng mit allen Weltregionen verflochten und übersetzt sein wirtschaftliches Gewicht zunehmend auch in politischen und militärischen Einfluss.

China versteht das 20. Jhd. als historische Anomalie – und dies kann auch aus guten Gründen so gesehen werden. Denn seinem Selbstbild nach ist China das jahrtausendealte ‚Reich der Mitte‘, das dann von den Opiumkriegen der 1830er Jahre über den japanischen Überfall im Zweiten Weltkrieg bis zur Kulturrevolution unter Mao Zedong einen dramatischen Niedergang im Jahrhundert der Schande‘ erlitten hat. Als Vater der Reform- und Öffnungspolitik und damit der Wende hin zu einem modernen China kann der bis 1979 amtierende Staatspräsident und Nachfolger Maos, Deng Xiaoping, gelten. Sein außenpolitischer Ansatz, aus nachvollziehbaren Gründen zunächst ein nur begrenztes internationales Profil zu zeigen und sich auf die innere Entwicklung zu konzentrieren, hat jedoch inzwischen ausgedient. Der Anteil Chinas am weltweiten Bruttoinlandsprodukt lag 1970 noch bei unter einem, 2019 lag Chinas Anteil am weltweiten kaufkraftbereinigten BIP bei 19 Prozent. Die Basis dafür ist das mit jährlich mindestens sechs Prozent rasante Wirtschaftswachstum der vergangenen drei Jahrzehnte. Falls sich dies in den kommenden Jahren so fortsetzen sollte, dürfte China im Jahr 2025 die USA als stärkste Wirtschaftsnation der Welt überholt und die chinesische Währung Renminbi den US-Dollar und den Euro als Leitwährung ergänzt oder gar abgelöst haben. Welche langfristigen Auswirkungen die Corona-Pandemie auf die ökonomischen Entwicklungen in beiden Ländern haben wird, bleibt abzuwarten.

Insbesondere Staatspräsident Xi Jinping trat ab 2013 mit dem klar formulierten Anspruch an, das Land auf seinen jahrhundertelang angestammten Platz im Kreis der führenden Weltmächte zurückzuführen. Wenn es also eine natürliche Groß- und Ordnungsmacht in der Welt des ja gerade erst angebrochenen 21. Jhd.s geben sollte, „so kann das nach Lage der Dinge – Größe der Bevölkerung und des Territoriums, Wirtschaftspotenzial einschließlich eines riesigen Binnenmarktes, Infrastruktur, Technologie, Innovation, militärische Stärke, alte und homogene Zivilisation – nur China sein" (Fischer 2018: 82). Xis nach seinem Amtsantritt vorgestellter ‚Chinesischer Traum‘ von der umfassenden Erneuerung der Volksrepublik erschien anfänglich noch undefiniert, erhielt aber mit den zwei ‚Jahrhundertzielen‘ eine gewisse programmatische Präzisierung und auch einen zeitlichen Rahmen: Bis zum Jahr 2021 – dem 100. Gründungsjubiläum der ‚Kommunistischen Partei Chinas‘ – soll eine Gesellschaft von moderatem, aber einigermaßen gerecht verteilten Wohlstand und bis 2049 – dem 100. Geburtstag der Volksrepublik China – dann ein reiches und starkes sozialistisches Land entstanden sein (Gareis 2016: 25).

Ob dieser Plan aufgeht, kann heute nicht abschließend beurteilt werden. Der ‚Staatskapitalismus chinesischer Prägung‘, also ein marktwirtschaftliches System mit autokratischer Regierungsführung und teilweise oligarchischen, korrupten Strukturen ohne funktionierende ‚checks and balances‘ und Beachtung von grundlegenden Freiheits- und Menschenrechten hat bislang jedenfalls offenkundig funktioniert. Mithin wird, soweit das zu beobachten ist, die Staatsgewalt in China vergleichsweise effektiv ausgeübt. Das Land folgt dabei einem sehr klassischen Souveränitätsverständnis, das sich zudem eine internationale Einmischung in seine inneren Angelegenheiten verbittet und diesen Grundsatz auch im Umgang mit anderen Staaten dezidiert verfolgt. So orientieren sich etwa seine Aktivitäten in Afrika ausschließlich an ökonomischen Interessen und nicht etwa an Fragen wie guter Regierungsführung oder Menschenrechtsstandards (s. Kap. 4.5) – was dort zugleich die Zusammenarbeit mit China vielerorts attraktiv macht und der chinesischen Seite so manchen Wettbewerbsvorteil gegenüber anderen verschafft. Gleichzeitig liegt das chinesische Bruttoinlandsprodukt pro Kopf immer noch sehr deutlich unterhalb desjenigen der westlichen Industriestaaten, und zudem gibt es ganz erhebliche regionale Unterschiede im Riesenreich China. Nicht zuletzt gefährden demografische und umweltpolitische Probleme sowie Korruption die innere Stabilität.

Die chinesische Führung zieht aus ihren dennoch unabweisbaren Erfolgen – welche ökonomisch diejenigen Russlands weit übersteigen (s. Kap. 5.5) – Legitimation, politische Stabilität und Gestaltungsanspruch. Auch leitet sie daraus geradezu einen Überlegenheitsanspruch gegenüber anderen, insbesondere auch westlich-demokratischen Systemen ab und bietet das politische wie wirtschaftliche Modell einer ‚demokratischen Diktatur des Volkes‘ teilweise aktiv anderen Staaten an. Der sogenannte ‚Beijing-Konsensus‘ – also autoritäre politische Führung plus Marktwirtschaft ohne Einmischung von außen in die inneren Angelegenheiten oder das Beharren auf menschenrechtlichen Standards – könnte insofern für einige Staaten ein attraktives Modell sein.

In der internationalen Politik ist China eine aktive Beteiligung an etablierten multilateralen Prozessen wie G-20, Welthandelsorganisation, Asiatisch-Pazifischer-Wirtschaftskooperation (APEC) und anderen mehr zu attestieren.

Auch in den VN spielt China inzwischen eine wichtige Rolle. Es ist als Vetomacht im Sicherheitsrat nicht nur darauf bedacht, im eigenen Interesse die Rolle der VN nicht zu schwächen, sondern beteiligt sich auch intensiv an VN-geführten Friedensmissionen. Das Land bemüht sich darum, als ‚verantwortungsvolle Großmacht' wahrgenommen zu werden, und orientiert sich an den selbst definierten ‚Prinzipien der Friedlichen Koexistenz' – gegenseitiger Respekt der Souveränität und territorialen Integrität, gegenseitiger Verzicht auf Aggression, gegenseitige Nichteinmischung in die inneren Angelegenheiten sowie Gleichberechtigung und gegenseitiger Nutzen in einem friedlichen Miteinander (Gareis 2016: 30). Als die USA unter Präsident Trump ab 2017 unverhüllt auf eine partielle Abkehr vom Freihandel und Multilateralismus setzten, bot sich China sogar als eigentlicher Verteidiger einer offenen Welthandelsordnung an – nicht zuletzt, weil es in den vergangenen Jahrzehnten riesige Handelsüberschüsse mit nahezu allen Teilen der Welt erzielt und riesige Devisenreserven erwirtschaftet hat (2016 alleine mit den USA über 300 Mrd. US-Dollar) und darin sein Wachstumskurs zu einem Großteil begründet liegt.

Als Beleg dafür, dass China die Entwicklung von neuen Formaten vorantreibt, wenn die etablierten Institutionen (in diesem Fall der ‚Internationale Währungsfonds', IWF) nicht mehr der chinesischen Interessenlage entsprechen, kann die Gründung der ‚Asian Infrastructure Bank' (AIIB) im Jahr 2015 gelten. Dies fällt zusammen mit einem zunehmend machtbewussten Auftreten in der internationalen Politik, nicht zuletzt zur Absicherung des Wachstumskurses und der dazu erforderlichen Energieimporte. Wichtiger Aspekt in diesem Zusammenhang ist die chinesische Initiative für den Bau einer ‚neuen Seidenstraße' (‚Belt and Road Initiative'), mit der China ein gigantisches globales Infrastrukturinvestitionsprogramm anschiebt. Die Finanzierung (insgesamt rd. 1000 Mrd. US-Dollar) soll mit Hilfe der Devisenreserven Chinas und durch Investitionen der von der chinesischen Initiative profitierenden Länder gewährleistet werden. Eine von zwei ‚Seidenstraßen' soll vom Westen Chinas aus Europa erreichen, eine zweite soll über Korridore durch Pakistan und Südostasien über den Indischen Ozean nach Afrika führen. China will damit zum Knotenpunkt eines weltweiten Transport- und Kommunikationsnetzes werden und auf diesem Weg seinen bereits erwähnten Status als ‚Reich der Mitte' wiederbeleben. Von China ins Leben gerufene Institutionen wie die ‚Shanghai Organisation für Zusammenarbeit' (SCO) oder die bereits erwähnte ‚Asiatische Infrastruktur-Investitionsbank' sollen diese Vorgehensweise aktiv unterstützen.

Für die internationale Sicherheitspolitik hat der Aufstieg Chinas erhebliche Konsequenzen. Offenkundig ist, dass China die internationale Ordnung der absehbaren Zukunft prägen bzw. mitprägen wird. Unklar ist jedoch, in welcher Weise Chinas Aufstieg die globalen Gewichte in der Sicherheitspolitik verändern bzw. welche Rolle das Land einnehmen wird. Der bisher vergleichsweise gewaltfreie Aufstieg zur globalen Macht ohne aktive Kriegsbeteiligung oder direkte militärische Machtprojektion seit den 1970er Jahren muss nicht für alle Zeiten so bleiben. Besonders risikoträchtig ist das Verhältnis zu den USA, die in Ostasien immer noch wichtiger Sicherheitsgarant und damit strategischer Rivale Chinas sind. Dies zeigt sich etwa in den Auseinandersetzungen um die Vorherrschaft im südchinesischen Meer und in den Beziehungen zu Staaten wie Taiwan, Japan, den Philippinen, Vietnam und Südkorea. Auch die ‚Nordkoreafrage' und die damit verbundene Thematik der Nichtverbreitung von Nuklearwaffen (s. Kap. 3.9) liefert reichhaltiges Konfliktpotenzial zwischen China und den USA – von dem der nordkoreanische Diktator Kim Jong-un geschickt zu profitieren versucht.

Eine umfassende Reform der chinesischen Streitkräfte soll zudem die Volksbefreiungsarmee in die Lage versetzen, erfolgreich einen Krieg moderner Prägung zu führen. Hierzu werden erhebliche Anstrengungen unternommen, die Fähigkeiten und die Einsatzbereitschaft in allen Dimensionen (Land, Luft, See, Weltraum und Cyberraum) zu verbessern. Schwerpunkte liegen bei den Seestreitkräften, der strategischen Raketentruppe mit ihren landgestützten Nuklearwaffen sowie im Bereich der Cyberkriegsführung. Aber auch Heer und Luftwaffe werden weiterentwickelt und sollen zur schnellen, beweglichen und vor allem streitkräfte gemeinsamen Operationsführung befähigt werden. Im Ergebnis zeigen diese Ambitionen, dass militärische Machtprojektion zunehmend zum gewichtigen Teil der chinesischen Agenda wird, worauf auch der Abschuss eines Satelliten zu Testzwecken im Jahr 2016, die Beschaffung von insgesamt sechs Flugzeugträgern (der erste ist bereits in Betrieb) oder die Eröffnung der ersten ausländischen Militärbasis Chinas im ostafrikanischen Dschibuti im Jahr 2017 (zum Vergleich: die USA haben mehrere Hundert, Russland etwa 30 Militärstützpunkte im Ausland) hinweisen.

Zu erwarten ist eine Art Mehrrollenstrategie Chinas mit wechselweise diplomatischen, ökonomischen und militärischen Mitteln, die teilweise mit seiner internationalen Umwelt und der bestehenden internationalen Ordnung in Einklang steht, teilweise aber auch revisionistische oder expansive Züge annimmt (Huotari u. a. 2017). Das Südchinesische Meer etwa, auf das alle Anrainerstaaten Territorialansprüche geltend machen, wird komplett von China beansprucht. Obwohl ein Schiedsspruch des Internationalen Seegerichtshofs erklärt hat, die chinesische Position sei nicht mit dem internationalen Seerecht vereinbar, akzeptiert China diesen Schiedsspruch nicht und löst damit erhebliche Irritationen in der ganzen Region aus.

Ein Beleg für eine machtbewusstere Rolle sind auch die erheblich gestiegenen Rüstungsausgaben inkl. des Aufbaus maritimer Fähigkeiten zur regionalen und globalen Machtprojektion. Nach SIPRI-Angaben lag der Verteidigungshaushalt Chinas 2019 bei 261 Mrd. US-Dollar (was rd. 1.9 Prozent des BIP entspricht). Zwar liegt das Land damit in der Rangliste der Staaten lediglich auf Platz 13, es verzeichnete aber in den vergangenen Jahren jeweils zweistellige Wachstumsraten bei der absoluten Höhe der Verteidigungsausgaben. Die 2015 erstmals veröffentlichte Militärstrategie zielt insbesondere auf die Sicherung der für die Handelsmacht China wichtigen Seeverbindungen. Das internationale Umfeld wird als eher stabil bewertet, allerdings wird die militärische Präsenz der USA zusammen mit der Unterstützung für Staaten wie Japan, Vietnam oder die Philippinen, mit denen sich die Volksrepublik um Inseln und Seegebiete streitet, als Herausforderung betrachtet. Von zentraler Bedeutung bleiben aus chinesischer Perspektive auch militärische Vorkehrungen für den Fall einer Eskalation im Verhältnis zu Taiwan (das nach Auffassung Chinas zu seinem Staatsgebiet gehört) – spätestens in einem solchen Szenario steht dann eine direkte gewaltsame Konfrontation mit den USA auf dem Spiel.

Trotz der erkennbaren Absichten Chinas, auch im militärischen Bereich eine seiner internationalen Rolle angemessene Stärke aufzubauen, liegt hier – anders als etwa in der russischen Politik – nicht die Hauptquelle seiner derzeitigen Machtprojektion. Vielmehr geht es dem Land nicht um kurzfristig motiviertes Säbelrasseln, sondern um strategische Geduld in der keineswegs abwegigen Annahme, die Zeit sei auf seiner Seite und auf lange Sicht die ökonomische Frage die entscheidende hinsichtlich der globalen Rangfolge der Zukunft. Vor diesem Hintergrund ist die Außenpolitik Pekings zu betrachten: einerseits betont zurückhaltend, wenn es um Fragen der internationalen Sicherheit und insbesondere um ‚harte‘ Konfliktbewältigung geht, andererseits aber zugleich bemüht, sich mit einer so breiten wie leise angeschlagenen Klaviatur der Mittel eine günstige globale Ausgangslage mit Blick auf den Zugang zu Ressourcen und die Attraktivität seines politischen Systems etwa auf dem afrikanischen Kontinent zu verschaffen. Wenn sich dieser Ansatz fortsetzt und er durch vor allem innenpolitische Störfaktoren nicht gravierend unterlaufen wird, wird China in wenigen Jahren mindestens die Augenhöhe mit den USA erreicht haben. Das wiederum könnte dann heftige und hochriskante Gegenreaktionen in kritischen Lagen auslösen.

Diskussionsfragen:

- Inwiefern passen der globale Anspruch Chinas und seine immer noch gravierenden inneren Schwächen zusammen?
- Bedeutet der Aufstieg Chinas zugleich einen Abstieg des Westens und insbesondere auch Europas?
- Steht das von China favorisierte Prinzip der Nichteinmischung in innere Angelegenheiten den übergreifenden Zielen internationaler Sicherheit entgegen – etwa mit Blick auf die ‚global commons' oder auch auf menschenrechtliche Fragen?

6. Der sicherheitspolitische Handlungsbedarf für Deutschland

Aufbauend auf der Analyse der wichtigsten Elemente der gegenwärtigen Sicherheitspolitik stellt sich abschließend die Frage: Was bedeutet dies für die Sicherheitsvorsorge Deutschlands? Als allgemeine Erkenntnis lässt sich zunächst festhalten, dass heute aufgrund vielfältiger und komplexer Risiken alle Lösungen oder Lösungsversuche mit hoher Ungewissheit verbunden sind. „Die Beachtung der Verfahren, mit denen die Menschheit sich heute bemüht, den Krieg zu verhindern und den Frieden zu sichern, zwingt zur Schlussfolgerung, dass es ein wirklich funktionsfähiges Instrument der Friedenssicherung nicht gibt" (Frei 1970: 241). Diese Erkenntnis ist heute so gültig wie vor 50 Jahren, als dieses Zitat notiert wurde. Königswege oder schablonenhafte Patentrezepte, so die Schlussfolgerung, gibt es daher nicht. Vielmehr ist ein neues strategisches Denken erforderlich. Dabei ist zunächst anzuerkennen, dass das Militär nur noch eine unter mehreren Komponenten zur Sicherheitsgewährleistung darstellt – und in der Regel nicht einmal die vorrangige. Zugleich sollte das Militär für den Teil, bei dem es zu Stabilität und Sicherheit einen signifikanten Beitrag leisten kann, so kontrolliert wie konsequent aufgebaut, ausgerichtet und genutzt werden. Das ist eine zentrale These dieses Buches.

Die analysierten Treiber für Gefahren und Unsicherheit sind in aller Regel nicht grundsätzlich neu. Das gilt für geostrategische Ambitionen, fragile Staatlichkeit, Konflikte um Ressourcen, grenzüberschreitenden Terrorismus, Flucht- und Migrationsbewegungen, Bevölkerungswachstum, Armut und Klimawandel, Pandemien und Biosicherheit sowie für Grundfragen von Rüstung und der Verbreitung von Massenvernichtungswaffen. Sie haben jedoch in den vergangenen Jahren an Brisanz, Dynamik und gegenseitiger Verstärkung gewonnen, und zudem kommen neue Herausforderungen, etwa im Bereich Cybersicherheit oder der Entwicklung militärisch nutzbarer Künstlicher Intelligenz bzw. autonomer Waffensysteme hinzu. Es zeigt sich zudem immer deutlicher die Interdependenz in einer ‚globalisierten Welt', in der es keine abgeschotteten ‚Komfortzonen' und keine Felder mehr gibt, in denen die ‚Probleme der anderen' weitgehend ignoriert werden könnten. In der Corona-Pandemie des Jahres 2020 ist das überaus deutlich geworden, sowohl hinsichtlich des unmittelbaren Gefahrenpotentials dieser transnationalen Bedrohung als auch hinsichtlich der Folgewirkungen wie einer globalen Rezession und der weiteren Destabilisierung ohnehin instabiler

Regionen. Gleichzeitig verdüstern sich aber die Erfolgsaussichten wichtiger normativer Unternehmungen (wie etwa ‚Schutzverantwortung/R2P‘ oder ‚nukleare Abrüstung/global zero‘), und die Wirkung konflikthemmender oder friedensstiftender Steuerungsmechanismen erscheint in vielen Fragen bestenfalls fragwürdig. Dies ist angesichts der massiven Ungleichverteilung von Entwicklungschancen auf diesem Globus sowie zahlreicher Krisen und Konflikte ein deprimierender Befund. Die Frage nach einer tragfähigen ‚internationalen Sicherheitsarchitektur‘ – also dem Konstrukt, das sich aus den wesentlichen Sicherheitsbindungen und den Konstellationen von Sicherheitsakteuren zu einem relativ dauerhaften Muster ergibt – ist mit alledem erneut in den Fokus der internationalen Politik geraten.

Alldem muss sich Deutschland stellen. Es hat eine ökonomische und politische Schlüsselrolle sowohl in der Nato als auch in der EU und ist ebenfalls eine wichtige Macht in den VN. Seine zentrale Position für die Zukunft Europas steht außer Frage. Von daher sollte es eine Selbstverständlichkeit sein, dass Deutschland – nach einem intensiven politischen Abwägungsprozess – grundsätzlich auch im vollen Spektrum an militärischen Einsätzen von Nato, EU und VN teilnehmen und seine Kräfte verfassungskonform, solidarisch und verlässlich zur Anwendung bringen kann. Aus verschiedenen Gründen zeigt Deutschland aber im sicherheitspolitischen und dabei insbesondere im militärischen Bereich internationaler Krisenbewältigung bisweilen immer noch eine bemerkenswerte Zurückhaltung, die von seinen Partnern zum Teil kritisch gesehen wird (s.u.).

Der Kern der internationalen sicherheitspolitischen Verantwortung Deutschlands sollte sich aus Gründen seiner Lage, Größe, Wirtschaftskraft und auch Geschichte vor allem auf seine stabilisierende Funktion in Europa beziehen. Mit Blick auf die Rolle seiner Streitkräfte ergibt sich daraus eine besondere Verantwortung für das Thema Landes- und Bündnisverteidigung, und hier hat Deutschland ab 2014 auch dezidiert Verantwortung übernommen – selbst wenn diese noch keineswegs durch entsprechende finanzielle Ressourcen unterfüttert ist. Aber dennoch lässt sich darüber hinaus feststellen, dass Deutschland wie kaum ein anderes Land von der liberalen internationalen Ordnung profitiert, zu deren Erhalt es jedoch zumindest militärisch bisweilen nur wenig beigetragen hat. Anders formuliert: Die ‚Kultur der Zurückhaltung‘ und die ‚Kultur der Verantwortung‘ sind in den vergangenen Jahren wohl nicht immer richtig austariert worden. Der in einer bestimmten historischen Konstellation nach der Wiedererlangung der vollen Souveränität 1989/90 zu Recht beschworene Gegensatz von ‚Verantwortungspolitik‘ und ‚Machtpolitik‘ ist jedenfalls heute nicht mehr das Kernproblem für deutsche Sicherheitspolitik. Der Gedanke der Mitverantwortung für eine offene und stabile internationale Ordnung verlangt vielmehr eine Neubewertung in der gesamten Breite – nicht zuletzt auch vor dem Hintergrund der strategischen Neuorientierung der US-Außenpolitik.

Zurückhaltung – sofern sie dogmatisch bzw. prinzipiell begründet wird – ist dabei nicht die angemessene Grundhaltung, sondern wir plädieren für Engagement, das vorrangig ein ziviles ist (und hier stehen zahlreiche Instrumente zur Verfügung), aber in gut begründeten Fällen auch ein militärisches sein kann oder gar muss. Das bedeutet nicht, dass Deutschland sich künftig leichtfertiger militärisch engagieren und unkritisch allen Wünschen und Forderungen von Partnern öffnen sollte. Es bedeutet aber sehr wohl, dass Deutschland in den (vermutlich wenigen) Fällen, in denen der Einsatz seiner Streitkräfte zur Problemlösung nachhaltig beitragen kann, dies im multilateralen Verbund verlässlich tun können sollte.

Die klassische Funktion von Streitkräften zur Abschreckung und zur Verteidigung gegen Angriffe von außen ist so unverzichtbar wie unbestritten, auch wenn diese allgemeine Einsicht in den Streitkräfteplanungen und in weiten Teilen der deutschen Öffentlichkeit vorübergehend in Vergessenheit zu geraten schien und erst neuerdings wieder stärker ins Bewusstsein rückt. Was jenseits von Landes- und Bündnisverteidigung das militärische Krisenmanagement betrifft, so lehrt die Erfahrung nüchterne Bescheidenheit mit Blick auf die Wirksamkeit und die Erfolgsaussichten von Militäreinsätzen. Von 1991 bis 2020 sind in 53 Auslandseinsätzen der Bundeswehr rd. 430.000 Soldatinnen und Soldaten eingesetzt worden, und die Ergebnisse fallen sehr gemischt aus (s. Kap. 4.2 und 4.3). Andererseits sollten aus der oft kritisch beurteilten Bilanz von Militäreinsätzen keine falschen Schlüsse gezogen werden, denn erst das Bereithalten hinreichender militärischer Mittel befähigt überhaupt, in Krisen handlungsfähig zu sein bzw. diese Mittel, eben weil man sie hat, nicht einsetzen zu müssen. Zugleich – und das ist ebenfalls kein Widerspruch – sind Diplomatie (s. Kap. 4.1), Prävention (s. Kap. 4.6) und die aktive Beteiligung an Lösungen im Bereich der ‚globalen Strukturpolitik' (s. Kap. 4.5) sicherheitspolitische Aufgabenfelder von zentraler und in gewisser Weise vorgelagerter Bedeutung. Es macht jedoch wenig Sinn, diese Bereiche gegeneinander auszuspielen, sondern es bedarf abgewogenen Handelns auf allen Feldern.

Gleichzeitig sollten die politisch Verantwortlichen seit Clausewitz verinnerlicht haben, dass vor der Entscheidung zum Einsatz von Militär als ‚Mittel der Politik' die Frage zu beantworten ist, welcher politische Zweck mit welchem militärischen Ziel und welchen Mitteln erreicht werden soll. Bei dieser Zweck- und

Zieldefinition sind Chancen und Risiken des eigenen Handelns nüchtern und realistisch zu bewerten. Zu fragen ist also stets, ob und in welcher ausbalancierten Kräftekonstellation das angestrebte politische Ziel mit dem beabsichtigten militärischen Einsatz erreichbar ist. Fehlt eine solche Abwägung, dann besteht das Risiko ungewollter Nebenwirkungen und – das zeigen die Interventionen der vergangenen Jahrzehnte – einer unerwünschten Eskalation oder bestenfalls eines Stillstandes ohne erkennbare Fortschritte. Diese Erkenntnis wird immer wieder auch zu der politisch heiklen Aufgabe führen, zu erklären, warum man dem in der öffentlichen Diskussion artikulierten Wunsch, aus moralischen Gründen ‚etwas zu tun‘, um das Leid in einem Konflikt zu lindern, nicht zu folgen bereit ist. Zugespitzt handelt es sich hier also um ein Dilemma zwischen dem – kurzfristig – vermittelten Eindruck von Ohnmacht oder Gleichgültigkeit und der – langfristigen – Sicherung von Handlungsfähigkeit.

Die strategische Frage, in welchen Konfliktszenarien und mit welchen Mitteln sich deutsche Sicherheitspolitik bewegen können muss, folgt diesen Erwägungen. Leitlinie sollte sein, dass einerseits Fähigkeiten in einem breiten Spektrum unter Berücksichtigung integrierter Verbünde (transatlantisch wie europäisch) notwendig sind, andererseits die spezielle Ausrichtung der Kräfte nicht zuletzt aus Ressourcengründen einer klaren, konsequenten Priorisierung zu folgen hat. Denn es ist letztlich unrealistisch und damit kontraproduktiv, alles das, was wünschenswert wäre, auch verwirklichen zu wollen. In jedem Fall führt deutsche sicherheitspolitische Handlungsfähigkeit weiterhin über die transatlantische Partnerschaft, aber zunehmend und ergänzend auch über Europa – wenngleich ‚Europa‘ nicht immer zwingend ‚Europäische Union‘ bedeuten muss, sondern auch bilaterale Formate wie etwa die enge deutsch-französische Partnerschaft oder ‚Koalitionen der Willigen‘ innerhalb der EU bedeuten kann. Hier ist Deutschland traditionell skeptischer als etwa Frankreich, und dieser Gegensatz ist zum Beispiel bei der deutschen Bewertung der französischen Vorschläge zur Etablierung einer ‚Europäischen Interventionsinitiative‘ deutlich sichtbar (s. Kap. 5.2). Ein weiteres Beispiel ist die von Frankreich vorangetriebene Debatte um eine sogenannte ‚Europäische Autonomie‘, die in deutscher Lesart keinesfalls auf eine Schwächung der Nato hinauslaufen darf, in französischer Perspektive aber ein Vehikel zu europäischer Unabhängigkeit sein soll. Darin zeigt sich wieder einmal die jedenfalls im Vergleich zu Frankreich und Großbritannien signifikant anders gelagerte deutsche ‚strategische Kultur‘, die – unabhängig davon, ob man sie richtig oder falsch findet – nicht durchweg mit den Partnern kompatibel ist und damit gemeinsames Handeln einschränkt oder schwieriger macht.

Den allgemeinen Rahmen deutscher Sicherheitspolitik bestimmen damit insgesamt drei zentrale Aspekte, die bei jeder grundlegenden Entscheidung zu bedenken sind:

- Erstens ist offenkundig, dass moderne Sicherheitspolitik umfassend gedacht und vernetzt gestaltet werden muss, um wirksam sein zu können. Damit verbunden muss sie die strategisch richtige Balance wahren, die sich dann in der sicherheitspolitischen Praxis an einem klugen Mix an Instrumenten zu zeigen und zu beweisen hat – also einer lagegerecht zweckmäßigen Verteilung an Zuständigkeit, Verantwortung und den bereitgestellten Mitteln (s. Kap. 1.3). Nicht die pure Addition der Kräfte und Mittel ist dabei entscheidend für den Erfolg, sondern die gegenseitige synergetische Verstärkung. Dabei steht immer die Frage im Mittelpunkt: Welches sicherheitspolitische Werkzeug ist für welche Aufgabe bei der Sicherheitsvorsorge im Ganzen am effektivsten und am effizientesten? Auch was ‚lagegerecht‘ heißt, lässt sich nicht für alle Zeiten, sondern nur mit Blick auf die Dynamik des globalen Wandels beantworten. Dass zum Beispiel die Frage der Landes- und Bündnisverteidigung ab 2014 wieder an Relevanz gewonnen hat, kam überraschend, belegt aber, dass die Kernaufgabe militärischer Sicherheitspolitik primär im Schutz der territorialen Integrität und nationalen Selbstbestimmung liegt und sich damit wieder mehr als in den 25 Jahren zuvor auf unmittelbar existenzielle Fragen verengt.

- Zweitens stellt sich heute die Frage nach der Rolle einer auf nationaler Ebene betriebenen Sicherheitspolitik dringlicher als zuvor. Welche Handlungs- und Gestaltungsmöglichkeiten hat sie überhaupt noch? Keine ‚hinreichende‘ mehr, wird die angemessene Antwort lauten müssen, aber doch eine ‚notwendige‘. Auf absehbare Zeit werden die Nationalstaaten diejenigen Akteure bleiben, die Sicherheitspolitik formulieren und umsetzen – trotz aller Bedeutung von internationalen Organisationen wie VN, Nato und EU. Hinsichtlich der Relevanz der drei genannten zentralen institutionellen Bezugsrahmen für die deutsche Sicherheitspolitik haben die entsprechenden Kapitel des Buches (5.1 bis 5.4) ambivalente Befunde herausgearbeitet: Alle haben jeweils spezifische Stärken, aber eben auch strukturelle Probleme. Letztere lassen sich nur dann überwinden, wenn wichtige Staaten wie Deutschland ‚Multilateralismus leben und stärken‘ und sich in diesen Formaten engagieren. Es liegt also im vitalen deutschen Interesse, diese Organisationen funktionsfähig zu halten. Dies verlangt von der deutschen Außen- und Sicherheitspolitik die Bereitschaft zur politischen (Mit-)Führung sowie zur angemessenen Lastenteilung und insbesondere zur materiellen

Unterfütterung der politischen Absichten – zum Teil in einem Rahmen, der zunehmend fragiler zu werden droht, wie das Bündnis mit den USA der Trump-Administration zeigt. Nicht nur deshalb gilt es generell, multilaterale Ansätze sichtbar zu stützen, aber zugleich mit der notwendigen Portion Nüchternheit auf deren Grenzen zu blicken. Und so richtig es ist, dass deutsche Außen- und Sicherheitspolitik nur im multilateralen Rahmen denkbar ist und sich effektiv auswirken kann, so richtig ist es ebenfalls, dass dies einen nationalen Strategiefindungsprozess keineswegs überflüssig macht (s.u.).

- Drittens muss das Wissen um unterschiedliche Wahrnehmungen das sicherheitspolitische Handeln in der Praxis leiten. Es kommt auch darauf an, die Perspektive ‚der anderen‘ systematisch in eigenes strategisches Handeln einzubeziehen – egal, ob sie nachvollziehbar ist oder nicht. Denn orientiert sich Sicherheitspolitik nur an den eigenen Zielen, Interessen und Deutungen der Realität, verschärft sich das, was in diesem Buch mehrfach als ‚Sicherheitsdilemma‘ beschrieben wurde (u. a. im Kap. 2.1) und dann zwangsläufig in eine ungewollte Spirale der Unsicherheit aller führt. Auch wenn niemand deutscher Sicherheitspolitik aggressive oder expansionistische Ziele unterstellen kann, sind natürlich Machtpotentiale immer auch in Verbindung zu Intentionen zu sehen – und diese können sich, zumindest potentiell und in der Perzeption anderer Staaten, durchaus rasch ändern. Daraus resultiert das Erfordernis, Kategorien wie Erwartungsverlässlichkeit, Transparenz, Vertrauensbildung und Rüstungskontrolle einen hohen Stellenwert einzuräumen.

Mit diesen Gedanken sind einige der zentralen Grundlinien beschrieben, die der deutschen Sicherheitspolitik als eine Art richtungsweisender Kompass dienen können. Dennoch ist es damit nicht getan – vor allem vor dem Hintergrund der Erkenntnis, dass es nahezu unmöglich ist, auf dem Feld der Sicherheitspolitik eine Art Garantie für ‚gute‘ Entscheidungen zu schaffen. Sicherheitspolitik heute und morgen, das wurde in allen Kapiteln des Buches deutlich, bedeutet immer Handeln ins Ungewisse hinein. Daher verbietet sich der Anspruch, ein allumfassendes System – gewissermaßen im Sinne eines problemlösenden Algorithmus – zu entwickeln, das in jedweder Situation mit hinreichender Erfolgsgarantie ‚optimale‘ Entscheidungen zu treffen vermag. Je komplexer und ungewisser aber das Umfeld ist, desto wichtiger wird eine tragfähige Grundlage für die schwierigen Prozesse der Prioritätensetzung und Entscheidungsfindung. Gerade dann kommt es darauf an, über ein brauchbares Instrumentarium, eine hilfreiche Methodik und einen soliden Rahmen zu verfügen. In der deutschen – und zweifelsfrei auch in der europäischen – Sicherheitspolitik gibt es aber eine Reihe struktureller Schwachstellen, also Lücken in der sicherheitspolitischen Architektur. Konkret sehen wir in drei Bereichen, die gewissermaßen auf der Meta-Ebene der Sicherheitspolitik liegen, signifikanten Justierungsbedarf:

- Sicherheitspolitischer Dialog als erster Punkt: Dieser Mangel zielt auf den Rahmen eines Entscheidungsprozesses, der sehr viel mehr umfasst als nur singuläre Entschlussfassungen mit anschließendem Begründungszwang. In einer Demokratie lässt sich ein Ansatz, der verantwortliches Handeln auf enge Zirkel beschränkt und Einblicke in Zusammenhänge mit dem Hinweis auf Geheimhaltungsgebote oder multilaterale Zwänge verhindert, auf Dauer kaum durchhalten. Die öffentliche Meinung (s. Kap. 2.5) besitzt faktisch eine enorme Macht, die auch noch so gute Konzepte in ihrer Wirkung aushebeln kann, sofern diese nicht gesellschaftlich mitgetragen werden. Nur über Transparenz und verständliche Aufbereitung können Grundrichtung wie auch einzelne Entscheidungen der Sicherheitspolitik – und zwar auch jenseits medienwirksamer Ereignisse von Fall zu Fall – Akzeptanz finden. Aktive und nachhaltige Informations- und Öffentlichkeitsarbeit sind dabei unerlässlicher Bestandteil eines breiten gesellschaftlichen Diskurses. In diesen systematisch und nachhaltig zu investieren, und zwar jenseits von Ressortlogiken und reinen ex-post-Regierungsverlautbarungen, ist unerlässlich. Neben den Bürgerinnen und Bürgern bezieht sich das auch auf die gesellschaftliche und politische Elite, sei es im Parlament, in den Medien oder in der Wissenschaft. Für Abgeordnete des Deutschen Bundestages bedeutet eine Mitgliedschaft im Verteidigungsausschuss nicht die attraktivste aller parlamentarischen Aufgaben – auch weil in den Wahlkreisen das Interesse der Bürgerinnen und Bürger an sicherheitspolitischen oder gar militärischen Themen im Normalfall gering ausgeprägt ist. Eigentlich verwundert das, bietet doch insbesondere im Bereich der Verteidigungspolitik das Parlamentsbeteiligungsgesetz dem Deutschen Bundestag mit Blick auf Einsätze der Streitkräfte einen außerordentlich dominanten Einfluss. In den Medien genießen sicherheitspolitische Themen aber meist erst dann besondere Aufmerksamkeit, wenn die Folgen einer Krise unmittelbar spürbar sind und es also um mehr als ,nur' Prävention geht, die meist als recht unspektakulär wahrgenommen wird. Und in der Wissenschaft verfügt die sicherheitspolitische Kultur in der Breite und oft auch in der Tiefe in keiner Weise über das Niveau vergleichbarer Staaten wie Frankreich oder Großbritannien – allein die Zahl ausgewiesener Think Tanks und Lehrstühle an deutschen Universitäten, die sich intensiv mit sicherheitspolitischen Themen befassen und auf diesem Weg eine kontroverse und fruchtbare Diskussion erzwingen, ist mehr als ausbaufähig. Von daher mangelt es insgesamt am Austausch von kreativen Ideen bzw. neuen Impulsen und letztlich an einem niveaufördernden Argumentationsdruck.

- Vernetzte Entscheidungskompetenz als zweiter Punkt: Dieser Mangel bezieht sich weniger auf die Fachexpertise in den ressortinternen Bereichen als auf deren Verknüpfung im Sinne eines Gesamtansatzes. Es fehlt in der deutschen Sicherheitspolitik schlichtweg an einem geeigneten Instrumentarium, um – durchaus im Einklang mit dem Ressortprinzip – Entscheidungen im übergreifenden Sinne vorzubereiten, ihre Umsetzung kritisch-konstruktiv zu begleiten und notfalls eine gezielte Nachsteuerung einzuleiten.

Zwar sieht das deutsche Regierungssystem einen ‚Nationalen Sicherheitsrat' und einen ‚Nationalen Sicherheitsberater' analog zum US-amerikanischen Präsidialmodell zu Recht nicht vor. Aber der bestehende Bundessicherheitsrat, der in der jetzigen Form nicht mehr als einem Kabinettsausschuss ohne eigene fachliche Ressourcen entspricht und sich in der Praxis vorwiegend auf Rüstungsexportfragen beschränkt, kann die Aufgabe eines entscheidenden Impulsgebers deutscher Sicherheitspolitik in keiner Weise erfüllen. Das Auswärtige Amt, bei dem in den meisten Bereichen die Federführung für Außen- und Sicherheitspolitik liegt, ist in politisch strittigen und kostenintensiven Fragen kaum in der Lage, sich in einer Koalitionsregierung gegenüber den anderen Ressorts kraftvoll durchzusetzen. Das Bundesministerium der Verteidigung fördert vehement die Idee des vernetzten Ansatzes, kann aber naturgemäß nur für die militärische Seite sprechen. Und das Bundeskanzleramt sieht ebenfalls oft wenig Anlass, über die Richtlinienkompetenz hinaus steuernd in sicherheitspolitische Bewertungs- und Entscheidungsprozesse einzugreifen – und verfügt auch nicht über den dazu nötigen fachlichen Unterbau. In dieser Situation haben sich vielfältige Konstrukte etabliert, die vor allem auf Arbeitsebene eine Plattform für den interministeriellen Informationsaustausch und eine übergreifende Meinungsbildung schaffen. Aber das geschieht in der Regel anlassbezogen und damit ohne bewährte und etablierte Verfahren – und es folgt ohne übergreifende Instanz einem mehr oder weniger lockeren, auf Konsens beruhenden Prinzip, das in komplexen Lagen infolge divergierender Ressortinteressen nicht sehr wirksam ist.

Vernetzte Sicherheitspolitik verlangt aber im Sinne eines modernen ‚Controllingsystems' sehr viel mehr: Erstens die Verfügbarkeit einer Art Kompetenzzentrum, das wichtige Informationen ressortübergreifend zu einer allgemeinen Lageanalyse und Früherkennung zusammenführt und diese für alle als zentrale

Quelle bereithält. Zweitens gemeinsam getragene Prozesse zur Findung strategischer Ziele mit politikbereichsübergreifender Bindung. Drittens die Entscheidung, wieviel und welche Ressourcen militärischer oder ziviler Art eine gewünschte Zielerreichung erfordert – und vor allem wie bereitgestellte Mittel im Sinne eines gut ausbalancierten Ansatzes zu verteilen sind. Viertens einen stetigen Abgleich der Ziele mit den erreichten Ergebnissen (‚lessons learned‘) – der betont ressortunabhängig erfolgen muss, um die nötige Objektivität und Selbstkritik zu erzielen. Und darauf aufbauend fünftens schließlich das Generieren übergreifender Impulse für eine neue Entschlussfassung mit Blick auf inhaltliche Vorgaben oder strukturelle Anpassungen, was dann wiederum einen neuen Planungszirkel einleitet. In der deutschen Sicherheitspolitik ist gewiss das eine oder andere davon wiederzufinden – aber dies ist strukturell noch nicht oder allenfalls rudimentär etabliert. Solange das aber so bleibt, besteht die Gefahr, dass die Ergebnisse dem hohen Kräfteeinsatz letztlich nicht gerecht werden.

• Nationale Sicherheitsstrategie als dritter Punkt: Dieser Mangel ist Ursache und Folge der beiden vorgenannten Lücken zugleich. Auch hier lohnt ein Blick auf andere Staaten. In den USA etwa ist jeder Präsident verpflichtet, zu Beginn seiner Amtszeit eine ‚National Security Strategy‘ vorzulegen. Sie umreißt die Eckpfeiler des sicherheitspolitischen Konzepts der absehbaren Zukunft, erlaubt damit den einzelnen Ressorts eine Orientierung und bietet darüber hinaus die Chance für einen fruchtbaren sicherheitspolitischen Dialog in der fachlichen Community und auch mit den internationalen Partnern. Natürlich kann ein strategisches Papier konkrete Entscheidungen in einer Krisenlage nur begrenzt präjudizieren. Aber es besitzt das Potenzial, Kräfte zielorientiert zu bündeln und damit auch ein erforderliches Maß an Handlungs- und Erwartungssicherheit für alle beteiligten Akteure zu schaffen. In Deutschland gibt es zwar zahlreiche sicherheitspolitische Grundlagendokumente wie das vorwiegend auf die Zukunft der Bundeswehr ausgerichtete Weißbuch der Bundesregierung oder diverse Papiere aus den jeweiligen Ressorts, aber letztlich keine übergreifende nationale Sicherheitsstrategie, die alle Ressorts unter klarer Aufgabenzuteilung und Aufgabenabgrenzung sinnvoll mit weitem Blick nach vorn ausrichtet und damit auch eine allgemeine Messlatte zur selbstkritischen Würdigung der in der Praxis erzielten Ergebnisse bereitstellt. Es gibt nicht einmal die etwa von der so genannten ‚Rühe-Kommission‘ (Deutscher Bundestag 2015) sowie der Münchner Sicherheitskonferenz 2020 geforderte – Praxis einer obligatorischen jährlichen großen Debatte im Deutschen Bundestag zur sicherheitspolitischen Lage.

Strategien – also die systematische Reflexion über den Zusammenhang von Zielen und Mitteln – sind aber für eine sicherheitspolitisch erwachsene Nation unerlässlich. Es geht bei ihnen nicht um eine verzichtbare Fleißaufgabe, nur um der Pflicht zur Transparenz zu genügen. Im Kern erfüllen sie vielmehr unverzichtbare Funktionen: Zunächst veranlassen sie alle Ressorts zu einer gemeinsamen Meinungsbildung in den großen Zukunftsfragen deutscher Sicherheitspolitik – wobei der Prozess der Strategiefindung und damit meist harten Ringens um die ‚richtige' Lösung mitunter noch ertragreicher im Sinne der Vernetzung ist als das schriftliche Ergebnis selbst. Darüber hinaus zwingen sie zu Weitblick und lenken damit die Aufmerksamkeit auf das, was in der Sicherheitsvorsorge als das effektivste und erstrebenswerteste Mittel gilt: präventives Handeln statt reaktiver Schadensbegrenzung. Und im Ergebnis stellen sie einen Kompass bereit, an dem sich alle Akteure orientieren können und der damit ein Stück weit Verlässlichkeit bietet.

Insgesamt ist in Deutschland eine intensivere Diskussion in Politik und Gesellschaft über Bedingungen, Reichweiten und Grenzen deutschen sicherheitspolitischen Engagements dringend notwendig. Die hohe internationale Verantwortung Deutschlands, derer sich die Entscheidungsträger zunehmend bewusst sind, sollte daher mit einer Reform des sicherheitspolitischen Entscheidungsprozesses einhergehen. Auf diesem Weg lassen sich die deutschen Interessen und Handlungslinien besser national abstimmen und frühzeitig international einbringen. Das ersetzt zwar noch keine kluge Politik (und kluge Politikerinnen und Politiker), kann aber durchaus dazu beitragen, die Voraussetzungen für Sicherheitspolitik und damit deren Erfolg zu verbessern.

7. Literaturverzeichnis

7.1 Grundlagendokumente und Berichte

Die zentralen nationalen Dokumente der deutschen Bundesregierung im Bereich Sicherheitspolitik sind das vom Bundesministerium der Verteidigung verantwortete ‚Weißbuch der Bundesregierung zur Sicherheitspolitik und zur Zukunft der Bundeswehr‘ (zuletzt Juli 2016), das vom Auswärtigen Amt verfasste Dokument ‚Krisen verhindern, Konflikte bewältigen, Frieden fördern, Leitlinien der Bundesregierung‘ (zuletzt September 2017) und der vom Bundesministerium für wirtschaftliche Zusammenarbeit und Entwicklung verantwortete ‚Bericht der Bundesregierung Entwicklungspolitik ist Zukunfts- und Friedenspolitik‘ (zuletzt März 2017). Von den diversen Berichten anderer Nationen sind besonders die Sicherheitsstrategien der USA, die jeder Präsident aufgrund gesetzlicher Verpflichtungen vorlegen muss, interessant, ebenso die entsprechenden Weißbücher der wichtigsten deutschen Partner Frankreich und Großbritannien sowie die Chinas und Russlands. Auch die einschlägigen internationalen Organisationen legen regelmäßig Grundlagendokumente vor (u. a. ‚Global Strategy der EU‘ aus dem Jahr 2016, ‚Strategisches Konzept der Nato‘ aus dem Jahr 2012). Die beiden zuverlässigsten Werke hinsichtlich sicherheitspolitischer Zahlen und Daten sind die jeweils jährlich erscheinenden Bücher ‚Stockholm International Peace Research Institute (SIPRI): Yearbook: Armaments, Disarmament and International Security‘ sowie ‚International Institute for Strategic Affairs (IISS): The Military Balance‘. Empirische Daten zu Kriegen und Konflikten liefern die ‚Arbeitsgemeinschaft Kriegsursachenforschung an der Universität Hamburg‘ (AKUF) sowie das jährlich erscheinende ‚Conflict Barometer‘ des ‚Heidelberger Institut für Internationale Konfliktforschung‘. Über aktuelle Informationen zu Krisen und Konflikten informiert zuverlässig die ‚International Crisis Group‘. Lesenswert ist auch der seit 2015 jährlich im Februar vorgelegte ‚Munich Security Report‘ der Münchner Sicherheitskonferenz sowie die jährlich vom Österreichischen Verteidigungsministerium herausgegebene ‚Sicherheitspolitische Jahresvorschau‘. Die ‚Bundeszentrale für politische Bildung‘ gibt eine werktägliche ‚kommentierte Linkliste zur internationalen Sicherheitspolitik und den Folgen des Terrorismus‘ heraus, die unter www.bpb.de/sicherheitspolitische-presseschau kostenfrei abonniert werden kann (ausführliche Nachweise s. Kap. 7.4).

7.2   Sekundärliteratur

Aus der unübersichtlich langen Liste an wissenschaftlichen Werken zur internationalen Sicherheits-politik in ihrer Breite seien besonders die folgenden 20 Grundlagenwerke empfohlen, die zur weite-ren Beschäftigung mit der Thematik geeignet sind (weitere Literatur s. Kap. 7.4):

1. Böckenförde, Stephan/Gareis, Sven Bernhard (Hg.): Deutsche Sicherheitspolitik, Opladen ²2014.

2. Bredow, Wilfried von: Sicherheit, Sicherheitspolitik und Militär, Wiesbaden 2015.

3. Collins, Allan (Ed.): Contemporary Security Studies, Oxford ⁵2018.

4. Dunn Cavelty, Myriam/Balzacq, Thierry (Eds.): Routledge Handbook of Security Studies, Abingdon ²2017.

5. Enskat, Sebastian/Masala, Carlo: Internationale Sicherheit, Wiesbaden 2014.

6. Gareis, Sven Bernhard/Varwick, Johannes: Die Vereinten Nationen. Aufgaben, Instrumente und Reformen, Opladen ⁵2014.

7. Gareis, Sven Bernhard: Deutschlands Außen- und Sicherheitspolitik, Opladen ²2006.

8. Hough, Peter et.al.: International Security Studies. Theory and Practice, Milton Park ²2021.

9. Ischinger, Wolfgang/Messner, Dirk (Hg.): Deutschlands neue Verantwortung. Die Zukunft der deutschen und europäischen Außen-, Entwicklungs- und Sicherheitspolitik, Berlin 2017.

10. Jäger, Thomas (Hg.): Handbuch Sicherheitsgefahren, Wiesbaden 2015.

11. Kurer, Oskar: Entwicklungspolitik heute, Wiesbaden 2017.

12. Masala, Carlo: Weltunordnung. Die globalen Krisen und das Versagen des Westens, München 2016.

13. Rudolf, Peter: Zur Legitimität militärischer Gewalt, Bonn 2017.

14. Schneiker, Andrea: Sicherheit in den internationalen Beziehungen, Wiesbaden 2017.

15. Siedschlag, Alexander (Hg.): Methoden der sicherheitspolitischen Analyse, Wiesbaden ²2014.

16. Smith, Michael E.: International security: politics, policy, prospects, Houndmills ²2017.

17. Varwick, Johannes: NATO in (Un-)Ordnung. Wie transatlantische Sicherheit neu verhandelt wird, Schwalbach 2017.

18. Wagner, Ringo/Schaprian Hans-Joachim (Hg.): Handlungsfähigkeit stärken – Stabilität schaf-fen, Magdeburg 2018.

19. Wiesner, Ina (Hg.): Deutsche Verteidigungspolitik, Baden-Baden 2013.

20. Williams, Paul D./McDonald, Matts (Eds.): Security Studies: an introduction, Abingdon ³2018.

7.3 Zeitschriften

Conflict, Security & Development (zweimonatlich)

Contemporary Security Policy (dreimal jährlich)

Die Friedens-Warte (vierteljährlich)

Entwicklung und Zusammenarbeit (monatlich)

Europäische Sicherheit und Technik (monatlich)

Foreign Affairs (zweimonatlich)

Foreign Policy (zweimonatlich)

Global Governance (vierteljährlich)

International Peacekeeping (fünfmal jährlich)

International Security (vierteljährlich)

Internationale Politik (zweimonatlich)

Internationale Politik und Gesellschaft (Online-Zeitschrift)

Journal of Conflict Resolution (achtmal jährlich)

Journal of Intervention and Statebuilding (vierteljährlich)

Journal of Peace Research (zweimonatlich)

Security Dialogue (zweimonatlich)

Security Studies (vierteljährlich)

Sicherheit und Frieden (vierteljährlich)

SIRIUS – Zeitschrift für Strategische Analysen (vierteljährlich)

Survival (zweimonatlich)

Vereinte Nationen (zweimonatlich)

World Politics (vierteljährlich)

Zeitschrift für Außen- und Sicherheitspolitik (vierteljährlich)

7.4 Verzeichnis der zitierten Literatur

Adam, Rudolf: Die Atombombe kehrt zurück, in: Cicero (10) 2017, S. 75–79.

Annan, Kofi: Rede des Generalsekretärs der Vereinten Nationen von der 58. Generalversammlung, in: Internationale Politik (11) 2003, S. 116–118.

Annan, Kofi: Wir, die Völker: Rolle der Vereinten Nationen im 21. Jahrhundert. Bericht des Generalsekretärs, New York 2000.

Arbeitsgemeinschaft Kriegsursachenforschung an der Universität Hamburg (AKUF): Webportal zum weltweiten Kriegsgeschehen nach dem Zweiten Weltkrieg (https://www.wiso.uni-hamburg.de/fachbereich-sowi/professuren/jakobeit/forschung/akuf.html (15.4.2018).

Auswärtiges Amt: Bericht der Bundesregierung zum Stand der Bemühungen um Rüstungskontrolle, Abrüstung und Nichtverbreitung sowie über die Entwicklung der Streitkräftepotenziale (Jahresabrüstungsbericht), Berlin 2018.

Barnett, Jon: Environmental Security, in: Collins ⁴2016, S. 229–246.

Bartels, Hans-Peter: Deutschland und das Europa der Verteidigung, Bonn 2019.

Bendiek, Annegret/Bossong, Raphael/Schulze, Matthias: Die erneuerte Strategie der EU zur Cybersicherheit, Berlin 2017.

Benner, Thorsten: Hilflos und irrelevant? Die Krisendiplomatie der Vereinten Nationen, in: Vereinte Nationen (1) 2015, S. 10–14.

Biehl, Heiko/Jacobs, Jörg: Öffentliche Meinung und Sicherheitspolitik, in: Böckenförde/Gareis ²2014, S. 265–286.

Biermann, Rafael: Legitimationsprobleme humanitärer Intervention. Kontinuitätslinien zwischen Kosovo und Libyen, in: Zeitschrift für Friedens- und Konfliktforschung (1) 2014, S. 6–42.

Böckenförde, Stephan/Gareis, Sven Bernhard (Hg.): Deutsche Sicherheitspolitik, Opladen ²2014.

Böckenförde, Stephan: Die Veränderung des Sicherheitsverständnisses, in: Böckenförde/Gareis ²2014, S. 13–52.

Booth, Ken: Theory of World Security, Cambridge 2007.

Bredow, Wilfried von: Die Neuen Sicherheitsstudien zwischen Internationalen Beziehungen, Militärsoziologie und Friedens- und Konfliktforschung, in: Gerlach, Irene/Jesse, Eckhard/Kneuer, Marianne/Werz, Nikolaus (Hg.): Politikwissenschaft in Deutschland, Baden-Baden 2010, S. 423–434.

Bredow, Wilfried von: Sicherheit, Sicherheitspolitik und Militär, Wiesbaden 2015.

Bredow Wilfried von: Armee ohne Auftrag: Die Bundeswehr und die deutsche Sicherheitspolitik, Zürich 2020.

Brockmeier, Sarah/Rotmann, Philipp: Krieg vor der Haustür: Die Gewalt in Europas Nachbarschaft und was wir dagegen tun können, Bonn 2019.

Bundesamt für Sicherheit in der Informationstechnik: Die Lage der IT-Sicherheit in Deutschland, Bonn 2017.

Bundesministerium der Verteidigung: Verteidigungspolitische Richtlinien, Berlin 2011.

Bundesministerium für Gesundheit: Globale Gesundheitspolitik gestalten, gemeinsam handeln, Verantwortung wahrnehmen. Konzept der Bundesregierung, Berlin 2013.

Bundesministerium für Wirtschaft und Energie: Rüstungsexportbericht, Berlin 2017.

Bundesministerium für wirtschaftliche Zusammenarbeit und Entwicklung: Afrika und Europa. Neue Partnerschaft für Entwicklung, Frieden und Zukunft. Eckpunkte für einen Marshallplan mit Afrika, Berlin 2017.

Bundesregierung: Weißbuch zur Sicherheitspolitik und zur Zukunft der Bundeswehr, Berlin 2016.

Brozus, Lars: Während wir planten. Unerwartete Entwicklungen in der internationalen Politik, Berlin 2018 (SWP-Studie 5).

Buzan, Barry/Hansen, Lene: The Evolution of International Security Studies, Cambridge 2010.

Carle, Christophe: Disarmament: The Next Ten Years, in: Disarmament Forum (1) 1999, S. 13 – 18.

Clauset, Aaron: Trends and fluctuations in the severity of interstate wars, in: Science Advances (2) 2018.

Clausewitz, Carl von: Vom Kriege, Frankfurt/M. 2005 (Original 1832/34).

Collins, Alan (Ed.): Contemporary Security Studies, Oxford ⁴2016.

Combs, Cynthia C.: Terrorism in the twenty-first century, New York, ⁸2018.

Daase, Christopher: Wandel der Sicherheitskultur, in: APuZ (50) 2010, S. 9 – 16.

Denninghoff, Andreas: Ressourcenkonflikte als globales Sicherheitsrisiko, in: Jäger 2015, S. 21 – 32.

Deutscher Bundestag: Unterrichtung durch die Kommission zur Überprüfung und Sicherung der Parlamentsrechte bei Mandatierung von Auslandseinsätzen der Bundeswehr. Abschlussbericht, Berlin 2015 (BT-Drucksache 18/5000).

Deutscher Bundestag: Jahresbericht des Wehrbeauftragten, Berlin 2018 (BT-Drucksache 19/700).

Dickow, Marcel/Jakob, Daniel: Das globale Ringen um die Zukunft der künstlichen Intelligenz, Berlin 2018.

Dolzer, Rudolf: Die Vereinten Nationen im Wandel: Einzelstaatliche Souveränität, die Menschenrechte und die internationale Rechtsgemeinschaft, in: Vogel, Bernhard/Dolzer, Rudolf/Herdegen, Matthias (Hg.): Die Zukunft der UNO und des Völkerrechts, Freiburg u. a. 2005, S. 31 – 49.

Dunn Cavelty, Myriam/Balzacq, Thierry (Eds.): Routledge Handbook of Security Studies, Abingdon ²2017.

Dunn Cavelty, Myriam: Cyber-Security, in: Collins ⁴2016, S. 400 – 416.

Edenhofer, Ottmar/Jakob, Michael: Klimapolitik, München 2017.

Ehrhart, Hans-Georg: Kriege und Kriegsführung der Staaten des Globalen Nordens im 21. Jahrhundert, in: Zeitschrift für Außen- und Sicherheitspolitik (1) 2018, S. 65 – 81.

Elbe, Stefan: Health and Security, in: Collins ⁴2016, S. 379 – 383.

Enskat, Sebastian/Masala, Carlo: Internationale Sicherheit, Wiesbaden 2014.

Enskat, Sebastian: Strategie, in: Enskat/Masala 2014, S. 61 – 98.

Erdmann, Gero: Apokalyptische Trias, in: Bendel, Petra/Croissant, Aurel/Rüb, Friedbert (Hg.): Demokratie und Staatlichkeit. Systemwechsel zwischen Staatsreform und Staatskollaps, Opladen 2003, S. 267 – 292.

Erler, Brigitte: Tödliche Hilfe. Bericht von meiner letzten Dienstreise in Sachen Entwicklungshilfe, Freiburg 1985.

Feichtinger, Walter: Zwischen Anspruch und Wirklichkeit: Internationales Krisenmanagement – eine Bestandsaufnahme, in: Feichtinger, Walter/Mückler, Hermann/Hainzl, Gerald/Jurekovič,

Predrag (Hg.): Wege und Irrwege des Krisenmanagements. Von Afghanistan bis Südsudan, Wien 2014, S. 13–38.

Fischer, Joschka: Der Abstieg des Westens. Europa in der neuen Weltordnung des 21. Jahrhunderts, Köln 2018.

Freedman, Lawrence: The Future of War, New York 2017.

Frei, Daniel: Kriegsverhütung und Friedenssicherung, Frauenfeld/Stuttgart 1970.

French, Hilary F.: Partner für unseren Planeten. Die Umweltschutzaktivitäten der Vereinten Nationen, Schwalbach 1996.

Fröhlich, Manuel: Vertreter, Vermittler und mehr als Verwalter. Die Arbeit der Sondergesandten des UN-Generalsekretärs, in: Vereinte Nationen (3) 2013, S. 111–116.

Fröhlich, Manuel: Schutzverantwortung/R2P, in: Woyke/Varwick [13]2015, S. 437–444.

Frowein, Jochen: Ist das Völkerrecht tot? in: FAZ vom 23.7.2003, S. 6.

Fukuyama, Francis: The end of history and the last man, London 1992.

Fund For Peace (Ed.): Fragile States Index, Washington 2020.

Gareis, Sven Bernhard/Varwick, Johannes: Die Vereinten Nationen. Aufgaben, Instrumente und Reformen, Opladen [5]2014.

Gareis, Sven Bernhard: Auf dem Sprung zur Supermacht? Chinas Platz in der multipolaren Welt, in: Politikum (4) 2016, S. 24–33.

Gareis, Sven Bernhard: Deutschlands Außen- und Sicherheitspolitik, Opladen [3]2018.

Gauck, Joachim: Deutschlands Rolle in der Welt: Anmerkungen zu Verantwortung, Normen und Bündnissen, Rede des Bundespräsidenten auf der Münchner Sicherheitskonferenz am 31.1.2014, (15.2.2018).

Gaycken, Sandro: Cybersecurity – Kleiner Katalog der Cyberrisiken, in: Jäger 2015, S. 229–237.

Glatz, Rainer/Hansen, Wibke/Kaim, Markus/Vorrath Judith: Die Auslandseinsätze der Bundeswehr im Wandel, Berlin 2018 (SWP-Studie 7/2018).

Glatz, Rainer/Tophoven, Rolf (Hg.): Am Hindukusch – und weiter? Bonn 2015.

Gloger, Katja: Putin forever? in: Security Times (2) 2018, S. 25.

Gujer, Eric: Auftrag Beschäftigungstherapie? Die Bundeswehr in Afrika und die Zukunft deutscher Auslandseinsätze, in: Glatz, Rainer/Tophoven, Rolf (Hg.): Am Hindukusch – und weiter? Bonn 2015, S. 311–325.

Guterres, António: Interview mit der ARD am 30.4.2020, https://www.tagesschau.de/multimedia/video/video-695473.html.

Hacke, Christian: Die Haltung der Bundesrepublik zur Nato-Osterweiterung, in: Pradetto, August (Hg.): Ostmitteleuropa, Russland und die Osterweiterung der Nato. Perzeptionen und Strategien im Spannungsfeld nationaler und europäischer Sicherheit, Opladen 1997, S. 235–257.

Hacke, Christian: Macht, in: Woyke/Varwick [13]2015, S. 277–287.

Hansen, Stefan/Krause, Joachim (Hg.): Jahrbuch Terrorismus, Opladen (erscheint unregelmäßig).

Heidelberger Institut für Internationale Konfliktforschung (HIIK): Conflict Barometer, Heidelberg (erscheint jährlich).

Hellmann, Gunter/Jacobi, Daniel/Stark Urrestarazu, Ursula (Hg.): Die neue Debatte über Deutschlands Außenpolitik, Wiesbaden 2015.

Herz, John: Weltpolitik im Atomzeitalter, Stuttgart 1961.

Hirschmann, Kai: Internationaler Terrorismus, in: Woyke/Varwick [13]2015, S. 228–239.

Hirschmann, Kai: Wie Staaten schwach werden, Bonn 2016.

Hobbes, Thomas: Leviathan, Hamburg 2017 (Original 1651).

Hobe, Stephan/Kimminich, Otto: Einführung in das Völkerrecht, Tübingen [8]2004.

Hobe, Stephan: Einführung in das Völkerrecht, Tübingen [9]2008.

Hoch, Martin: Krieg und Politik im 21. Jahrhundert, in: APuZ (20) 2001, S. 17–25.

Huotari, Mikko u.a.: China's emerge as a global security actor, Berlin 2017.

Institute for Economics and Peace (Ed.): Global Terrorism Index, Sidney 2017.

International Crisis Group, https://www.crisisgroup.org/ (10.6.2018).

International Institute for Strategic Studies (IISS): The Military Balance, London (erscheint jährlich).

Ionescu, Dina/Mokhnacheva, Daria/Gemenne, François: Atlas der Umweltmigration, München 2017.

Ischinger, Wolfgang/Messner, Dirk (Hg.): Deutschlands neue Verantwortung. Die Zukunft der deutschen und europäischen Außen-, Entwicklungs- und Sicherheitspolitik, Berlin 2017.

Ischinger, Wolfgang: Baumängel am gemeinsamen Haus. Warum die Anbindung Russlands an den Westen gescheitert ist, in: Internationale Politik (3) 2014, S. 19–21.

Ischinger, Wolfgang: Welt in Gefahr: Deutschland und Europa in unsicheren Zeiten, Berlin 2018.

Jackson, Richard: Regime Security, in: Collins [4]2016, S. 200–214.

Jäger, Thomas (Hg.): Handbuch Sicherheitsgefahren, Wiesbaden 2015.

Kahl, Bruno: Rede an der Hanns-Seidel-Stiftung in München am 13.11.2017 (unveröffentlichtes Manuskript).

Kaiser, Karl: Abbruchunternehmen Trump. Eine Handlungsanweisung zur Rettung der transatlantischen Beziehungen, in: Internationale Politik und Gesellschaft vom 2.2.2017, http://www.ipg-journal.de/regionen/nordamerika/artikel/detail/abbruchunternehmen-trump-1820/ (15.4.2018).

Kappeler, Andreas: Russische Geschichte, München 2016.

Kissinger, Henry: The Coronavirus Pandemic Will Forever Alter the World Order, in: Wall Street Journal vom 3.4.2020.

Köhler, Horst: Interview des Bundespräsidenten mit dem Deutschlandfunk am 22.05.2010, http://www.deutschlandradio.de/sie-leisten-wirklich-grossartiges-unter-schwierigsten.331.de.html?dram:article_id=203276 (7.6.2018).

Köhler, Horst: Einsatz für Freiheit und Sicherheit, Rede des Bundespräsidenten bei der Kommandeurstagung der Bundeswehr in Bonn am 10.10.2015, http://www.bundespraesident.de/SharedDocs/Reden/DE/Horst-Koehler/Reden/2005/10/20051010_Rede.html (15.2.2018).

Koops, Joachim/Macqueen, Norrie/Tardy, Thierry/Williams, Paul (Eds.): The Oxford Handbook of United Nations Peacekeeping Operations, Oxford 2015.

Krause, Joachim: Englische Schule als IB-Theorie, in: Woyke/Varwick [13]2015, S. 65–70.

Krause, Joachim: Rüstungskontrolle und Abrüstung, in: Woyke/Varwick [13]2015, S. 428–437.

Krause, Ulf von: Der Einsatz der Bundeswehr im Innern, Wiesbaden 2017.

Krause, Ulf von: Abschreckung, in: Woyke/Varwick [13]2015, S. 1–7.

Krause, Ulf von: Parlamentarische Befugnisse (War Powers) im Spiegel der Theorie des ‚Demokratischen Friedens'. Eine vergleichende Betrachtung Deutschlands, Großbritanniens, der USA und Frankreichs, in: Varwick 2014, S. 99–122.

Kupchan, Charles: The West Will Have to Go It Alone, Without the United States, Foreign Policy, 13.6.2017, https://foreignpolicy.com/2017/06/13/the-west-will-have-to-go-it-alone-without-the-united-states-trump/ (7.7.2017).

Kurer, Oskar: Entwicklungspolitik heute. Lassen sich Wohlstand und Wachstum planen? Wiesbaden 2017.

Lahl, Kersten: Überforderte Bundeswehr, in: SZ vom 26.10.2016, S. 2

Lahl, Kersten: Die 2-Prozent-Frage, in: NZZ vom 10.03.2017, S. 10

Lenzen, Manuela: Künstliche Intelligenz. Fakten, Chancen, Risiken, München 2020.

Lepenius, Philipp: Armut, München 2017.

Lippert, Barbara/Mair, Stefan/Perthes, Volker (Hg.): Internationale Politik unter Pandemie-Bedingungen, Berlin 2020.

Luft, Stefan: Die Flüchtlingskrise, München 2016.

Mangasarian, Leon/Techau, Jan: Führungsmacht Deutschland. Strategie ohne Angst und Anmaßung, München 2017.

Marshall, Tim: Die Macht der Geographie, München 2015.

Masala, Carlo: Weltunordnung. Die globalen Krisen und das Versagen des Westens, München 2016.

Maull, Hanns W.: Einführung in die Thematik und Zusammenfassung der Ergebnisse, in: Ders. (Hg.): Auflösung oder Ablösung. Die internationale Ordnung im Umbruch. Berlin 2017, S. 7–18.

McMaster, H.R./Cohn, Gary D.: America First Doesn't Mean America Alone, in: Wall Street Journal vom 30.5.2017.

Mearsheimer, John: Why the Ukraine Crisis Is the West's Fault. The Liberal Delusions That Provoked Putin, in: Foreign Affairs (5) 2014, S. 77–89.

Merkel, Angela/Trump, Donald: Gemeinsame Presseerklärung von Bundeskanzlerin Angela Merkel und dem Präsidenten der Vereinigten Staaten von Amerika, Donald Trump vom 28.1.2017, https://m.bundeskanzlerin.de/Content/DE/Pressemitteilungen/BPA/2017/01/2017-01-28 -telefonat-merkel-trump.html;jsessionid=DE67DE995E0861D62D051B338E5203D4. s2t1?nn=819848 (15.4.2018).

Merkel, Angela: Rede der Bundeskanzlerin am 28.5.2017 in München, http://www.faz.net/aktuell/ politik/angela-merkel-zweifelt-an-zuverlaessigkeit-von-donald-trump-15036287.html (15.4.2018).

Messner, Dirk/Faust, Jörg: Entwicklungspolitik als ein Kernelement der europäischen Sicherheitspolitik, Bonn 2004.

Meyers, Reinhard: Krieg und Kriegsentwicklung in der wissenschaftlichen Diskussion, in: Varwick 2014, S. 41–71.

Meyers, Reinhard: Begriff und Funktionen von IB-Theorien, in: Woyke/Varwick [13]2015, S. 28–34.

Mildner, Stormy-Annika (Hg.): Konkurrenz um knappe Ressourcen, Berlin 2010.

Molo, Beata: Ressourcenkonflikte, in: Jäger 2015, S. 33–41.

Mölling, Christian/Major, Claudia: Die europäische Interventionsinitiative EI2, Berlin 2018 (DGAP-kompakt).

Munich Security Report: Nuclear Security. Out of (Arms) Control?, München 2018.

Münchner Sicherheitskonferenz: Zeitenwende, Wendezeiten. Sonderausgabe des Munich Security Report zur deutschen Außen- und Sicherheitspolitik, München 2020.

Münkler, Herfried: Die neuen Kriege, Reinbek 2002.

Münkler, Herfried: Der Friede ist so zerbrechlich wie nie, in: NZZ vom 16.2.2018, S. 4.

Münkler, Herfried: Kriegssplitter. Die Evolution der Gewalt im 20. und 21. Jahrhundert, Reinbek 2017.

Nuscheler, Franz: Entwicklungspolitik, Bonn 2012.

Nye, Joseph S.: The Future of Power, New York 2011.

Nye, Joseph S.: Hard, Soft, and Smart Power, in: Cooper, Andrew F./Heine, Jorge/Thakur, Ramesh (Eds.): The Oxford Handbook of Modern Diplomacy, Oxford 2013, S. 559–576.

Nye, Joseph S.: Deterrence in the Cyber Age, in: The Security Times (2) 2018, S. 38.

OECD: States of Fragility 2016: Understanding Violence, Paris 2016.

Österreichisches Bundesheer (Hg.): Sicherheitspolitische Jahresvorschau, Wien (erscheint jährlich).

Pflanze, Otto: Bismarck. Der Reichsgründer, München 2011.

Poku, Nana/Therkelsen, Jacqueline: Globalization, Development, and Security, in: Collins [4]2016, S. 262–276.

Popper, Karl: Logik der Forschung, Wien 1935.

Puglierin, Jana: Die ‚Ertüchtigungsinitiative‘ der Bundesregierung, BAKS-Arbeitspapier Sicherheitspolitik (1) 2016.

Putin, Wladimir (2007): Rede des russischen Präsidenten am 10.2.2007 in München, www.securityconference.de (1.6.2018).

Rahmstorf, Stefan/Schellnhuber, Hans Joachim: Der Klimawandel, München 2012.

Rudolf, Peter: Zur Legitimität militärischer Gewalt, Bonn 2017.

Rühle, Michael: Symbolische Sicherheitspolitik, in: Internationale Politik vom 6.2.2016, https://zeit schrift-ip.dgap.org/de/ip-die-zeitschrift/themen/symbolische-sicherheitspolitik (15.4.2018).

Rühle, Michael: Game changers. Six developments that could lead to structural changes to the global nuclear order, in: Security Times (2) 2018, S. 11.

Ruttig, Thomas: Zu wenig, reichlich spät – Stabilisierungsmaßnahmen in Afghanistan zwischen Terrorismus- und Aufstandsbekämpfung, in: APuZ (21/22) 2010, S. 29–34.

Schäffner, Elke/Kickbusch, Ilona: Globale Gesundheitspolitik, in: Woyke/Varwick [13]2015, S. 138–147.

Scheinmann, Gabriel/Cohen, Raphael: The Myth of Securing the Commons, in: The Washington Quarterly (1) 2012, S. 115–128.

Schimmelfennig, Frank: Internationale Politik, Paderborn [2]2015.

Schneiker, Andrea: Sicherheit in den internationalen Beziehungen, Wiesbaden 2017.

Scott, Jasper (Ed.): Conflict and cooperation in the global commons: a comprehensive approach for international security, Washington 2012.

Seitz, Volker: Afrika wird armregiert, München 2009.

Sheehan, Michael: Military Security, in: Collins [4]2016, S. 185–199.

Siedschlag, Alexander (Hg.): Methoden der sicherheitspolitischen Analyse, Wiesbaden [2]2014.

Smith, Michael E.: International security: politics, policy, prospects, Houndmills [2]2017.

Speck, Ulrich: Die Corona-Krise und die globale Ordnung, GSP-Einblick (3) 2020.

Stanzel, Volker: Ein chinesischer Leviathan?, in: Politikum (1) 2018, S. 62–67.

Stock, Christian: Politikvermittlung und internationale Politik, in: Woyke/Varwick [13]2015, S. 362–368.

Stock, Christian: Typen militärischer Interventionen, in: Woyke/Varwick [13]2015, S. 489–497.

Stockholm International Peace Research Institute (SIPRI): Yearbook Armaments, Disarmament and International Security, Oxford (erscheint jährlich).

Trump, Donald: Remarks of President Donald J. Trump am 20.1.2017 in Washington, https://www.whitehouse.gov/inaugural-address (15.4.2018).

Trump, Donald: Remarks by President Trump vom 20.3.2018, https://www.whitehouse.gov/briefings-statements/remarks-president-trump-crown-prince-mohammed-bin-salman-kingdom-saudi-arabia-bilateral-meeting/ (21.3.2018).

Trump, Donald: Remarks by President Trump and Nato Secretary General Jens Stoltenberg vom 12.4.2017, https://www.whitehouse.gov/the-press-office/2017/04/12/joint-press-conference-president-trump-and-nato-secretary-general (15.4.2018).

Tuschoff, Christian: Internationale Beziehungen, Konstanz 2015.

UNFPA: Weltbevölkerungsbericht 2017. Herausgegeben von Deutsche Stiftung Weltbevölkerung, Hannover 2017.

United Nations Environment Programme (UNEP): From Conflict to Peacebuilding. The Role of Natural Resources and the Environment, New York 2009.

United Nations Environment Programme (UNEP): Resource Efficiency. International Resource Panel Report, New York 2017.

US Department of State: The Diplomatic and Official Papers of Daniel Webster While Secretary of State, New York 1848.

Varwick, Johannes (Hg.): Krieg und Frieden, Schwalbach 2014.

Varwick, Johannes: Souveränität, Weltordnung und Corona, in: Politikum (4) 2020, S. 4–12.

Varwick, Johannes: Von Leistungsgrenzen und Trendwenden. Was soll und kann die Bundeswehr, in: APuZ (16/17) 2020, S. 31-37.

Varwick, Johannes/Matlé, Aylin: NATO-Integration und Bündnissolidarität. Der Fall Deutschland, in: Österreichische Militärische Zeitschrift (5) 2016, S. 614–623.

Varwick, Johannes/Windwehr, Jana: Global Governance als Chimäre. Die internationale Ordnung vor der Erosion?, in: Männle, Ursula (Hg.): Bedrohte Demokratie. Aktionisten, Autokraten, Aggressoren: Welche Antworten haben die Demokraten?, Berlin 2016, S. 57–68.

Varwick, Johannes: Der Marshallplan mit Afrika. Ausweg aus dem Entwicklungsdilemma?, in: Politikum (3) 2017, S. 73–77.

Varwick, Johannes: NATO in (Un-)Ordnung. Wie transatlantische Sicherheit neu verhandelt wird, Schwalbach 2017.

Waever, Ole: Securitization – Desecuritization, in: Lipschutz, Ronnie D. (Ed.): On Security, New York 1995, S. 46–88.

Wagner, Ringo/Schaprian, Hans-Joachim (Hg.): Komplexe Krisen, aktive Verantwortung, Magdeburg 2016.

Wagner, Ringo/Schaprian Hans-Joachim (Hg.): Handlungsfähigkeit stärken – Stabilität schaffen, Magdeburg 2018.

Wallraff, Arnold: Waffen für die Welt, in: SZ vom 5.6.2018, S. 2.

Weizsäcker-Kommission (Kommission ,Gemeinsame Sicherheit und Zukunft der Bundeswehr'), Abschlussbericht, Berlin 2000.

Weltbank: Weltentwicklungsbericht: Entwicklung und Klimawandel, hrsg. von Bundeszentrale für Politische Bildung, Bonn 2010.

Werthes, Sascha: Die Sanktionspolitik der Vereinten Nationen. Rekonstruktion und Erklärung des Wandels der UN-Sanktionspraxis, Baden-Baden 2013.

White House: The National Security Strategy of the United States of America, Washington 2002.

Wiegold, Thomas: Ausnahmefall Deutschland. Die Debatte um einen Einsatz der Bundeswehr im Innern, in: APuZ (32/33) 2017, S. 24–27.

Wiesner, Ina (Hg.): Deutsche Verteidigungspolitik. Baden-Baden 2013.

Williams, Paul D.: Security Studies: an introduction, Abingdon ²2013.

Winkler, Heinrich August: Geschichte des Westens, München 2015.

Wirtz, James J.: Weapons of Mass Destruction, in: Collins ⁴2016, S. 294–310.

Wolf, Alexander: Staatszerfall: scheiternde, gescheiterte und kollabierte Staaten, in: Meier-Walser, Reinhard/Wolf, Alexander (Hg.): Neue Dimensionen internationaler Sicherheitspolitik, München 2011, S. 113–125.

Woyke, Wichard/Varwick, Johannes (Hg.): Handwörterbuch Internationale Politik, Opladen ¹³2015.

Zentrum für Militärgeschichte und Sozialwissenschaften der Bundeswehr (Hg.): Sicherheits- und verteidigungspolitisches Meinungsbild in der Bundesrepublik Deutschland, Potsdam 2020.

8. Abkürzungsverzeichnis

A2/AD	anti-area/access denial
AA	Auswärtiges Amt
AKSE	Adaptierter KSE-Vertrag
AKUF	Arbeitsgemeinschaft Kriegsursachenforschung
APuZ	Aus Politik und Zeitgeschichte
Art.	Artikel
ASEAN	Verband Südostasiatischer Staaten
AIIB	Asiatische Infrastrukturbank
AU	Afrikanische Union
BIP	Bruttoinlandprodukt
BMI	Bundesministerium des Inneren
BMVg	Bundesministerium der Verteidigung
BMWi	Bundesministerium für Wirtschaft
BMZ	Bundesministerium für wirtschaftliche Zusammenarbeit und Entwicklung
BSR	Bundessicherheitsrat
CCW	Convention on Certain Conventional Weapons
CIMIC	Zivil-militärische Beziehungen
EDA	Europäische Verteidigungsagentur
EG	Europäische Gemeinschaften
ESVP	Europäische Sicherheits- und Verteidigungspolitik
ESVU	Europäische Sicherheits- und Verteidigungsunion
EU	Europäische Union
EI2	Europäische Interventionsinitiative
EUR	Euro
EUV	EU-Vertrag
EVG	Europäische Verteidigungsgemeinschaft
FAO	Welternährungsorganisation
G-20	Gruppe der 20
G-7	Gruppe der Sieben
GASP	Gemeinsame Außen- und Sicherheitspolitik (der EU)
GCC	Golf-Kooperationsrat
GG	Grundgesetz
GIZ	Gesellschaft für Internationale Zusammenarbeit
GHSI	Global Health Security Initiative
GSVP	Gemeinsame Sicherheits- und Verteidigungspolitik (der EU)
GTD	Global Terrorism Database
GUS	Gemeinschaft Unabhängiger Staaten
HIIK	Heidelberger Institut für Internationale Konfliktforschung

HIV	Humanes Immundefizienz-Virus
HQ	Hauptquartier
i.w.S.	im weiteren Sinne
IB	Lehre von den Internationalen Beziehungen
IGH	Internationaler Gerichtshof
IISS	International Institute for Strategic Studies
IOM	Internationale Organisation für Migration
IRA	Irisch-Republikanische Armee/Irish Republican Army
IS	Islamischer Staat
ISAF	Internationale Stabilisierungstruppe in Afghanistan
ISIS	Islamischer Staat im Irak und Syrien
IWF	Internationaler Währungsfonds
Jhd.	Jahrhundert
Kap.	Kapitel
KFOR	Kosovo Force
KI	Künstliche Intelligenz
KSE	Vertrag zur Reduzierung konventioneller Streitkräfte in Europa
KSZE	Konferenz für Sicherheit und Zusammenarbeit in Europa
LÜKEX	Länderübergreifende Krisenmanagementübung
MDGs	Millenniumsziele der Vereinten Nationen
Mio.	Millionen
MOE	Mittelosteuropäische Staaten
Mrd.	Milliarden
NAKR	Nato Kooperationsrat
NATO	Nordatlantische Vertragsorganisation
NGO	Regierungsorganisation
NPT	Nichtverbreitungsvertrag
NZZ	Neue Zürcher Zeitung
OAS	Organisation Afrikanischer Staaten
ODA	Offizielle Entwicklungshilfe/Official Development Assistance
OECD	Organisation für wirtschaftliche Zusammenarbeit und Entwicklung
OSZE	Organisation für Sicherheit und Zusammenarbeit in Europa
PESCO	Ständige Strukturierte Zusammenarbeit (der EU)
PKK	Arbeiterpartei Kurdistans
R2P	Responsibility to Protect (Schutzverantwortung)
rd.	rund
RSM	Resolute Support Mission in Afghanistan
SARS	Schweres Akutes Respiratorisches Syndrom
SCO	Shanghai Organisation für Zusammenarbeit
SDGs	Nachhaltigkeitsziele der Vereinten Nationen
SIPRI	Stockholm Peace Research Institute

START	Vertrag zur Verringerung strategischer Waffen
SWP	Stiftung Wissenschaft und Politik
SZ	Süddeutsche Zeitung
UNDP	Entwicklungsprogramm der VN
UNEP	Umweltprogramm der VN
UNFCCC	UN Framework Convention on Climate Change/Klimarahmenkonvention
UNFPA	Bevölkerungsfonds der Vereinten Nationen
UNHCR	Flüchtlingshilfswerk der Vereinten Nationen
UNIDIR	VN-Institut für Abrüstungsforschung
VN	Vereinte Nationen
WHO	Weltgesundheitsorganisation
Ziff.	Ziffer

9. Sachregister

Die Autoren

GENERALLEUTNANT A. D. KERSTEN LAHL hat in seinen mehr als 40 Jahren sol-
datischen Dienstes Wirtschaftswissenschaften an der Universität Mann-
heim studiert, arbeitete u.a. als Adjutant für Bundespräsident von Weizsä-
cker und führte anschließend eine Vielzahl von Kommandos bis in die Drei-
Sterne-Ebene. Von 2008 bis 2011 war er Präsident der ‚Bundesakademie für
Sicherheitspolitik'. Heute wirkt er unter anderem als Vizepräsident der ‚Gesellschaft für Sicherheitspolitik' und als Autor von sicherheitspolitischen
Analysen.

PROF. DR. JOHANNES VARWICK lehrt Internationale Beziehungen und europäische Politik an der Universität Halle-Wittenberg. Zuvor war er u.a. Leiter
des Bereichs europäische Sicherheit im Forschungsinstitut der ‚Deutschen
Gesellschaft für Auswärtige Politik' in Berlin und Professor an den Universitäten Kiel und Erlangen-Nürnberg. Er ist Mitglied im Beirat der ‚Clause-
witz-Gesellschaft', Präsidiumsmitglied der ‚Deutschen Gesellschaft für die
Vereinten Nationen' und Präsident der ‚Gesellschaft für Sicherheitspolitik'.

**WOCHEN
SCHAU
VERLAG**

... ein Begriff für politische Bildung

Politisches
Sachbuch

Johannes Varwick

NATO in (Un-)0rdnung

**Wie transatlantische Sicherheit
neu verhandelt wird**

Die NATO steht wieder im Zentrum einer von
Unsicherheit und Turbulenz geprägten internationalen Un-Ordnung. Wurde der Bündnisverteidigung lange kaum Bedeutung beigemessen,
steht sie seit Beginn der Ukraine-Krise 2014
wieder auf der Tagesordnung. In Zeiten von Cyberkrieg, Brexit und Donald Trump werden die
transatlantische Sicherheitspartnerschaft und
die Rolle Deutschlands in der NATO derzeit neu
austariert.

Das Buch will dazu beitragen, dass sicherheitspolitische Fragen auch in einer breiteren inte-
ressierten Öffentlichkeit sachlich, umfassend
und auf einer soliden Faktenbasis diskutiert
werden.

ISBN 978-3-7344-0488-7,
224 S., € 24,90

Der Autor

Prof. Dr. Johannes Varwick lehrt Internationale Beziehungen und
europäische Politik an der Martin-Luther-Universität Halle-Wittenberg und zählt zu den führenden europäischen NATO-Experten. Er
ist Mitherausgeber der Zeitschrift „Politikum".

www.wochenschau-verlag.de www.facebook.com/
wochenschau.verlag @wochenschau-ver

EschbornerLandstr.42-50,60489Frankfurt/M.,Tel.:069/78807720,Fax:069/788077225,info@wochenschau-verlag.de